Die Erfolgsmacher II – Von den Besten profitieren

Die Erfolgsmacher – das sind neun Trainer und Coaches, die derzeit zu den renommiertesten Referenten im deutschsprachigen Raum zählen: *Dieter Brandes, Antony Fedrigotti, Markus Hofmann, Gertrud Höhler, Sabine Hübner, Peter Kruse, Werner Tiki Küstenmacher, Samy Molcho* und *Jens Weidner.*

Präsentiert vom *Focus Magazin Verlag* und *Unternehmen Erfolg* vermitteln die hochkarätigen Autoren die Quintessenz ihres jeweiligen Spezialgebietes und zeigen ihren Lesern die Spielregeln für persönlichen Erfolg.

Focus Magazin Verlag,
Unternehmen Erfolg (Hg.)

Die Erfolgsmacher II

Von den Besten profitieren

FOCUS FORUM mit Dieter Brandes • Antony Fedrigotti • Markus Hofmann • Gertrud Höhler • Sabine Hübner • Peter Kruse • Werner Tiki Küstenmacher • Samy Molcho • Jens Weidner

Campus Verlag
Frankfurt/New York

Bibliografische Information der Deutschen Bibliothek
Die Deutsche Bibliothek verzeichnet diese Publikation in der Deutschen Nationalbibliografie. Detaillierte bibliografische Daten sind im Internet über http://dnb.ddb.de abrufbar.
ISBN 3-593-37769-1

Umschlaggestaltung: Guido Klütsch, Köln
Umschlagmotiv: zefa visual media, Düsseldorf
Satz: Leingärtner, Nabburg
Druck und Bindung: Druckhaus Beltz, Hemsbach
Gedruckt auf säurefreiem und chlorfrei gebleichtem Papier.
Printed in Germany

Besuchen Sie uns im Internet: www.campus.de

Inhalt

Neue Erfolgsfakten

»Erfolg besteht darin, dass man genau die Fähigkeiten hat, die im Moment gefragt sind«, verriet der amerikanische Industrielle Henry Ford (1863 bis 1947) als Geheimnis seiner beruflichen Karriere. Welche Fähigkeiten aber sind heute im Arbeitsleben gefragt? Wie kann man sie erlernen? Wer vermittelt diese verständlich und zugleich spannend?

Das Nachrichtenmagazin FOCUS bietet seinen Lesern regelmäßig aktuelle Informationen und Fakten zum Thema Beruf und Erfolg. Das Thema kommt an: Im Jahr 2004 starteten FOCUS und Unternehmen Erfolg® eine bundesweite Vortragsreihe mit dem Titel »Die Erfolgsmacher«. Und die Nachfrage ist groß: Über 10 000 Interessierte besuchten im ersten Jahr das FOCUS FORUM, um mehr über Tipps und Strategien zum beruflichen Erfolg zu erfahren. Viele von ihnen vertieften ihr Wissen mit dem begleitenden Buch und Hörbuch: »FOCUS FORUM: Die Erfolgsmacher«.

Das begeisterte Feedback und die große Nachfrage ermunterten uns, das FOCUS FORUM auch 2005 mit neuen Experten fortzuführen und einen zweiten Band des Buches und Hörbuches herauszugeben. In diesem Buch präsentieren wir Ihnen wieder die renommiertesten Managementexperten, die Ihnen die wichtigsten Fakten zum Thema Erfolg vorstellen: kompakt, informativ und unterhaltsam.

Der Spezialtipp am Ende der einzelnen Beiträge soll die praktische Umsetzung erleichtern. Denn durch die kontinuierliche Weiterbildung der eigenen Persönlichkeit und Fähigkeiten kann jeder von uns klarer denken und handeln, überzeugender wirken, selbstbewusster auftreten und mehr Zeit für sich gewinnen – kurzum erfolgreicher und zufriedener werden. Folgende Autoren zeigen Ihnen den Weg nach vorn:

- *Dieter Brandes*, Unternehmensberater und ehemaliger Aldi-Manager, plädiert für einfaches Managen und damit für Klarheit und Verzicht.
- *Antony Fedrigotti*, Spezialist für Persönlichkeitsentwicklung, vermittelt Ihnen, welch große Bedeutung Power Thinking im Management zukommt.
- *Markus Hofmann*, Experte für Gedächtnistraining, erläutert, wie man durch Training und gezieltes Üben einen beachtlichen Vorsprung an Wissen erlangt.
- *Prof. Dr. Gertrud Höhler*, Beraterin für Wirtschaft und Politik, stellt die Bedeutung emotionaler Intelligenz als Quelle unternehmerischen Erfolgs heraus.
- Die Serviceexpertin *Sabine Hübner* demonstriert die Bedeutung von Beziehungsmanagement für den persönlichen Erfolg und zeigt Ihnen, wie Sie schon durch kleine Veränderungen besser ankommen.
- *Prof. Dr. Peter Kruse*, Fachmann für Change Management, gibt Ihnen Tipps zur Navigation in der Unsicherheit.
- *Werner Tiki Küstenmacher*, Bestsellerautor, Karikaturist und evangelischer Pfarrer, rät nicht nur zum einfachen und glücklichen Leben, sondern zeigt Ihnen auch den Weg dorthin auf: *simplify your life!*
- *Prof. Samy Molcho*, Spezialist für Körpersprache, erklärt Ihnen, wie unsere Gesten und unsere Mimik auf andere wirken und dementsprechend eingesetzt werden können.
- *Prof. Dr. Jens Weidner*, Kriminologe und Anti-Aggressivitätstrainer, stellt das Thema Durchsetzungsstärke und die Möglichkeiten positiver Aggression im Management vor.

Alle Beiträge vermitteln auf kompakte, übersichtliche und einprägsame Weise neue Fakten zum Thema beruflicher und persönlicher Erfolg. Wir bedanken uns herzlich bei allen Autorinnen und Autoren für die immer gute und engagierte Mitarbeit!

Christiane Lohrmann
Horst Jarkovsky
FOCUS Magazin Verlag

Monika Matschnig
Hermann Scherer
Unternehmen Erfolg®

Dieter Brandes

Dieter Brandes, Diplom-Kaufmann, war viele Jahre Geschäftsführer und Mitglied des Verwaltungsrates von Aldi in Essen, dessen Erfolgskurs er wesentlich prägte. Seit 1993 ist er Unternehmensberater für Strategie und Organisation. Des Weiteren berät er Discountprojekte in Polen, der Türkei und Mexiko. Seine beruflichen Erfahrungen fließen in seine zahlreichen Buchpublikationen mit ein.

Dieter Brandes

Einfach managen

Erfolgreiche Unternehmensführung mit Vertrauen und Kontrolle

Die Gedanken über die Einfachheit werden Sie befähigen, die zunehmende Komplexität zu reduzieren und letztlich zu beherrschen. Klare Ziele und der Verzicht auf das Überflüssige werden Ihnen den Weg zum Wesentlichen ebnen. Sie werden erkennen, dass gute Führung Vertrauen braucht. Manche wird erstaunen, dass eine kluge und wertschätzende Kontrolle das Vertrauen begleitet und stärkt. Wenn Sie meine Ideen überzeugen, können Sie vieles davon schnell umsetzen. Sie brauchen sie nur auszuprobieren, nach der Methode »Versuch und Irrtum«.

Einfach managen heißt: Klarheit und Verzicht, das Wesentliche erkennen

Überall Komplexität und wenig Einfachheit

Handys können fotografieren, wir können 80 Fernsehprogramme empfangen. Die Unternehmen arbeiten mit TQM, ISO 9000 und CRM. Wir erleben Megafusionen mit fantasierten Synergien. Chefs kommunizieren mit ihren Mitarbeitern per E-Mail. Es gibt viel Angst vor Fehlern, einen Mangel an Mut und fehlende Risikobereitschaft. Wir wollen alles. Alles soll perfekt sein. Wir fürchten den Verlust und wollen auf nichts verzichten. Zur Absicherung jedes unserer Vorhaben wird eine weitere Analyse angestellt. Manche werden zu digitalen Deppen, weil sie sich nur noch an ihren Charts, Analysen und bunten Computergrafiken festhalten. Ein Wasserkopf von Stabsexperten, Beratern und Gutachtern assistiert dabei. Und das alles geschieht unter krank machendem Zeitdruck, denn für immer mehr steht nur die gleiche Zeit zur Verfügung. Viele arbeiten unter dem Stress einer befürchteten Erfolglosigkeit. Gelassenheit und Übersicht gehen verloren. Alles führt zu noch mehr Komplexität und damit zu Langsamkeit und Ineffizienz. Es gibt viele fantastische Beispiele technischer Komplexität, die das Leben erleichtern, wie das Internet mit all seinen wunderbaren Vorteilen oder die inzwischen fehlerfrei arbeitenden Sicherheits- und Navigationssysteme in den Autos. Andererseits stürmt immer mehr auf uns ein.

Wir haben die Wahl, diese Entwicklungen zu negieren oder anzunehmen und damit umgehen zu lernen. Bewusste Auseinandersetzung mit Komplexität ist notwendig. Besonders, weil unsere Fähigkeiten im Umgang mit dem, was auf uns einwirkt, nicht Schritt halten. Am Ende besteht die Gefahr, dass die Komplexität nicht mehr beherrscht wird. Das sehen wir an den Rückrufaktionen der Automobilindustrie, an der verfehlten Preispolitik der Deutschen Bahn und an den ersten Fehlversuchen der LKW-Maut. In vielen Unternehmen ist zu beobachten, dass ein großer Teil von Zeit, Energie und Kosten darauf verwendet werden muss, die selbst geschaffene interne Komplexität zu beherrschen. Ein sinnvollerer Weg wäre es, manches etwas einfacher anzugehen und damit den Kunden, den Mitarbeitern und der eigenen Gesundheit zu dienen. Einfachheit und der nötige Überblick führen uns zu größerer Sicherheit und dadurch zu größerer Ruhe und Gelassenheit sowohl für unsere Kunden, Mitarbeiter, als auch das Unternehmen. Nur durch diese Reduktion sind wir in der Lage, die Komplexität zu beherrschen.

Was ist einfach – was ist komplex?

Ein System ist um so komplexer, je mehr Elemente es aufweist und je größer und verschiedenartiger die Zahl der Beziehungen zwischen diesen Elementen ist. Schon Systeme mit wenigen Elementen können zu einer unüberschaubaren Menge an Möglichkeiten führen, die keinerlei verlässliche Prognosen mehr zulassen. Wie sich die Menge der Elemente auf die Komplexität von Systemen auswirkt, sehen Sie in der folgenden Grafik.

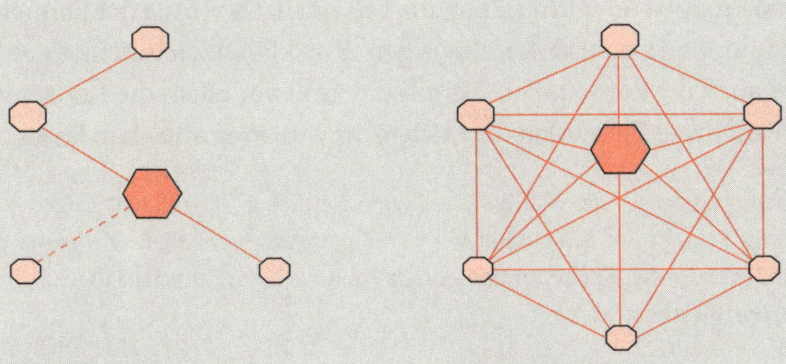

Einfach:
- Wenig Elemente
- Keine/wenige Verbindungen

Komplex:
- Viele Elemente
- Elemente sind miteinander verbunden
- Verschiedenartige Beziehungen
- Ungewisse Entwicklung

Sinn und klare Ziele

»Für ein Schiff, das seinen Hafen nicht kennt, weht kein Wind günstig.«
Seneca

Die größten Hindernisse auf dem Weg zur Einfachheit, zum Wesentlichen und zur Effektivität, sind unklare Ziele. Die Kernfrage für jeden Unternehmer lautet: »*Warum sollen die Leute mein Produkt kaufen?*« Die Erfolgreichen haben darauf eine Antwort.

Mit klaren Zielen beginnt auch jedes *Projekt*. So wie man sagt, dass der Fisch vom Kopf her zu stinken beginnt, stinken Organisationen von oben, von der Geschäftsleitung her. Abgeleitet kann man sagen, dass über den Erfolg eines Projektes am Beginn entschieden wird. Am Beginn wird das Ziel definiert, das allen Mitarbeitern klar sein muss. Ebenso klar müssen die Leitlinien für ihre Entscheidungen und Handlungen sein. Was am Anfang schief geht, kann später kaum noch repariert werden. Aktionismus und Hast sind große Gefahren für einen Prozess- oder Projektbeginn. Das ist so, als würde der Formel-1-Pilot am Start den Motor abwürgen. Zur klaren Zielsetzung gehört aber auch die konsequente Verfolgung und vor allem die Konzentration auf diese Ziele. Man darf sich nicht vom Weg ablenken lassen.

»Konzentration ist der Schlüssel zu wirtschaftlichen Resultaten. Gegen kein anderes Prinzip der Effektivität wird so regelmäßig verstoßen wie gegen das Grundprinzip der Konzentration. Unser Motto scheint zu sein: Lasst uns von allem ein bisschen tun.«

Peter Drucker

Ein anschauliches Positivbeispiel gibt der Schweizer Hersteller von Geschirrspülmaschinen, Winterhalter Gastronom. Winterhalter beliefert ausschließlich Restaurants und Hotels mit seinen Geschirrspülmaschinen. Das Ziel lautete: »Lieferant von sauberen Gläsern und Geschirr«. Aus dem Markt der Haushaltsmaschinen hatte man sich verabschiedet, um sich auf den Hotel- und Gaststättenmarkt zu konzentrieren. So wurde ein Welt-Marktanteil von 20 Prozent erzielt.

Ziele müssen konkrete Handlungsanleitungen sein

Ein klares Ziel vor den Augen des Entscheidenden und Handelnden – das ist der Ausgangspunkt. Dieses Ziel muss so klar und verständlich sein, dass es eine Handlungsanleitung für alle Beteiligten sein kann. Jeder muss wissen, wo es lang geht. Vieles Fragen und Erörtern erübrigt sich dann oft. Klare Ziele schaffen die Grundlage für Autonomie und für die Übertragung von Verantwortung.

Ziele der Erfolgreichen, der »Einfachen« sind selten quantifiziert. Sie geben nur die Leitlinie vor, sie zeigen den Weg, auf dem man gehen will, nicht die km/h, die man schaffen will. Ziele der Erfolgreichen sind oft nur *kleine tägliche Ziele und Verbesserungen.* Es gilt, kleine Dinge morgen besser zu machen als heute. Es gilt, die Standards höher zu setzen, als die Kunden es tun. Der zusätzliche Nutzen ist eine überdurchschnittliche Motivation von Mitarbeitern in Unternehmen, die so arbeiten, denn Erfolg ist einer der Hauptmotivationsfaktoren und Erfolg kann oft leichter erreicht werden mit kleinen täglichen Zielen und Verbesserungen.

Einfachheit gibt Kraft und macht stark

Zweck der Einfachheit ist die erfolgreiche Bewältigung und Umsetzung der Unternehmensziele. Einfachheit macht leichter fähig zur Anpassung und macht das Unternehmen sicherer gegen unbekannte Risiken. So wichtig gute Einkaufspreise, Ideen und Kreativität, eine bekannte Marke und moderne Informationstechnologien sind, ein ganz wesentlicher Erfolgsfaktor ist die Einfachheit. Das ist die Kunst, das Selbstverständliche, Normale, Vernünftige in die Praxis umzusetzen. Einfachheit macht stark und ist eine Tugend, sagte der IKEA-Gründer Ingvar Kamprad. IKEA und Aldi, aber auch Toyota und Google sind die Muster für Einfachheit und Klarheit. Sie wurden die erfolgreichsten Unternehmen der Welt in ihrer Branche. Ihr Erfolgsmuster ist die Kultur der Einfachheit, eine Kultur der Klarheit und des Verzichts auf alles, was man nicht wirklich benötigt, um Ziele zu erreichen.

Einfach machen heißt: weglassen, verzichten, Prioritäten setzen

»Vollkommenheit entsteht nicht dann, wenn man nichts mehr hinzufügen kann, sondern, wenn man nichts mehr wegnehmen kann.«
Antoine de Saint-Exupéry

Die Komplexität in Unternehmen und Staat kann nur beherrscht, kontrolliert, gesteuert werden, wenn sie verringert wird. Die Menge der Komponenten und Möglichkeiten muss reduziert werden. Sie wird zunehmend zu einer Gefahr, weil letztendlich immer mehr Komplexität geschaffen und immer weniger beherrscht wird. Manche versuchen, sie mit »modernen« Managementmethoden zu bewältigen. Viele machen sich etwas vor mit Tools wie Risikomanagement und Wissensmanagement, das immer mehr zur allgemeinen Mode und zu einem Tummelfeld von Computer-Spezialisten, Unternehmensberatern und Trainern wird. Aus einem Mehr an Informationen erhofft man sich Lösungen. Doch es mangelt eher am Denken und Nachdenken. Das Problem ist nicht mangelndes Wissen, sondern ein Mangel an Orientierung, ein Mangel an Fähigkeiten, zu Lösungen zu gelangen.

» Einfach machen bedeutet: Man muss so lange streichen, bis man nichts mehr weglassen kann, ohne das Wesen zu verändern. «

Bedingungen der Einfachheit: Vertrauen und Verantwortung

»Vertrauen ist ein Mechanismus der Reduktion sozialer Komplexität.«
Niklas Luhmann

Am Beginn stehen Sinn und Klarheit der Ziele, aber dann geht es um *Vertrauen und Verantwortung*. Nur so kann Angst vermieden werden und die Freiheit zum Handeln eröffnet werden. Eine kluge Organisation mit den Elementen von Autonomie, Verantwortung und Kontrolle hilft bei der Beherrschung von Restkomplexitäten.

Vertrauen verringert Komplexität

Das ist leicht und schnell gesagt. Der skeptische, verantwortliche Manager aber hat Bedenken. Er hat Angst, denn er trägt Verantwortung. Er hat Angst vor Misserfolgen oder davor, nicht ausreichend informiert worden zu sein. Doch ihm wäre zu sagen: Blindes Vertrauen und Misstrauen schaden gleichermaßen.

Vertrauen ist das Kernthema der Einfachheit in der Unternehmensführung. Vertrauen ist der untrennbare Zwilling von Kontrolle. Hierbei geht es um Vertrauen zu Kunden, zu Lieferanten, zu Mitarbeitern, zu Kollegen und zu Bürgern. Einfachheit ist ohne Vertrauen kaum erreichbar.

Der Satz von Niklas Luhmann gilt über die soziale Komplexität hinaus auch für die technische Komplexität. Menschen brauchen ebenso Vertrauen in technische Systeme wie Computer, Flugzeuge, Heizungssysteme oder Blitzableiter, wenn sie nicht in Komplexität ersticken und handlungs- und entscheidungsunfähig werden wollen.

Vertrauen ist eine gewinnbringende Tugend, Misstrauen schadet

Vertrauensfähigkeit ist eine Tugend, eine soziale Kompetenz. Vertrauen setzt die Kenntnis oder zumindest eine Vorstellung von den Gefahren des Lebens, von den Unzulänglichkeiten und Unzuverlässigkeiten anderer voraus. Für eine vertrauensorientierte Unternehmensführung steht auch der Jesuitenpater und Moralphilosoph Rupert Lay: »Manager, die kein Vertrauen aufbauen können, haben auch keinen ökonomischen Erfolg.«

» Glaubwürdigkeit ist zerbrechlich, sie kann schnell verspielt werden.«

Das so genannte gesunde Misstrauen ist ein Trugschluss, denn es trägt nicht zu besseren Ereignissen bei. Wer misstraut, braucht mehr Informationen und verengt zugleich die Informationen, auf die zu stützen er sich getraut. Er wird von weniger Informationen stärker abhängig. Wer misstraut, wird von immer weniger Leuten immer mehr abhängig (Niklas Luhmann). Misstrauen ist eines der überall geltenden Motive zur Kontrolle. Man ist überzeugt, dass immer wieder und überall etwas Unrechtes stattfindet, Fehler gemacht werden, Chancen übersehen werden. Deshalb muss unbedingt und ständig kontrolliert werden – so die landläufige Einstellung zur Kontrolle.

Mit der Bereitschaft zum Vertrauen geht die Voraussetzung des *Selbstvertrauens* einher. Nur wer sich selbst vertraut, stark und gefestigt ist, kann anderen vertrauen. So sind fehlender Mut und fehlende Risikobereitschaft eben in diesem Mangel an Selbstvertrauen, an der eigenen Angst festzumachen. Angst und Misstrauen wiederum liegen eng beieinander. Wer kein Selbstvertrauen hat, sucht manchmal bei anderen nach hinterlistigen Motiven. Helmut Maucher, der langjährige Nestlé-Chef, nennt Glaubwürdigkeit die wichtigste Eigenschaft des Managers: das heißt praktizieren, was man predigt. Das heißt ehrlich und offen mit den Mitarbeitern umgehen, dafür ist aber Selbstvertrauen die allererste Voraussetzung.

Angst und Perfektionismus sind die größten Komplexitätstreiber. Sowohl Ängstliche wie auch Perfektionisten fürchten sich davor, die falsche Entscheidung zu treffen. Der eine aus Angst vor Fehlentscheidungen, der andere, weil er nach einer eindeutigen Lösung, nach einer klaren Antwort sucht.

Jeder Mensch kann es versuchen, seine Angst zu verringern. Wesentliches können die Unternehmen dazu beitragen. Denn jedes Unternehmen benötigt mutige Entscheidungsträger in den Führungsetagen. Das beste Mittel, um Angst entgegenzuwirken ist es, Vertrauen zu schenken.

Die Leitkultur kluger Organisation ist die Verantwortung

Mitarbeiter brauchen Freiräume zu eigenem Handeln und Entscheiden ohne ständige Bevormundung durch ihre Vorgesetzten. Das ist nötig, um die Kreativität der Menschen freizusetzen. Götz Werner, Inhaber und Geschäftsführer der Drogeriekette DM, meint hierzu: »Je selbstständiger die Mitarbeiter, desto unternehmerischer wird ein Unternehmen.« Viele Unternehmen arbeiten so. Sie delegieren, sie dezentralisieren, sie gewähren Autonomie. Das braucht natürlich Vertrauen, und Reinhard Sprenger unterstreicht das mit seinem Buch *Vertrauen führt*.

Robert N. Ford von AT&T berichtet von einem Beispiel über Verantwortung und Autonomie: »In einer Arbeitsgruppe mit 33 weiblichen Beschäftigten hatten wir eine Fluktuationsrate von fast hundert Prozent. Die Mitarbeiterinnen hatten die Aufgabe, die Telefonbücher einzelner Städte auf den neuesten Stand zu bringen. An einem Buch arbeiteten mehrere Damen. Die Fehlerquote war hoch. Auf 1 000 Zeilen kamen durchschnittlich 3,9 Fehler. Wir untersuchten 21 Arbeitsplätze und fanden heraus, dass neun Mitarbeiterinnen lediglich die Arbeit ihrer Kolleginnen kontrollierten. Wir schafften die Kontrolle ab und übertrugen jeder der Damen die Arbeit und Verantwortung für ein Telefonbuch. Das Ergebnis: Sieben Arbeitskräfte konnten eingespart werden. Die Fehlerquote sank auf null.«

Die Erklärung für dieses Resultat liegt auf der Hand: Für jede der Mitarbeiterinnen stieg die Verantwortung. Sie wurden sich bewusst, dass es an ihnen lag, wenn Fehler passierten. Zuvor konnten sie sich auf die Kontrolleure verlassen und diese darauf, dass die Mitarbeiterinnen das schon richtig gemacht haben würden.

Nach Hans Jonas bedingt Verantwortung kausale Macht. Der Schmiedgeselle ist nicht wirklich wegen des fehlenden Hufnagels für die verlorene Schlacht und das verlorene Königreich verantwortlich. Aber sein direkter Kunde, Reiter des Pferdes, hätte wohl einen Regressanspruch an den Schmied, der für die Nachlässigkeit seines Gesellen, ohne dass ihn selber ein Vorwurf trifft, verantwortlich ist. Hier wird von Hans Jonas die Führungsverantwortung des Schmiedes beschrieben. Der Vorgesetzte erntet ja auch oft das Lob für die Leistung seines Gesellen. *Verantwortung hat nur einen Sinn in Verbindung mit klaren Konsequenzen.* Derjenige, der etwas zu verantworten hat, muss für seine Tat oder seine Unterlassung geradestehen

Verantwortung braucht Autonomie: die Methode Delegation

Wichtig ist die Übertragung des richtigen Maßes an Verantwortung. Leicht wird zu viel oder zu wenig an Verantwortung abgegeben. Wird nur wenig Verantwortung übertragen und behält sich der Vorgesetzte viele Zuständigkeiten vor, so entmündigt er seinen Mitarbeiter und lässt ihm keinen Spielraum für Entwicklung. Zu viel Verantwortung kann zur Überforderung führen. Das richtige Maß kann immer wieder im Kontrolldialog erfahren und auch verändert werden. Mitarbeiter wirklich für ihre Aufgaben zu interessieren, verlangt von der Unternehmensführung, ihnen Verantwortung und Freiheit (Autonomie) zu geben.

Allerdings erleben wir immer wieder: Das Selbstverständnis des Chefseins kann da ein Hindernis sein. Viele Chefs machen lieber alles selber, vor allem, weil sie glauben, es besser zu können. Aber auch ihr Zweifel daran, dass andere es richtig machen oder die richtigen Entscheidungen treffen, spielt eine Rolle: Sie haben Misstrauen. Darum wird eher selten konsequent und überzeugt dezentralisiert und delegiert.

Autonomie, Delegation und Dezentralisation sind nur möglich auf der Grundlage von Vertrauen. Aber dann sind sie die wirksamsten und erfolgreichsten Rezepte zur Führung komplexer Einheiten in einer komplexen Welt. Stellenbeschreibungen sind das technische Mittel, um Aufgaben, Kompetenzen und Verantwortungsbereiche der Mitarbeiter zu beschreiben. Führungskräfte geben auf diese Weise einen Teil ihrer Befugnisse, ihrer Macht an ihre Mitarbeiter ab. Allmacht kann nicht aufkommen, und viel mehr Mitarbeiter können an der Entwicklung maßgeblich, das heißt verantwortlich, beteiligt werden.

Führungsprinzip »Kontrolle begleitet Vertrauen«

Ursache und Wirkung fehlender Kontrollen

Die Redensart *Vertrauen ist gut, Kontrolle ist besser* ist dumm und falsch. Der Gedanke sollte eher sein: *Kontrolle begleitet Vertrauen*. Vertrauen ohne Kontrolle ist blindes Vertrauen. Kontrolle fördert Vertrauen, Kontrolle kann sogar das Selbstvertrauen der Mitarbeiter stärken. Der Konflikt zwischen Vertrauen und Kontrolle besteht nur scheinbar. In diesem Sinne wird zu wenig getan, um Vertrauen aufzubauen. Misstrauen ist auf vielen Führungsetagen verbreitet, und das findet seinen Ausdruck in Misstrauensorganisationen.

Viele Manager scheuen sich vor der Kontrollarbeit, weil sie nicht wissen, wie sie es anfangen sollen. Kontrollieren mögen die meisten Menschen nicht gern. Sie verbinden das mit unangenehmen Gefühlen: »Kontrolle ist doch ein Ausdruck von Misstrauen!«. Kontrolle ist meistens eine mühevolle Arbeit, vor der sich auch mancher Chef scheut. Auf den Führungsetagen wird zu wenig kontrolliert. Das gilt für Unternehmen wie auch für die öffentlichen Verwaltungen. Damit werden viele Chancen vergeben und unwissentlich viele Risiken erst begründet. Kontrolle ist ein ungeliebtes Führungsmittel.

Schon allein das Wort weckt Assoziationen, die meist mit Unbehagen verbunden sind, egal, ob wir kontrolliert werden oder selber kontrollieren. Zum Beispiel:

- etwas unter seine Kontrolle bringen,
- über etwas die Kontrolle verlieren,
- überwachen,
- überprüfen,
- inspizieren,
- Grenzkontrolle,
- Kontrolle durch den Aufsichtsrat,
- Wirtschaftsprüfer und … und … und.

Ich habe nach einem weniger belasteten Wort gesucht und keines gefunden. Ich schlage deshalb vor, den Mut zu haben, von Kontrolle zu reden.

Immer wieder passiert etwas. Fast immer ist es unvorhergesehen. Da gibt es Katastrophen wie einen Tankerunfall, schwerwiegende Fehler und Qualitätsmängel gefährden die Existenz eines Unternehmens, Fehler und handwerkliche Unzulänglichkeiten von Regierungen zerstören das Vertrauen der Bevölkerung in ihre Staatsführungen. Dann gibt es eine Unzahl kleinerer Fehler, die überall passieren, wo Menschen innerhalb ihrer selbst geschaffenen Systeme entscheiden und handeln. Das sind seltener große Katastrophen. Fast immer sind Menschen und ihre Systeme verantwortlich und schuldhaft beteiligt. Fast immer sind am Ende die Ursachen in fehlerhaften Systemen zu finden, in mangelhaften Organisationen und Verantwortlichkeiten, aber auch in unfähigen oder irrenden Menschen. Und fast immer könnten angemessene und kluge Kontrollen Fehler und Katastrophen verhindern oder einschränken. Selbst ein Skandal wie der, den der bestochene Schiedsrichter im deutschen Fußball verursachte, hätte im Prinzip verhindert werden können, wenn der Deutsche Fußballbund seine Schiedsrichter kontrolliert hätte. Das könnte etwa geschehen, indem der für das Spielgeschehen Verantwortliche bestimmte Situationen und Entscheidungen mit den Schiedsrichtern gemeinsam analysiert. Dabei würde manches auffallen, und bei konkreten Feststellungen oder wiederholtem Versagen wären dann härteste Sanktionen anzuwenden.

Ein Vorgesetzter trägt Verantwortung für die Ausführung der Arbeiten seiner Mitarbeiter. Die Frage ist höchstens, in welchem Umfang das so ist, besonders dann, wenn der Mitarbeiter hoch spezielle Aufgaben auszuführen hat, die im Grunde nur er selber übersehen kann oder nur andere Fachleute beurteilen können. Das sind die Extremfälle. Im Normalfall kennen Vorgesetzte die Aufgabengebiete ihre Mitarbeiter. Keine Geschäftsleitung könnte einfach darüber hinweggehen, wenn ein Abteilungsleiter Fehler oder Mängel aus seiner Abteilung zu berichten hätte, aber der Meinung wäre, das hätten seine Mitarbeiter verursacht und er wäre daran nicht schuldig: Er hat eine Aufsichtspflicht. Hinzu kommt noch ein Auswahlverschulden, wenn er den Mitarbeiter selber ausgesucht oder eingestellt hat. Zumindest geht es um ein Führungsverschulden. Ein Vorgesetzter kann sich nicht darauf berufen, er müsse seinem Mitarbeiter doch vertrauen, und deshalb könne er nicht immer und alles kontrollieren. Oft fehlt es überhaupt an der Kontrolle. Warum ist das so?

Die digitalen Deppen des Controlling und Budgeting

Viele Unternehmensleitungen beschränken ihre Kontrollen auf das Studium von Berichten und Führungsunterlagen. Die Gefahr besteht nicht nur darin, dass diese nur einen kleinen Ausschnitt aus dem Unternehmensgeschehen wiedergeben, sondern vor allem darin, dass so viele Daten und Berichte den Eindruck der Allwissenheit vermitteln. Viele Daten, viele Informationen und viel Wissen geben oft nur wenig Orientierung. Man verlässt sich darauf und verliert den Blick für das Wesentliche, und der Wald wird vor lauter Bäumen nicht mehr gesehen. Man hält sich für gut informiert, aber mehr Daten, mehr Wissen und mehr Informationen können vernebeln und verwirren. Die Orientierung über das Wesentliche kann leicht in der Masse verloren gehen. Controlling und Reporting ersetzen keine Manager. Man muss vor Ort, zum Menschen, in das Thema, in die Sache, zum Kunden, zum Hintergrund, zu den Motiven, Interessen, sogar zu den Gefühlen der handelnden Personen. Erst dann kann man sich ein echtes Bild vom wirklichen Geschehen machen.

Budgets sind weltweit das entscheidende Mittel zur Kontrolle der Mitarbeiter und zur Kontrolle der Entwicklungen von Bereichen, Abteilungen und Unternehmen. Es gibt offenbar eine Wahnvorstellung von der Messbarkeit und Prüfbarkeit aller Sachverhalte. Managen und Führen sind aber keine Computer- oder Robotertätigkeiten. Planung im Sinne der Budgetierung ist sinnvoll für die Grobinformation von Banken und Aufsichtsräten über die Erwartungen für das nächste Geschäftsjahr. Eine Grobplanung ist ausreichend. Planung ist natürlich sinnvoll und notwendig für bestimmte Teilbereiche wie Finanzierung, Liquidität, Investition. Aber Unternehmensleitungen sind der Ansicht, wenn sie erst einmal die Budgetzahlen festgezurrt haben, dann können sie sich zurücklehnen. Die Hauptarbeit ist geschafft und die Mitarbeiter wissen endlich, wohin und wie schnell sie laufen sollen. Manche meinen, hiermit würden erst Ansporn und Ziel für die Mitarbeiter begründet. Andere denken, wenn die Zahlen so wie geplant auch im Folgejahr abgeliefert werden, seien sie auf der sicheren Seite. Kommen die Zahlen, ist alles in Ordnung.

Planung ist unzweckmäßig als Maßstab für die laufende Kontrolle und Bewertung der Unternehmensergebnisse und der Mitarbeiter und Abteilungen. Auf Planungsabteilungen kann vollständig verzichtet werden. Svenska Handelsbanken (so Hope, Fraser, Beyond Budgeting) und Aldi geben die Vorbilder dafür. Der Verzicht auf Budgets wäre ein wesentlicher Beitrag zur Vereinfachung der Unternehmensführung, denn geduldige Zahlenfriedhöfe lenken ab von der Konzentration auf das Wesentliche. Sie sind völlig ungeeignet, um die persönlichen Leistungsbeiträge der verantwortlichen Mitarbeiter zu erfassen und zu bewerten.

Ich interessiere mich für deine Arbeit

Kontrolle kann demotivierend sein. Das ist besonders dann der Fall, wenn sie begleitet wird von Gedankenlosigkeit, mangelndem Verständnis, von Schikanen und von Machtmissbrauch. Missbrauch von Informationen und die Verhinderung von Freiräumen für die Mitarbeiter können weitere Barrieren sein, die Motivation unmöglich machen. Nach einer Untersuchung des Fraunhofer-Instituts beklagen sich die Mitarbeiter aber am meisten darüber, dass sie von ihren Vorgesetzten mit ihren Leistungen überhaupt nicht wahrgenommen werden. Sie beklagen sich kaum darüber, dass sie für Fehler kritisiert werden, sondern darüber, dass keiner sie bemerkt. Es kommt darauf an, dass jeder einzelne Mitarbeiter wichtig genommen wird. Er ist es ja auch! Warum ist er denn sonst in dieser Position, die offenbar nicht überflüssig ist? Es gilt, jeden Mitarbeiter ernst zu nehmen, jede Arbeit als wichtig für das Unternehmen zu würdigen. Augen, Nase und Mund sind nicht unwichtiger als Herz und Lunge.

Aufgabe des Vorgesetzten im Rahmen der Delegation ist es, sich zu überzeugen, dass sein Mitarbeiter die *fachlichen Aufgaben* aus seiner Stellenbeschreibung gut erfüllt, und zu prüfen, ob er seine Führungsaufgabe als Vorgesetzter wahrnimmt. Besonders die Kontrolle der *Führungsaufgaben* macht manchem Manager Probleme. Die Führungsaufgabe des Vorgesetzten lautet: Alles tun, damit der Mitarbeiter erfolgreich arbeiten kann.

Kontrolle soll Fehler vermeiden. Aber die dennoch vorkommenden Fehler sind oft wichtige und erkenntnisreiche Symptome für:

- unklare/fehlende Ziele,
- unklare/fehlende Delegation von Aufgaben, Kompetenzen und Verantwortung,
- überholte Arbeitsweisen,
- unklare/fehlende Entscheidungswege,
- fehlende Informationen,
- fehlende Transparenz,
- fehlende Freiheit beim Erreichen der Ziele,
- unkontrollierte Freiheit beim Erreichen der Ziele,
- Beziehungsstörungen,
- Mängel, die in der Person begründet sind.

Ein praktisches Beispiel

Die Leistung von Einkäufern zu prüfen, zu beurteilen und zu bewerten ist besonders schwierig. Der Einkäufer verhandelt mit Lieferanten, und es ist für den an der Verhandlung nicht teilnehmenden Vorgesetzten kaum möglich zu erfahren, wie geschickt der Einkäufer die Verhandlung geführt hat. Daher ist es unmöglich, festzustellen, ob das maximal Mögliche in der Verhandlung erzielt wurde. In vielen Unternehmen wird nun versucht, das Problem mit Bonussystemen und Erfolgsbeteiligungen des Einkäufers zu lösen. Dieser Weg ist nur scheinbar günstig. Es herrscht die Meinung vor, mit der Aussicht auf einen attraktiven Bonus würde der Einkäufer sich maximal anstrengen. Es gibt aber gar keinen Grund zu unterstellen, der Einkäufer hätte nicht selbst so viel Ehrgeiz, Reiz und Spaß an eigenen Erfolgen, dass er schon mit zweit- oder drittklassigen Ergebnissen zufrieden wäre. Wichtig ist es vielmehr, mit dem Einkäufer über seine Arbeitsweise und seine Ergebnisse in einen Gedankenaustausch einzutreten.

Der dem Einkäufer vorgesetzte Geschäftsführer könnte für seine monatliche Kontrolle aus dem folgenden Katalog von Kontrollpunkten auswählen, um sich regelmäßig ein Bild über Arbeitsweisen und Ergebnisse zu machen:

- Welche neuen Lieferanten wurden in den letzten drei Monaten neu ausgewählt und ins Lieferprogramm aufgenommen?
- Welche Lieferanten wurden in die Überlegungen einbezogen und aus welchen Gründen dann doch nicht berücksichtigt?
- Wie und mit welchem Ergebnis hat sich der Einkäufer über die Zuverlässigkeit der neuen Lieferanten versichert?
- Für welche Produkte wurden welche Einkaufspreise vereinbart?
- Welche Preisvereinbarungen wurden, in Abhängigkeit von unterschiedlichen Mengen, getroffen?
- Welche Alternativen hat der Einkäufer entwickelt, um vom Lieferanten ein verbessertes Angebot zu erhalten (bestimmte Mischung von Produkten, Mengen, Qualitäten, Logistikvarianten, Verpackungsvarianten, Ursprungsvarianten)?
- Wie sahen die Preisveränderungen verschiedener Produkte gegenüber dem Vorjahr aus?

- Welche Mengen werden von verschiedenen Produkten disponiert und wie hoch sind die entsprechenden Lagervorräte?
- Welche Verfahren werden angewendet, um optimale Dispositionsmengen zu ermitteln?
- Welche Qualitätskontrollen wurden im letzten Quartal mit welchen Ergebnissen vorgenommen?
- Welche Konsequenzen wurden aus den Qualitätskontrollen gezogen?
- Nach welchen Stichprobenverfahren werden die Qualitätskontrollen vorgenommen?
- Werden die entsprechenden Stellen im Unternehmen angemessen über Qualitätskontrollen informiert?
- Welche Kosten fallen für die Laborkontrollen an?
- Teilnahme des Vorgesetzten an einer Verhandlung mit Lieferanten?

Empfehlenswert ist eine disziplinierte, monatliche Kontrolle mit etwa zwei bis drei Kontrollpunkten in Stichprobenform. Die Erkenntnisse können auch zur Beurteilung und Bewertung der Leistung des Einkäufers genutzt werden. Dadurch ergibt sich auf das Jahr bezogen eine große Menge an Informationen und Orientierung. Daran könnte sich die Gehaltsfindung anschließen. Gute Leute arbeiten gut, wenn sie eine reizvolle Aufgabe mit der Möglichkeit, erfolgreich zu arbeiten, verbinden können. Dabei sind Bonuszahlungen nicht unbedingt notwendig. Sie motivieren allenfalls kurzfristig. Sie können sogar demotivierend wirken. Für die Beurteilung der Leistung eines Einkäufers muss man nicht nach exotischen, quantitativen Maßstäben suchen. Im Prinzip geht es darum, festzustellen, ob der Einkäufer seine Arbeit gut macht.

Kontrolle begleitet und verstärkt Vertrauen. Vertrauen ist die wichtigste Basis erfolgreicher Zusammenarbeit. Aber Kontrolle braucht Verständnis der Zusammenhänge und ein geeignetes Handwerkszeug. Dann können Chefs und Mitarbeiter bei ihrer gemeinsamen Arbeit vertrauensvoll zusammenarbeiten, sie können ein offenes Verhältnis miteinander pflegen, voneinander lernen und damit ihren persönlichen Erfolg und den ihres Unternehmens verbessern.

Das *Wie* macht den Unterschied zwischen sinnvoller, zweckmäßiger und dummer, bürokratischer Kontrolle. Es geht um Begriffe wie Achtung, Wertschätzung und Einfühlung. Es geht auch um Klarheit, Mut und Konsequenz. Willkür, Unentschlossenheit, Meckerei, Ausnutzen von Abhängigkeit sind ebenso fehl am Platze wie Abwertung und Abstrafung. Alle werden sagen, das sei doch klar. Aber in der Praxis wird wenig so gehandelt. Es gibt die zahllosen Beispiele, über die wir sagen: Warum hat das keiner gemerkt? Warum hat da keiner mal hingeschaut, nachgefragt? Wir fragen uns, musste das so sein? Warum werden Ziele verfehlt, geplante Umsätze nicht erreicht, Mitarbeiter demotiviert?

Der Weg kann nur heißen: Aufgaben, Befugnisse und damit Verantwortung zu übertragen. Kontrolle ist ein Schlüssel für erfolgreiche Arbeit. In der führenden Managementliteratur wird das Thema Kontrolle ausgespart. Es scheint nicht wichtig oder die Autoren kennen sich damit nicht aus. Eine Ausnahme bildet Fredmund Malik, der dem Thema einen Abschnitt in seinem Buch *Führen, Leisten, Leben* widmet. Vertrauen darf nicht verwechselt werden mit Naivität und blindem Vertrauen. Es darf sich keine Führungskraft damit entschuldigen, nicht kontrolliert zu haben, weil sie Vertrauen in ihre Mitarbeiter gesetzt hätte.

Kontrolle registriert Leistung und bestätigt Vertrauen

Kontrolle ist auch ein Mittel, um Leistungen wahrzunehmen und zu sehen, was der Mitarbeiter geschafft hat. Kontrolle ist ein Dialog über Aufgaben und Ergebnisse, über Abweichungen von Vorstellungen und ein Austausch über Einschätzungen und Bewertungen. Kontrolle sollte in der Regel nur eine Stichprobenprüfung sein, ob Regeln und Vorschriften eingehalten werden. *Kontrolle soll Vertrauen bestätigen.*

Vertrauen ist eine zarte Pflanze, die immer wieder gepflegt, begossen und gedüngt werden muss. Leicht kann sie ihre Blätter hängen lassen oder verlieren. Verlorenes Vertrauen kann nur schwer zurückgewonnen werden.

Kontrolle stärkt das Selbstvertrauen der Mitarbeiter

Auch das Selbstvertrauen kann sich besser in einem Vertrauensklima innerhalb einer Organisation entwickeln. Eine regelmäßige Kontrollhandlung des Vorgesetzten bewirkt bei seinen Mitarbeitern, dass er berechenbar wird. Sie können den Vorgesetzten besser einschätzen, wenn sie über viele Details ihrer Arbeit mit ihm im Dialog sind. Sie kennen seine Ziele, seine Werthaltungen. Sie haben die Chance, ihre Standpunkte ebenfalls einzubringen. So wissen sie einzuschätzen, was sie zu erwarten haben, wenn sie ihre Entscheidungen fällen. Je häufiger und je intensiver diese Chef-Mitarbeiter-Dialoge stattfinden, um so mehr werden sie zum gewöhnlichen Alltag. Den Mitarbeiter kann weniges überraschen. Er weiß, wie sein Vorgesetzter ihn einschätzt und bewertet, was dieser von ihm erwartet und nicht erwartet. Auch die Unternehmenskultur – eigentlich ein eher unbeschreibbares Phänomen – wird sichtbar und fühlbar. So wird der Mitarbeiter sicherer. Er kann sich seinen eigenen Handlungen und Entscheidungen anvertrauen. Er gewinnt Selbstvertrauen. Er braucht keine Angst zu haben vor einem unberechenbaren, undurchsichtigen Chef.

Allerdings kann jeder Mitarbeiter auch das Gegenteil erleben. Er kann erleben, dass Kontrollen erfolgen, um Fehler zu suchen. Er kann erleben, dass bürokratisch und überhaupt nicht zielorientiert kontrolliert wird, dass über Symptome statt über Inhalte, Sinn und Ziele gesprochen wird. Dieser Mitarbeiter hat dann im wahrsten Sinn des Wortes »Pech gehabt«. Wenn er Glück hat, dann ist der Chef seines Chefs mit gutem Wissen über kluges Kontrollieren von Führungsfähigkeiten ausgestattet und erkennt das Problem. Dann könnte sich etwas ändern.

10 Regeln für kluge, wertschätzende Kontrollen

1. Sehen Sie grundsätzlich alle Themen und alle Details als kontrollwürdig an. Sie können Einsichten in das Wesentliche vermitteln. *Am Detail zeigt sich, ob das Wesentliche verstanden ist, umgesetzt wird und funktioniert.*

2. Beachten Sie bei der *Auswahl der Kontrollpunkte:*
   - Was ist wichtig? Wo sind die größten Chancen und Risiken?
   - Was ist vorrangig für Entwicklung und Strategie?
   - Was ist wichtig für die innere Ordnung des Unternehmens?
   - Bedenken Sie bei Ihrem Kontrollplan auch gesetzliche Vorschriften und betriebliche Regelungen.

3. Sehen Sie Kontrolle in erster Linie als eine *Angelegenheit zwischen Vorgesetztem und Mitarbeiter an.*

4. Machen Sie sich als Vorgesetzter die *Mühe der regelmäßigen planvollen Kontrolle, am besten jeden Monat.* Kontrolle ist harte und zeitraubende Arbeit. Erleichtern Sie sich die Arbeit durch die intelligente *Technik der Stichprobe.* Es gibt tausend Themen, tausend Fragen und tausend Möglichkeiten, aber zehn davon zeigen oft schon das, worauf es ankommt.

5. Das *Gespräch ist das wichtigste Instrument* zum Sammeln von Informationen, für Analysen, Bewertungen und Konsequenzen. Kontrolle begleitet Vertrauen.

6. Kontrolle ist ein Führungsinstrument. Kontrolle kann ein hervorragendes *Mittel zur Motivation und Integration* der Mitarbeiter sein.

7. *Beweisen Sie Ihrem Mitarbeiter durch Taten und Beispiele,* wie nützlich die Kontrolle für ihn, für Sie und für das Unternehmen ist.

8. Behandeln Sie Kontrolle als *Dialog und Forschungsvorhaben* nach besseren Lösungen und als *Chance gemeinsamer Lernprozesse.* Erforschen Sie auch, welche Gedanken und Handlungen hinter den Argumenten und Handlungen Ihrer Mitarbeiter stehen.

9. Betrachten Sie gemeinsam mit Ihren Mitarbeitern die Themen aus unterschiedlichen Blickwinkeln und suchen *Sie neue Möglichkeiten*.

10. Dem Mitarbeiter rate ich: *Lassen Sie sich kontrollieren.* Bitten Sie darum. Das gibt Ihnen Orientierung – zu Ihrer Position im Unternehmen und zur bestmöglichen Wahrnehmung Ihrer Aufgaben und Verantwortung.

Dieter Brandes' Spezialtipp

Wenn ich Ihnen nur einen einzigen Rat aus der Fülle der dargestellten Gedanken geben könnte, dann wäre es der Folgende: Machen Sie die Einfachheit zu einem Leitprinzip Ihrer Arbeit. Haben Sie dabei Mut zum Vertrauen, und begleiten Sie dieses Vertrauen mit klugen Kontrollen.

Mehr von Dieter Brandes:

- Einfach managen – Klarheit und Verzicht – der Weg zum Wesentlichen. Frankfurt/New York 2002
- Alles unter Kontrolle? Die Wiederentdeckung einer Führungsmethode. Frankfurt/New York 2004

Antony Fedrigotti

Antony Fedrigotti konzentrierte sich schon früh auf die Bedeutung und den Sinn des Lebens. Er suchte Antworten auf die Frage: »Warum gelingt manchen Menschen vieles leicht, während andere unendlich hart dafür kämpfen müssen?« Auf der Suche nach Antworten hat er verschiedene Erfolgsphilosophien und Erfolgsstrategien erforscht und in der Praxis erprobt. Seit 1986 beschäftigt er sich eingehend mit Verhaltens- und Persönlichkeitsstrukturen.

Weitere Informationen: www.fedrigotti.de

Antony Fedrigotti

No Limits mit der PGH®-Methode

Denken Sie sich erfolgreich

In diesem Beitrag erfahren Sie in wenigen Minuten, wie Ihr Unterbewusstsein arbeitet und welche Möglichkeiten der Beeinflussung Sie haben. Sie können ohne zusätzlichen Aufwand die Basisinformationen Ihres Unterbewusstseins gezielt formen, um so optimale Ergebnisse zu erreichen. Wer mehr Zeit investieren möchte, kann mit einfachen Entspannungs- oder Visualisierungsübungen tiefer einsteigen.

Die Macht der Gedanken

Vor all Ihren Handlungen, Gefühlen und Entscheidungen stehen Ihre Gedanken. Sie können sie nicht nachweisen, trotzdem sind sie immer da. Sie sind es, die Prozesse in Gang setzen und unsere Stimmung heben oder senken.

Zu erklären, wie Denken funktioniert, ist schwierig und noch niemandem mit einfachen Worten gelungen. Die Prozesse, die in uns ablaufen, sind vielfältig. Auch der beste Computer ist, verglichen mit unserem Gehirn, nur ein primitiver Apparat.

Gedanken

- verändern unseren Körper,
- drücken sich über unsere Körpersprache aus,
- wirken auf unsere Mimik,
- prägen unseren Charakter,
- beeinflussen unsere Ausstrahlung,
- spiegeln unsere innere Haltung.

Daskalos, der große griechische Heiler, sagte, Gedanken seien Kräfte, so genannte Elementale. Ein Elemental ist etwas Grundsätzliches. Und jeder Gedanke ist etwas Grundsätzliches. Viele von uns gehen sehr leichtsinnig damit um und meinen, ihre Gedanken hätten keine Kraft, nur weil sie das Ergebnis nicht unmittelbar spüren. Wir wollen einmal genauer hinsehen: Was sind Gedanken, was bewirken sie?

Mit der richtigen Einstellung ist es Ihnen möglich, scheinbar Unmögliches zu erreichen. Ihre Gedanken entscheiden über die Kräfte in Ihrem Körper, in Ihrer Psyche. All Ihre körperlichen Kräfte werden von Ihrem Geist gesteuert. Unter Belastung ist es möglich, sehr viel oder gar nichts zu schaffen. Viele Menschen brauchen den Druck von außen, um ihre Kräfte voll zu entfalten. Andere brechen darunter zusammen. Es hängt von den jeweiligen Erfahrungen und der jeweiligen Geisteshaltung ab. Wann immer Sie denken, dass etwas schwierig sein wird, stellt sich Ihr Gehirn auf Probleme ein, und es wird welche geben. Ihre Gedanken entscheiden über Ihren Zustand. Sie können Gedanken mental so bündeln, dass sie Sie zu mehr Erfolgen führen. Sie sind die Summe Ihrer Gedanken. Was Sie heute erleben, haben Sie vorher zu irgendeinem Zeitpunkt gedacht. Natürlich werden Sie sich nicht Krankheit oder Misserfolg ausdenken. Und doch sind diese vorher in Ihrem Gehirn entstanden, vielleicht aus Angst oder Nachlässigkeit. Sie sind der Schöpfer, weil Sie in jeder Sekunde Ursachen in Ihren Gedanken schaffen, die sich in Ihrem Gehirn festigen und so Ihr Verhalten beeinflussen.

Denken Sie einmal an ein erfolgreiches Erlebnis im Beruf, einen guten Abschluss oder ein gutes Geschäft. Würden Sie auf die Idee kommen und sagen, alles wäre Zufall gewesen? Wohl kaum. Sie wissen, dass Sie dafür gearbeitet haben, vielleicht Tag und Nacht. Sie haben darüber nachgedacht, wie Sie es besser und noch effektiver machen können. Sie wissen, dass Sie vorher eine Leistung erbracht haben. Und am Anfang stand immer Ihr Denken. Sie sind ein Schöpfer. Sie können Ideen verwirklichen und Großes schaffen. Wenn wir wirklich frei denken würden, könnten wir unvoreingenommen sein. Aber das tun wir nicht, wir erkennen und bewerten durch den Filter, den wir in uns haben. Der Filter ist unser durch Erfahrung und Erleben geschaffenes Glaubenssystem.

Was passiert zum Beispiel, wenn Sie verliebt sind? Was läuft in Ihnen ab? Ihre Aufmerksamkeit ist gefesselt von der Persönlichkeit Ihres Partners. Sie scheinen keinen anderen Gedanken fassen zu können. Sie schweben auf rosaroten Wolken und es scheint, als wäre alles wunderbar. In der Tat, Ihre Welt ist in Ordnung, weil Sie sie so sehen. Denken Sie an die Freude eines Kindes, solange es noch nicht verlernt hat, natürlich zu sein. Oder an den besten Freund des Menschen, den Hund – er freut sich immer, wenn Sie abends nach Hause kommen, egal wie Sie gelaunt sind.

Als aufstrebender Mensch macht es Ihnen Spaß, Neues zu schaffen. Sie sind motiviert und begeistert, nichts kann Sie umhauen. Wenn Sie große Erfolge erleben, werden die Gedanken vor Freude Purzelbäume schlagen. Sie werden noch mehr arbeiten und noch mehr Begeisterung aufbringen. Ihre Energie scheint unerschöpflich zu sein. Andererseits kann es für Sie eine furchtbare Erfahrung sein, wenn Sie nicht wissen, was Sie wollen – wenn Sie ständig an sich zweifeln oder wenn Sie eifersüchtig sind, wenn Sie hassen, wenn Ihnen nichts gelingt. Sie können Ihr Leben als traurig empfinden, obwohl es sicher sehr viele Bereiche gibt, die in Ordnung sind. Es sind immer unsere Gedanken, die unsere Welt in dem einen oder anderen Licht erscheinen lassen. Sich Sorgen zu machen bedeutet möglicherweise, durch die Hölle zu gehen.

Sorgen sind in die Zukunft projizierte Ängste. Sie wissen zwar nicht, was auf Sie zukommt, aber Sie machen sich im Vorfeld schon einmal Sorgen. Das Problem ist, dass sich dadurch ein Automatismus in Gang setzt, den Sie im Grunde gar nicht wollen. Diesen können Sie nur durchbrechen, indem Sie eine neue Sicht einnehmen. Nichts geschieht, was vorher nicht gedacht wurde. Wir denken fortwährend, und wir haben die Wahl: Was wir denken und was wir entscheiden, gestaltet unsere persönliche Welt.

Gedanken prägen dazu noch den Wortschatz. Üblicherweise sagen wir zum Beispiel »Das war nicht schlecht!« oder »Hoffentlich versage ich nicht wieder!« oder »Ich möchte nicht, dass mir das wieder passiert.« Wenn Sie diese Gedanken genauer analysieren, werden Sie feststellen, dass sie dem vorangegangenen Ereignis exakt entsprechen. Denn die Formulierung an sich ist schon negativ. »Das war nicht schlecht« sollte eigentlich heißen: »Es war gut«. Aussage und Gefühl laufen hier konträr.

Unseren Gedanken ist es egal, was wir denken, das Gehirn wird von Ihrem Geist mit Gedanken versorgt, und Ihr Unterbewusstsein verarbeitet diese ohne Überprüfung, es nimmt alles wertneutral auf und ist nur für die Ausführung der erhaltenen Informationen zuständig. So brauchen Sie sich nur lange genug einzureden »Es geht mir schlecht, es geht mir soooo schlecht!«, und das Ergebnis wird nicht lange auf sich warten lassen.

Immer wieder erlebe ich Erstaunen bei den Personen, denen ich die Gesetze des Denkens und des Glaubens erläutere. Genauso wie die Sonne jeden Morgen auf- und jeden Abend untergeht, wirken die geistigen Gesetze ebenfalls ohne unser Zutun. Ich glaube, es war Einstein, der einmal sagte: »Wenn die Schwerkraft erst dann wirken würde, wenn die Menschen daran glauben, wäre das Chaos schon vorprogrammiert.«

Manche freuen sich und sehen diese Gesetze als Chance, andere glauben nicht daran und machen genauso weiter wie vorher, mit dem Ergebnis, dass sich in ihrem Leben nichts ändert. Sie bleiben Opfer ihrer eigenen Zwänge.

Sage mir, was du denkst, und ich sage dir, was du erlebst

Wissen Sie eigentlich, was Sie vor 5, 10 oder 20 Minuten gedacht haben? Es wird Ihnen schwer fallen, sich daran zu erinnern, denn Wissenschaftler haben festgestellt, dass wir circa 50000 Gedanken am Tag denken. Aufgrund dieser Vielfalt fällt es uns schwer, uns auch nur an die letzten Minuten zu erinnern. Gerade weil wir so viel denken, ist es unsere Aufgabe, bewusst zu denken und uns nicht einfach nur treiben zu lassen. Wir haben es in der Hand, das zu denken, was wir wollen. Die Natur hat unser Gehirn so eingerichtet, dass wir nur seriell denken können, also Schritt für Schritt. Während Sie einen Gedanken denken, kann kein anderer kommen.

Dies ist die großartige Chance. Wir haben die Möglichkeit, zu entscheiden, was und wie wir denken wollen. Denken Sie positiv, hat kein negativer Gedanke Platz. Denken Sie negativ, hat kein positiver Gedanke Raum. Sie allein entscheiden. Dr. Joseph Murphy sagte: »Ein positiver Gedanke vertreibt einen negativen.«

Depressionen beinhalten klare Gedankenstrategien, allerdings in negativer Richtung. Sie brauchen sich nur laufend Vorwürfe und Sorgen zu machen und diese ständig zu wiederholen, und Sie sind auf dem besten Weg, depressiv zu werden. Halten Sie sich aber bitte vor Augen, dass dies nicht nur in negativer, sondern auch in positiver Richtung funktioniert. Wenn Sie es nicht gleich schaffen, positiv zu denken, dann üben Sie es immer wieder, es lohnt sich.

Gedanken haben die Macht, Sie unter verschiedenen Einflüssen zu fesseln. Gedanken schaffen, dass Menschen zu liebevollen Helfern oder zu Mördern werden. Gedanken beschäftigen Sie, wann immer Sie wach sind. Wenn Sie einen Menschen beeinflussen, tun Sie das, indem Sie seine Gedanken aktivieren und ihn zu der Überzeugung bringen, dass seine Gedanken richtig sind, und sie ihn dabei unterstützen. Aber in Wirklichkeit können Sie niemanden beeinflussen, der selbstständig denkt. Das funktioniert nur bei Personen, die ihre Gedanken nicht unter Kontrolle haben oder labil sind.

Gedanken werden durch die fünf Sinne Sehen, Hören, Riechen, Schmecken, Fühlen erzeugt. Die ersten vier Auslöser sind meistens von außen beeinflusst. Das Fühlen kommt immer von Ihrem Inneren. Der Gedanke durchläuft die meist unkontrollierte Zensurstelle Verstand in der Regel ohne Widerstände.

Gedanken des anderen können Sie an dessen Gesicht ablesen. Die Körpersprache ist verräterisch und lässt sich nicht verbergen. Sie brauchen kein geschultes Auge, um festzustellen, ob ein Blick finster oder offen ist, ob der Körper des anderen angespannt oder locker ist. Die Haltung und die Ausstrahlung verraten alles. Gedanken prägen so unseren Charakter. Dazu gibt es eine hervorragende Spruchweisheit:

Säe einen Gedanken und du erntest eine Tat.
Säe eine Tat und du erntest eine Gewohnheit.
Säe eine Gewohnheit und du erntest einen Charakter.
Säe Charakter und du erntest ein Schicksal.
Charles Reade

Wollen wir unseren Charakter prägen, sollten, ja müssen wir bei unseren Gedanken anfangen. Ihr Wille ist Ihre göttliche Freiheit. Ihr Wille entscheidet, was Sie wann und wie denken. Diese Willensfreiheit können Sie nutzen, Sie müssen es nicht. Wenn Sie es nicht tun, dann werden Sie nie Ihre wahre Größe erreichen. Sie werden sich nie wirklich entdecken, mit all Ihren großartigen Fähigkeiten und Möglichkeiten, mit Ihrem immensen, brachliegenden Potenzial.

Die freie Willensentscheidung ist uns gegeben. Leider machen sehr wenige davon Gebrauch, weil die meisten denken, was einmal so war, muss immer so sein. Das stimmt aber nicht. Manch einer flüchtet sich in Ausreden und erfundene Argumente, weil diese die Gesellschaft vorgaukelt. Fremde Sichtweisen werden einfach übernommen und ins eigene Gedankengebilde integriert. Das Problem dabei ist nur, dass alles, was wir intensiv in uns aufnehmen, ob wahr oder nicht wahr, einen Einfluss auf unser gesamtes Nervensystem, auf unser Verhalten, auf unseren Charakter und somit unmittelbar auf unser Schicksal hat. Alle unsere Gedanken werden immer durch die eigene Bewertung Wirklichkeit.

Wie entstehen Gedanken?

In Ihrem großartigen Biocomputer »Gehirn« lösen die Eindrücke von außen – ein Wort, ein Satz, ein Bild, ein Geruch, eine Berührung oder ein Geschmack – eine Kette von Gedanken aus. Dies läuft in Form von chemischen Prozessen zwischen den Synapsen ab. Ein Verliebtsein löst einen ganzen Sturm von Reaktionen aus: Das Glückshormon Serotonin wird ausgeschüttet und Ihr Körper befindet sich in einem optimalen Zustand. Sie haben Kraft, Sie könnten Bäume ausreißen. Und genau das Gegenteil werden Sie erleben, wenn Sie Angst haben.

Beobachten Sie die Menschen in einer Achterbahn. Dasselbe Ereignis kann bei einem, der vor Freude schreit, Glückshormone, und beim anderen, den die Fahrt ganz beklommen macht, Stresshormone auslösen. Dabei ist es immer die gleiche Achterbahn. Ob Stress oder Glück, das entscheiden die Gedanken der Personen. Sicher kennen Sie Aussagen wie:

- das Herz schlägt mir bis zum Hals,
- Ärger schlägt mir auf den Magen,
- sich aus Angst in die Hose machen,
- das Herz fällt mir in die Hose,
- ich könnte vor Wut platzen,
- ich könnte aus der Haut fahren.

Sie erfahren täglich, was Ihre Gedanken mit Ihnen machen, und trotzdem beschäftigen wir uns häufig sehr wenig mit diesen Prozessen. Wie laufen diese nun eigentlich ab?

1. *Ein Gedanke kommt als Information in Ihr Gehirn:* Dieser Gedanke findet nun automatisch die Bahn zu seinen Referenzdaten. Diese Daten sind in Ihrem Gehirn und Ihrem Unterbewusstsein gespeichert. Wenn hier keine Kontrolle eingebaut ist, dann läuft der weitere Prozess automatisch, also unkontrolliert, ab. Eine Bewertung muss hier im Kopf stattfinden, alles Weitere wird dann nur noch abgerufen.
2. *Vergleiche finden statt:* Sobald die Gedanken die Zensurstelle »Gehirn« passiert haben, wird im Unterbewusstsein abgeglichen. Alle Erfahrungen, Emotionen, Gefühle, Verhaltensweisen und Eindrücke werden herangezogen. Ob dieser neue Eindruck richtig oder falsch ist, wird nicht geklärt, denn eine Bewertung findet im Unterbewusstsein nicht statt. Der Gedanke wird lediglich abgecheckt, verglichen und das »passende« Gefühl abgerufen. Dieses gelangt nun mit allen Zusammenhängen in die Zentrale Gehirn.
3. *Die »Erfahrungen und Gefühle« beschäftigen nun das Gehirn:* Jetzt ist der Kreislauf perfekt, alte Muster haben uns wieder im Griff: Es herrscht in uns schon ein klares Konzept vor, wie wir auf diese oder jene Situation gefühlsmäßig reagieren. Es werden im Gehirn teilweise logische Argumente hinzugefügt, um das Verhalten oder die Empfindung zu rechtfertigen, obwohl die Prozesse automatisch ablaufen.

Wenn wir diesen Kreislauf bestehen lassen, dann werden wir fremdbestimmt, ferngesteuert. Warum? Weil wir nicht selbst denken, nicht selbst entscheiden und nicht eigenständig wählen.

Es gibt nur eine Möglichkeit, diesen Kreislauf zu durchbrechen: indem wir im Kopf anfangen zu kontrollieren, was und wie wir denken. Glauben Sie ja nicht, das sei so einfach. Es ist ein ständiges Arbeiten an sich, an den Gefühlen und Handlungen, aber ich kann Ihnen sagen, dass es sich lohnt. Die Ergebnisse werden Sie begeistern, Ihr Denken wird sich ändern.

So funktioniert Ihr Unterbewusstsein

Die Erkenntnis, dass das Unterbewusstsein durch die Gedanken gelenkt werden kann, ist vielleicht die größte Entdeckung aller Zeiten.

William James

Das Unterbewusstsein versteht nur die bildhafte Sprache. Was für das Gehirn Worte sind, ist für das Unterbewusstsein das Bild. Jedes Wort wird sofort in die bildhafte Sprache umgewandelt. Aus diesem Grunde versteht das Unterbewusstsein auch keine Verneinungen. Wenn Sie denken »Ich will nicht hinfallen«, verbildlicht es den Begriff »hinfallen«. Die verneinende Form des Tätigkeitsworts wird nicht verstanden. Somit wird das Bild des Hinfallens verankert, statt des sicheren Gehens.

Ihr Unterbewusstsein meint, Ihr Ziel sei es hinzufallen, daher setzt es all seine Möglichkeiten in Kraft, genau das zu erreichen. Ihre Worte lösen die inneren Bilder aus. Deshalb funktioniert bei vielen Menschen auch das positive Denken nicht. Sie wollen es zwar, aber zu oft lösen negativ formulierte Gedanken die falschen Bilder aus.

Erst wenn positives Denken auch in der Vorstellung, im bildhaften Denken verankert ist, wirkt es tatsächlich und auf Dauer. Die Vorstellungskraft in Ihrem Gehirn liefert die Bilder für das Unterbewusstsein. Wenn Sie somit etwas schnell erreichen möchten, dann sollten die Worte das Bild wiedergeben und beide sollten in Einklang stehen. Wort, Bild, Gefühl und Handlung sollten eine Einheit bilden.

Emil Coué hat dieses Gesetz in folgende Worte gekleidet: »Jede bildhafte Vorstellung, die uns erfüllt, hat das Bestreben, sich zu verwirklichen, und die Vorstellungskraft ist lenkbar.« Das bedeutet nicht, dass sich alles, was Sie sich vorstellen, sich auch erfüllt – es heißt nur, dass das Bestreben in diese Richtung geht. Entsprechend der Häufigkeit und der Intensität, mit der Sie das Bild aussenden, wird es verwirklicht. Wenn Sie ständig an Krankheit denken, beschwören Sie diese regelrecht herbei. Wenn damit auch noch ein intensives Gefühl, zum Beispiel Angst verbunden ist, dann werden

Sie wahrscheinlich noch schneller krank. Dieses Angstgefühl bestätigt Ihr inneres Bild, Ihre Vorstellung. Je mehr Gefühle oder Emotionen diesem Bild gewidmet werden, desto schneller ist dessen Verwirklichung.

Denken Sie an Glück und Freude, dann versuchen sich auch, diese Gedanken wahr zu machen. Sie haben keine andere Resonanz in sich, das heißt, was Sie sich vorstellen, ist Ihre innere Wirklichkeit, die wiederum Ihre äußere Wirklichkeit beeinflusst. Sie lenken damit Ihre Vorstellungskraft – und die Schwingungen, die Sie aussenden, ziehen die gleichen Schwingungen an. Alle Gedanken wandeln sich in Bilder, und diese Vorgabe versucht nun das Unterbewusstsein zu verwirklichen. Es wertet nicht, es wählt nicht aus. Dazu ist es gar nicht befugt. Daher: Sagen Sie, was Sie meinen und wollen, und nicht, was Sie nicht wollen. Je klarer Ihre Sprache wird, umso klarer werden die Bilder und umso klarer die Ergebnisse.

Durch die Intensität Ihrer Gefühle geben Sie ihnen in Ihrem Inneren eine klare Wertigkeit. Worauf Sie Ihre Aufmerksamkeit richten, dorthin fließt Ihre Lebensenergie. Und Ihre Lebensenergie ist der immaterielle Baustoff für Ihr Unterbewusstsein.

Alle Gedanken und Vorstellungen sind von Gefühlen begleitet, die mehr oder weniger stark sind. Je stärker ein Gefühl ist, je stärker Sie gefühlsmäßig belastet sind, desto stärker ist der Einfluss auf die Prägung des Unterbewusstseins. Haben Sie ein Versagerbild in sich, das Sie auch noch mit frustrierten Gefühlen aufladen, ist dies eine klare Anweisung für das Unterbewusstsein, tatsächlich zu versagen. Haben Sie ein Bild der Hochstimmung, des Sich-Freuens und Genießens in sich, ist dies eine Anweisung an Ihr inneres Bewusstsein, sich der Freude zu widmen. Das Gefühl entscheidet, wie schnell ein Ziel erreicht wird, beziehungsweise wie wichtig es Ihnen ist.

Je klarer und intensiver die Gefühle, desto stärker der Auftrag. Gefühle beeinflussen Gedanken und umgekehrt. Dieser Kreislauf ist immer in Gang, außer Sie greifen bewusst ein. Solange wir Gedanken und Gefühlen freien Lauf lassen, müssen wir das akzeptieren, was wir durch Unachtsamkeit verursacht haben – und nicht, wie manche meinen, was das »Schicksal« bestimmt hat. Oder anders ausgedrückt: Wir müssen das akzeptieren, was wir in uns als Erfahrung eingespeichert haben, ob es uns gefällt oder nicht. Wir werden auch für das zur Rechenschaft gezogen, was wir unterlassen, nicht nur für das, was wir falsch machen.

Wenn Sie es schaffen, positive Gefühle in dem Maß und Stil zu erzeugen, wie Sie es sonst mit negativen machen, dann ist dies eine klare Motivation für das Unterbewusstsein und eine überzeugende Anweisung. Wenn wir so tun als ob, dann ist es für unser Unterbewusstsein Realität. Genau diesem Punkt verweigern sich viele Menschen, sie sagen: »Wie kann ich denn so tun, als ob ich reich wäre, wenn ich nicht weiß, wie ich die nächste Miete bezahlen soll?«

Genau das ist der Kreislauf. So tun als ob bedeutet nicht, plötzlich mit Geld um sich zu schmeißen, wenn keines da ist. Vielmehr sollen wir uns im Gemüt reich fühlen und im Geist dieses Bild erhalten, also nicht den äußeren Umständen die Macht geben. Geld können wir durch gute Gefühle magnetisieren – indem wir einfach nach dem inneren Reichtum streben. Niemand, der nicht zuerst im Geist Reichtum besitzt, wird ihn je materiell erleben.

Wenn Sie handeln, als hätten Sie Ihr Ziel schon erreicht, dann ist dies eine Aktion, die Ihr Unterbewusstsein wahrnimmt. Jetzt müssen Sie darauf achten, dass in Ihren Gedanken nicht die Negativformel in Gang kommt, die zu Ihnen sagt: »Das ist ja alles nur Einbildung!« Es müssen sich die wichtigen Gedanken in den Vordergrund spielen können: »Ja, genauso werde ich es erreichen, ich bin auf dem besten Weg!«

Wenn Sie einen Wunsch haben, der Sie ein Leben lang begleitet, und sie gleichzeitig glauben »Das schaffe ich nie!«, dann werden Sie immer nur davon träumen. Träume aber können nur Realität werden, wenn Sie sie in die Tat umsetzen. Davon zu träumen, reich zu werden und nichts zu tun, ist wie davon zu träumen, ein Spitzensportler zu sein und nicht zu trainieren. Die Handlung zieht das

Gefühl nach sich, wenn Sie die Gedanken als Unterstützung nehmen. Bestätigen Sie mit Ihren Gedanken Ihre Handlung, und erlauben Sie sich, dabei ein gutes Gefühl zu haben. Das ist keine Kunst – es ist eine Entscheidung. Sie benötigen keinen Grund, um gute Gefühle zu haben.

Ihr Unterbewusstsein nimmt alles gleich auf, Realität oder Einbildung. Ihm erscheint beides gleich wahr. Das ist einerseits eine Schwäche, andererseits unsere Chance. Sie brauchen also »nur so zu tun, als ob«, und Sie und Ihr Unterbewusstsein werden alles daransetzen, dies zu verwirklichen. Was uns häufig hindert, sind Zweifel und Logik.

Wenn Sie Erfolg anstreben, haben Sie die Möglichkeit, an das Gelingen oder an das Versagen zu glauben, das ist Ihre Wahl. Beides ist noch nicht Realität, beides ist nur in Ihrem Denken vorhanden. Erfolg oder Misserfolg ist die Folge unserer Einstellungen, unserer Gefühle und unserer Handlungen.

Im Grunde sollten Sie versuchen, ein guter Schauspieler zu sein, der seine »Erfolgsrolle« gut einstudiert und hervorragend spielt. Erfüllen Sie Ihre Wunschrolle mit Leben und Fantasie und glauben Sie daran, investieren Sie die positiven, aufbauenden Gefühle, und Ihr Unterbewusstsein wird diese als echt annehmen.

Hier sind viele Menschen skeptisch und meinen, das sei nur Spinnerei. Sie richten sich lieber nach der erlebten Realität aus: »Ich weiß, dass ich damals versagt habe, also warum sollte ich diesmal gewinnen und Erfolg haben?« Und sie haben Recht, es kann nicht gelingen, weil die alten Erfahrungen negative Gefühle hervorrufen und somit etwas Neues verhindern. Sagen Sie, was Sie wollen, nicht, was Sie nicht wollen.

Sicher kennen Sie folgende Aussagen:

- Ich will keinen Stress mehr!
- Ich will nicht mehr dick sein!
- Ich möchte nicht, dass Sie einen Nachteil haben!
- Ich möchte nicht streiten.

- Ich möchte Sie als Kunden nicht verlieren.
- Ich möchte nicht, dass dir etwas passiert.

»Nicht« wertet es nicht. Es bekommt den Eindruck, dass das, was Sie im Gehirn entscheiden und mit Emotionen belegen ein Auftrag ist. Daher ist die Aussage »Ich möchte nicht mehr dick sein« auf das Dicksein ausgerichtet und nicht auf Schlankheit, denn die kommt in dieser Aussage nicht vor.

Vergleichen Sie diese Aussagen mit den vorherigen:

- Ich will Erfolg haben!
- Ich will gewinnen!
- Ich will mehr verdienen!

Nun hört Ihr Unterbewusstsein diese Aussagen, und da es nicht wertet, nimmt es sie wörtlich auf. Bei der Aussage »Ich will Erfolg!«, sagt es sich: »Prima! Du willst Erfolg haben!« Hier wird jedoch nur Ihr Wille bestärkt, sonst nichts. Die Aussage muss also erweitert und begründet werden: »Ich werde gewinnen, weil …« »Ich werde Erfolg haben, weil …«.

Ihr Verstand wird häufig protestieren, er sagt: »Moment mal, die Situation sieht ja ganz anders aus!«, denn Ihre Erfahrung widerspricht der Formulierung. Diesen Kreislauf können Sie aber ganz einfach und sehr wirkungsvoll mit neuen Glaubenssätzen durchbrechen.

Übrigens: Sie werden sich, wenn Sie sich mit positivem Denken beschäftigt und vielleicht ein paar Bücher zum Thema gelesen haben, an der Zukunftsform »werden« stören. In allen Büchern steht, Sie sollen bei Ihren Formulierungen stets Präsens wählen: »Es ist …« oder »Ich bin …« und so weiter. Das ist vom Ansatz her richtig, in der Anwendung nicht immer praktikabel. Warum? »Werden« ist ein aktiver Prozess, der in Ihnen weniger Widerstand hervorrufen wird, als wenn Sie sich sagen »Ich bin …« und »Es ist …«. Wenn die Formulierung Zweifel in Ihnen auslöst, erreichen Sie Ihr Ziel nicht, daher empfehle ich den voranschreitenden Prozess, zum Beispiel »Ich werde von Tag zu Tag wohlhabender, weil ich fleißig arbeite, Gelegenheiten nutze und konsequent mein Ziel verfolge!« Können Sie sich jedoch gänzlich mit dem Zustand, den Sie sich wünschen, identifizieren, dann ist die optimale Form das Präsens, also »Ich bin …«, »Es ist …«.

Das Glaubenssystem

Das Unterbewusstsein versteht im Rahmen dieses internen Gesprächs nur Bilder, dies betrifft auch unsere rechte Gehirnhemisphäre. Die linke Hemisphäre analysiert und versteht die Worte; hier ist unser logisches Denken verankert. Wir reflektieren, und die Denkmuster, nach denen dies geschieht, sind aus unseren Glaubenssätzen aufgebaut.

Ein Glaubenssatz ist eine von uns bestimmte Wirklichkeit, die unser inneres Bild und unser Gefühl bestätigt. Ich möchte Sie nicht veranlassen zu bewerten, ob Ihre Glaubenssätze richtig oder falsch sind. Was wir bewerten wollen, ist, ob sie uns dienlich sind, ob sie aufbauend und förderlich sind oder ob sie uns hindern. Denn hängen hinter Ihren Zielen und Wertvorstellungen hinderliche Glaubenssätze, werden diese Sie vom Erfolg abhalten.

Jeder mehrfach wiederholte Satz kann zu einem Glaubenssatz werden. Ein Glaubens-Satz »setzt Glauben«. Alles, was Sie sich ständig soufflieren, womit Sie sich gedanklich beschäftigen, bildet Ihr Glaubenssystem.

- Alles beginnt mit einem Gedanken.
- Der Gedanke wird wiederholt.
- Aus den wiederholten Gedanken (die wir setzen), entstehen Glaubenssätze.
- Die Glaubenssätze bilden das Glaubenssystem.

Je öfter Sie ein Wort, einen Satz oder ein Gefühl wiederholen, desto mehr setzen Sie Glauben. Die Zahl der Wiederholungen bestimmt die

Stärke der Glaubenssätze, diese kumulieren sich zu einem Glaubenssystem.

Glaubenssätze sind Sätze, die unseren Glauben bestätigen beziehungsweise stärken. Jeder Glaubenssatz prägt die Vorstellungskraft, und wenn er auch noch mit Gefühl belegt ist, wird das innere Bewusstsein ihn schnellstmöglich verwirklichen. Unserem Denken liegen diese Glaubenssätze zugrunde. Wenn Sie sich sagen »Ich kann nicht«, ist der Grundsatz in dieser Formulierung »versagen«. Wenn Sie denken »ich kann«, ist die Aussage »gewinnen«. Diese Einstellungen werden von Ihren Glaubenssätzen abgeleitet. Diese bestimmen auch unsere Verhaltensweisen.

Ein Glaubenssatz ist etwas, was Sie in Ihrer persönlichen Realität als wahr empfinden. Dabei muss es nicht objektiv wahr sein, es ist Ihre persönliche Wahrheit. Sie haben es sich so lange vorgesagt, bis Sie es selbst glauben – ob es stimmt oder nicht, spielt dabei keine Rolle. Für Erfolg gibt es eine wichtige Regel: Nicht das, was Sie sind, hindert Sie am Erfolg – sondern das, wovon Sie glauben, was Sie nicht sind! Einzig Ihr persönlicher Glaube bestimmt den Fortschritt in allen Bereichen. Kennen Sie Glaubenssätze wie:

- Ich kann mich nicht selbstständig machen, weil ich kein Studium absolviert habe.
- Weil mich meine Eltern nicht haben studieren lassen, bin ich heute nichts.
- Wenn meine Frau mich unterstützen würde, wäre ich schon viel weiter.
- Mein Chef erkennt meine Fähigkeiten nicht.
- Ich darf meine Meinung nicht sagen.
- Es ist schwer, den richtigen Partner zu finden.
- In der heutigen Zeit denkt jeder nur an sich.
- Niemand sieht mich so, wie ich wirklich bin.
- Der Stress frisst mich auf.

Solche und ähnliche Glaubenssätze tragen viele mit sich herum. Unser Denken ist so aufgebaut. Ich schlage Ihnen vor, jetzt ein paar Ihrer hinderlichen Glaubenssätze aufzuschreiben.

Sobald Sie Ihre negativen Glaubenssätze zu Papier gebracht haben, wird Ihnen viel wohler sein. Sie werden merken, dass die Energie, die Macht der hinderlichen Glaubenssätze schwindet. Warum? Weil Sie sie schwarz auf weiß vor sich sehen. Sie haben sie erkannt, und das Wichtigste ist: Sie bekennen sich dazu, wenn Sie bei der Formulierung ganz offen waren, Sie flüchten nicht und haben keine Angst vor der Konfrontation mit Ihrem eigenen Glaubenssystem. Egal, wie oft Sie die Übung machen: Sie werden immer wieder erkennen, dass ein hinderlicher Glaubenssatz oft in keiner Weise der Realität entspricht – und er trotzdem wirkt.

Wenn Sie sich Ihrer hinderlichen Glaubenssätze bewusst geworden sind, folgt der nächste Schritt.

Das positive, aufbauende Umformulieren

Wenn Sie Ihre hinderlichen Glaubenssätze bewusst umformulieren, verlieren diese an Macht und Einfluss. Alte Glaubenssätze werden zwar nicht gelöscht, ihnen wird jedoch die Aufmerksamkeit entzogen. Sie beachten sie nicht mehr. Sie wissen, dass es sie gibt, aber Sie versorgen sie nicht mehr mit Energie, mit Aufmerksamkeit. Diese lenken Sie bewusst auf die neuen, positiven und aufbauenden Glaubenssätze. Die Glaubenssätze in uns sind unsere innere Wirklichkeit. Wir können sie jederzeit ändern. Glaubenssätze existieren natürlich auch unabhängig von den Wertvorstellungen, die uns bewusst sind, sie können sich sogar total widersprechen, wie »Man muss für den Frieden kämpfen!«, und dabei kommen unschuldige Menschen zu Schaden.

Immer wieder konnte ich bei Seminarteilnehmern beobachten, dass schon ein Teil des Weges geschafft war, wenn sie einen hinderlichen Glaubenssatz in einen neuen, förderlichen umformuliert hatten. Ihre Energie, ihr Zustand hatte sich geändert. Schon nach dem ersten

Schreiben hatten sie ein anderes Gefühl für sich und zu ihrem alten Glaubenssatz. Wie wird ein Glaubenssatz umformuliert? Der neue, förderliche Glaubenssatz muss:

- logisch aufgebaut,
- klar,
- nachvollziehbar,
- realistisch sein und
- mit einem positiven Ergebnis abschließen.

Hier ein Beispiel zum Glaubenssatz »Ich habe keine Zeit«. Zeit ist das Gerechteste, was je verteilt wurde. Jeder hat 24 Stunden. Ab sofort gebe ich der Zeit mehr Qualität und nutze Sie bewusst in allen Lebensbereichen: Ich arbeite, wenn ich arbeite. Ich genieße, wenn ich genieße. Von nun an erlaube ich mir, meine Zeit vernünftig zu planen und allen Dingen ihre Zeit zu geben. Ich erlaube mir, dort zu sein, wo mein Körper ist. Somit lebe ich im Augenblick und kann den Weg zu meinen Zielen höchstmöglich genießen.

Die PGH®-Methode

Wenn Sie sich entscheiden, aktiv positiv zu denken, dann braucht es seine Zeit, bis die Spuren der Vergangenheit beseitigt sind und das neue, konstruktive Denken der Normalzustand wird.

Es gibt die naiven Leichtsinnigen, die verbreiten: »Du brauchst nur positiv zu denken und alles geht von alleine!« Das stimmt natürlich nicht und hat auch noch nie gestimmt. Denn Aufgaben und Pflichten erledigt das positive Denken nicht für Sie. Sie können noch so positiv denken, wenn Sie sich auf eine Prüfung nicht vorbereiten, besteht wenig Hoffnung, diese zu schaffen. Auch eine Fremdsprache lernen Sie nicht durch positives Denken.

Sie können mit positivem Denken nicht alles erreichen, aber Sie erreichen alles leichter als mit negativem Denken. Positives Denken unterstützt Ihre Fähigkeiten, bereitet den Boden, verstärkt Ihr Handeln, gibt Ihnen Kraft.

Damit wir die Spuren der Vergangenheit hinter uns lassen, ist es wichtig, vom positiven Denken ins positive Sein zu kommen. Das Werkzeug hierzu ist die PGH®-Methode. Die PGH®-Methode lenkt das Denken in die bewussten Bahnen und festigt diese. Sie ist der Schritt vom positiven Denken zum positiven Sein.

PGH®

Positive GrundHaltung

1. Was denke ich?
2. Erreiche ich mit diesem Denken meine Ziele?
   - ➡ Wenn ja, dann bestätigen und dabei bleiben!
   - ➡ Wenn nein, inneren Dialog beginnen!
     Die Sicht von minus auf plus richten,
     von negativ auf positiv,
     vom Hinderlichen zum Förderlichen!

Entscheidend am positiven Denken ist, dass Menschen, die positiv denken, stets darauf achten, nicht wieder in negative Denkweisen zu verfallen. Die PGH®-Methode besteht aus zwei einfachen Schritten:

- Beobachten und klären (Was denke ich?)
- Wählen! (Erreiche ich mit diesem Denken meine Ziele?)

Hierzu empfehle ich Ihnen eine Karte wie die, die oben abgebildet ist, zu benutzen. Auf der Vorderseite sind die drei Buchstaben PGH und auf der Rückseite die beiden oben aufgeführten Fragen. Nun gilt es, diese Buchstaben PGH als Auslöser zu benutzen. Machen Sie es sich zur Gewohnheit, diese Karte mindestens eine Woche dort aufzubewahren, wo Ihr Blick mehrmals am Tag hinfällt – natürlich können Sie statt einer solchen Karte auch einfach einen Haftzettel nehmen und ihn am Monitor Ihres Computers befestigen. Wenn Sie diese drei Buchstaben PGH sehen, soll die erste Frage ausgelöst werden, die lautet:

»Was denke ich?«: Dann werden Sie die ersten 10 oder 20 Male erleben, dass Sie nicht nachvollziehen können, was in den letzten Sekunden in Ihnen ablief. Wenn Sie beharrlich dabei bleiben, wird nach kurzer Zeit die Gewohnheit siegen, und wenn Sie dann wieder die drei Buchstaben PGH sehen und sich fragen »Was denke ich?«, werden Sie merken, dass Sie plötzlich wissen, »Ach, das denke ich!«

Sobald dies der Fall ist, beschäftigen Sie sich nur noch mit der zweiten Frage:

»Erreiche ich mit diesem Denken meine Ziele?«: Wenn ja, denken Sie weiter, freuen Sie sich am konstruktiven Denken und bringen Sie positive Gefühle mit ins Geschehen. Sollten Sie allerdings erkennen, »Oh, nein, ich grüble, ich mache mir Vorwürfe, ich zweifle«, dann beginnen Sie einen Dialog zwischen Verstand und Gefühl. Sie fangen an, positive Argumente zu suchen, den Blickwinkel auf ein positives Ergebnis zu richten oder sich einen positiven, aufbauenden Glaubenssatz zu suggerieren. Bringen Sie sich vom negativen Zustand in einen positiven.

Das Beobachten, das bewusste Denken ermöglicht es uns, eine Wahl zu treffen. Solange nicht bewusst beobachtet wird, ist eine Entscheidung nicht möglich. Beobachten heißt nicht verurteilen, nach dem Motto: »Schon wieder habe ich negativ gedacht, wann lerne ich es endlich?« Diese Art von internem Dialog bedeutet, sich klein zu machen und das zu verursachen, was wir ablehnen. Beobachten bedeutet wahrnehmen und feststellen, um sich anschließend einfach anders und neu zu entscheiden. Nach dem Motto: »Oh, das war nicht gewünscht – so war es gewünscht!« Und somit denken Sie den Gedanken wieder neu.

Ziel ist es nicht, Gedanken zu verbannen, denn damit gebe ich ihnen wiederum mentale Macht. Ziel ist es, sie nicht zu behalten und bewusst eine andere Wahl zu treffen. Wenn Sie etwas nicht denken können, wählen Sie etwas anderes. Segnen Sie das Unangenehme und sagen Sie sich innerlich: »Danke, dass du hier warst, jetzt brauche ich dich nicht mehr«, dann wählen Sie neu!

- Wenn ein negativer Gedanke kommt, erkennen Sie ihn als solchen und sagen Sie: »Okay, dich gibt es, aber ich brauche dich jetzt nicht, ich brauche Folgendes …«, und dann denken Sie neu.
- Wenn Sie sich Sorgen machen, dass etwas nicht klappen könnte, steigern Sie sich nicht in die Sorgen hinein, sondern denken Sie neu.
- Wenn Sie etwas ärgert, schauen Sie es sich genau an, und treffen Sie eine neue Wahl.
- Wenn Sie einen Menschen hassen, schauen Sie sich den Hass an, und entscheiden Sie, sich nicht von diesem Menschen beherrschen zu lassen. Treffen Sie eine neue Wahl.
- Wenn Sie krank sind, schauen Sie sich die Krankheit an, und treffen Sie die Wahl, dankbar zu sein, für alles, was noch gesund ist.
- Wenn Sie Sorgen haben, schauen Sie sich diese an, und treffen Sie die Wahl, ihnen nicht weitere Energie zu schicken.
- Wenn Sie Angst haben, treffen Sie eine neue Wahl.
- Wenn Sie versagt haben, treffen Sie eine neue Wahl.
- Wenn Sie an sich zweifeln, stoppen Sie den Gedanken, und denken Sie neu!

Jede Aversion, jede Ablehnung gegen etwas, wirkt magnetisch und zieht das an, was wir ablehnen. Mit der PGH®-Methode schaffen Sie eine positive Grundhaltung, die überall wirkt. Lassen Sie den Zweifel los, und halten Sie am ursprünglichen Gedanken fest. Das Negative zu verlernen ist eine Sache der Absicht, der Disziplin. Ihr jetziges Denken haben Sie jahrelang, manchmal jahrzehntelang, trainiert. Mit Disziplin und einem klaren Ziel vor Augen ist es nur eine Frage der Zeit, bis das neue Denken zur Gewohnheit wird.

Antony Fedrigottis Spezialtipp

Henry Ford sagte: »Denken ist eine der schwersten Aufgaben, die es gibt. Das scheint auch der Grund dafür zu sein, dass sich so wenig Menschen damit beschäftigen.« Wenn ich Ihnen eine Empfehlung geben darf, dann diese: Üben Sie die PGH-Methode, sie kostet nichts und ist sehr hilfreich. Denn wenn Sie wissen, was Sie denken, können Sie bestimmen, was Sie wie sagen und was Sie fühlen!

Mehr von Antony Fedrigotti:

- Der PowerThinker. Mehr Mut zum Erfolg. München 2002
- Entspannung und mentales Training. Eine praktische Anleitung zu mehr Wohlbefinden und zur Selbstverwirklichung. Augsburg 2002
- 30 Minuten für erfolgreiche Stressbewältigung. Offenbach 2000
- Zum Erfolg geboren. Strategien für Ihren persönlichen Erfolg. Augsburg 2000

Markus Hofmann

Als leidenschaftlicher Kommunikator und erfahrener Lernstratege bietet Markus Hofmann auf hohem Niveau Infotainment. Der studierte Marketingwirt zeigt Techniken – basierend auf der altgriechischen MNEMO-Technik –, mit denen man schnell und langfristig seine Gedächtnisleistung markant verbessern kann.
Er begeisterte bereits Tausende von Menschen mit seiner Form des Gedächtnistrainings. Bekannt wurde er durch das Experten-Forum »Von den Besten profitieren« vom Magazin FOCUS und durch die Schottenwette bei der Fernsehsendung »Wetten, dass ...?«.

Weitere Informationen unter:
www.hofmannmarkus.com

Markus Hofmann

Vorsprung durch Wissen

Wie Sie Ihre grauen Zellen auf Höchstleistung bringen

Nachdem Sie diesen Beitrag gelesen haben, werden Sie an sich selbst feststellen, welches phänomenale Gedächtnis Sie bereits besitzen. Anhand von interaktiven Beispielen erfahren Sie, wie Sie in Zukunft Checklisten sowie Namen und Gesichter schneller und nachhaltiger abspeichern können. Sehen Sie diesen Artikel nicht nur als reine Informationsübermittlung, sondern eher als Training. Die gezeigten Techniken können Sie sofort in die Praxis umsetzen.

Das achte Weltwunder – unser Gehirn

Der Weg zum guten Gedächtnis

Können Sie sich noch an Ihre Schulzeit erinnern? Sie war geprägt von Auswendiglernen, zahlreichen Schulaufgaben, Prüfungsängsten und Ähnlichem. Viele von Ihnen haben an diese Zeit nicht die besten Erinnerungen. Sicher denken manche von Ihnen an Situationen, in denen Sie Ihre Eltern oder Lehrer darauf hingewiesen haben, beim Lernen den nötigen Ernst zu zeigen, damit Sie sich einem Thema mit dem nötigen Respekt widmen konnten. In unseren Köpfen wurde dadurch ein unbewusstes Programm installiert: »Lernen darf auf keinen Fall Spaß machen!« Deswegen jubeln wir auch heute noch nicht vor Freude, wenn es darum geht, neue Informationen im Langzeitgedächtnis abzuspeichern.

Genau aus diesem Grund lassen wir uns immer mehr Hilfsmittel einfallen, um nicht in die Situation zu kommen, etwas auswendig lernen zu müssen. Schritt für Schritt verlagern wir unser Gedächtnis nach außen. Wir nutzen Handy, Terminkalender, Laptop oder Notizzettel. Auch via Internet finden wir die Information, die wir gerade benötigen. Vor diesem Hintergrund möchte ich Ihnen zwei Fragen stellen: »Wie viele Telefonnummern können Sie heute noch auswendig? Und wie viele Telefonnummern konnten Sie noch vor zehn Jahren auswendig?« Versuchen Sie einmal, dies für sich zu beantworten. Sicherlich konnten Sie damals mehr. Dies ist nur ein Beispiel dafür, dass wir unser Gehirn immer weniger beanspruchen und seine Fähigkeiten immer weniger nutzen.

Meine Großmutter hat früher zu mir gesagt: »Junge, lern nicht so viel, sonst platzt dir der Kopf!« Sie ist tatsächlich davon ausgegangen, dass unser Gedächtnis umso voller wird, je mehr wir lernen, bis wir nichts mehr aufnehmen können. Heute wissen wir: Je mehr Informationen wir aufnehmen, umso geistig flexibler werden wir. Um auch im Alter geistig fit zu bleiben, lautet die Devise, sich jeden Tag neuen geistigen Herausforderungen zu stellen. Frei nach dem Motto: Wer rastet, der rostet!

Die geistige Aktivierung

Bevor Sie jedoch mit dem Buch fortfahren und wir mit dem eigentlichen Gedächtnistraining beginnen, möchte ich Sie geistig aktivieren.

Unser Gehirn ist nicht immer voll aktiv, sondern arbeitet wann immer möglich im Energiesparmodus. Erst wenn es gefordert wird, aktiviert das Gehirn seine tatsächliche Leistungsfähigkeit. Die folgende Übung wird maximal 4 Minuten in Anspruch nehmen und dient dazu, Ihre grauen Zellen auf Trab zu bringen. Sie signalisieren Ihrem Gehirn, dass es für die nächste halbe bis eine Stunde konzentriert und auf Hochtouren laufen soll.

Schätzen Sie zuerst innerhalb von zehn Sekunden, wie viele Dreiecke Sie sehen. Danach haben Sie drei Minuten Zeit, um zu zählen, wie viele Dreiecke es tatsächlich sind. Schauen Sie genau hin.

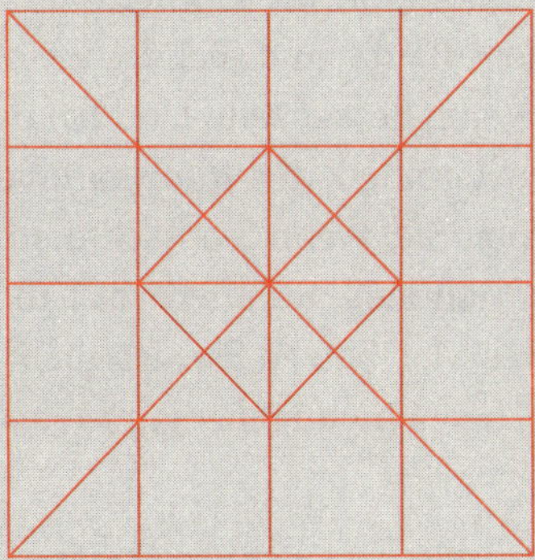

Es sind schätzungsweise ... Dreiecke.
Genau gezählt sind es ... Dreiecke

Dies ist nur eine von mehreren Gehirn-Jogging-Aufgaben, die es Ihnen ermöglichen, für die nächsten Stunden auf einem hohen Konzentrationsniveau zu verweilen. Machen Sie solche Übungen immer dann, wenn Sie vor einer wichtigen Aufgabe oder einem Lernprozess stehen. Sie werden den Unterschied bemerken.

Bleiben Sie gelassen

Im Folgenden werden Sie anhand von verschiedenen Aufgaben einige Gedächtnisübungen durchführen. Es kann sein, dass Ihnen trotz Technik der eine oder andere Fehler unterläuft. Dies ist ganz normal. Freuen Sie sich über das, was Sie wussten und nehmen Sie eventuelle Fehler ruhig und gelassen zur Kenntnis. Das ist für den weiteren Lernprozess von großer Bedeutung.

Wenn wir uns ärgern, schüttet unser Organismus das Stresshormon Adrenalin aus. Es setzt sich zwischen den Verbindungsstellen der einzelnen Gehirnzellen, den Synapsen, fest. Die Folge ist, dass Ihr Gedankenstrom nicht mehr fließen kann. In diesem Zustand können Sie zwar körperliche Höchstleistungen vollbringen, haben aber gleichzeitig eine Denkblockade. Dies ist für das Lernen und Behalten von Informationen enorm kontraproduktiv. Gehen Sie also mit der Einstellung an die Übungen heran, dass beim ersten Wiederholen Fehler erlaubt sind. Bei der zweiten Wiederholung wollen Sie dann ein wenig besser sein. Und bei der dritten Wiederholung wollen Sie einen Großteil der Informationen abspeichern können. Aber was machen Sie, wenn Sie nach dem dritten Mal noch immer nicht alle Informationen verinnerlicht haben? Dann wiederholen Sie eben ein viertes Mal. Setzen Sie sich nicht unter Druck. Je entspannter Sie an das Thema herangehen, umso leichter wird es Ihnen fallen.

Selbsttest

Wie steht es nun um Ihr Gedächtnis? Lassen Sie uns Ihren Status quo ermittleln. Bitte versuchen Sie, sich die unten stehenden Begriffe so gut wie möglich einzuprägen. Nehmen Sie eine Stoppuhr zur Hand. Sie haben zwei Minuten Zeit:

1. Emmentaler	11. Laufsteg
2. Schraubstock	12. Leuchtstoffröhre
3. Stricknadel	13. Schlägerei
4. Känguru	14. Strom
5. Glühbirne	15. Ampelanlage
6. Bluse/Hemd	16. Stuhlbein
7. Tina Turner	17. programmieren
8. kratzen	18. Checkliste
9. Bohrloch	19. Gottschalk
10. polieren	20. Warp-Antrieb

Legen Sie das Buch zur Seite und notieren Sie die Wörter eins bis zwanzig auf einem Blatt Papier. An welche können Sie sich erinnern? Bitte schummeln Sie nicht. Es geht nur darum festzustellen, wo Sie derzeit stehen.

Lesen Sie erst weiter, wenn Sie die Übung gemacht haben, und kehren Sie dann zum Buch zurück!

An wie viele Begriffe konnten Sie sich noch erinnern? Der Durchschnitt liegt bei sieben bis neun Wörtern. Wenn Sie mehr als zehn Wörter richtig wiedergeben konnten, dann haben Sie bereits eine Technik benutzt. Gratulation! Wenn Sie weniger als sieben Wörter haben, ist das auch kein Problem. Dann freuen Sie sich umso mehr, wenn Sie am Ende des Kapitels nahezu alle Begriffe fehlerfrei können. Lassen Sie sich überraschen!

So funktioniert unser Gehirn

Um zu verstehen, wie Denkprozesse ablaufen und Informationen gespeichert werden, ist es hilfreich, die Struktur und Funktionsweise des Gehirns genauer zu betrachten.

Das Gehirn ist die komplexeste uns bekannte Struktur und das wichtigste Organ unseres Zentralnervensystems. In seinem Aufbau ähnelt es einer Walnuss und in seiner Konsistenz einem Pudding. Mit durchschnittlich 1300 Gramm macht es gerade mal 2,5 Prozent des Körpergewichtes aus. 20 Prozent des Blutes werden vom Herzen in das Gehirn gepumpt und damit 20 Prozent der uns bereitgestellten Energie. Die 100 Milliarden Gehirnzellen, die jeder Mensch von Geburt an zur Verfügung hat, verbrauchen den größten Teil der im Körper verfügbaren Glucose (Traubenzucker). Um unsere »grauen Zellen« optimal in ihrer Arbeit zu unterstützen, bedarf es außerdem einer reichlichen Sauerstoffzufuhr durch regelmäßige

Bewegung sowie einer ausgewogenen Ernährung und ausreichend Wasser (mind. 2 bis 3 Liter/Tag).

Betrachtet man das Organ »Gehirn«, fallen sofort tiefe Furchen und zahlreiche Falten auf. Wodurch entstand diese seltsame Form? Im Laufe der Evolutionsgeschichte begrenzte der Schädelknochen das Wachstum des Gehirns. Durch die Ausbildung von Falten gelang aber dennoch eine Vergrößerung der Oberfläche und eine Steigerung der Leistungsfähigkeit. Würde man die Struktur »entfalten« entspräche die Fläche circa vier DIN-A4-Seiten.

Das Großhirn, das den Hauptteil des Gehirns ausmacht, teilt sich längs in eine rechte und eine linke Hälfte, in die beiden Hemisphären. Verbunden durch einen Strang aus weißen Nervenfasern, dem Gehirnbalken (Corpus callosum), werden hier wichtige Informationen ausgetauscht. Erst das Zusammenspiel beider Gehirnhälften macht Wahrnehmung und korrekte Erinnerung überhaupt möglich.

Die linke Hemisphäre ist für das logische, digitale und rationale Denken zuständig. Hier speichern wir Zahlen, Reihenfolgen, Vokabeln und Raster ab. Dort werden außerdem Sachverhalte analysiert, Vorgänge geplant und Organisationsstrukturen erstellt.

Die rechte Gehirnhälfte hingegen ist für das Musische, Intuitive und Emotionale zuständig. Hier entstehen Bilder und Gefühle. Auch Kreativität und räumliches Vorstellungsvermögen haben dort ihren Sitz.

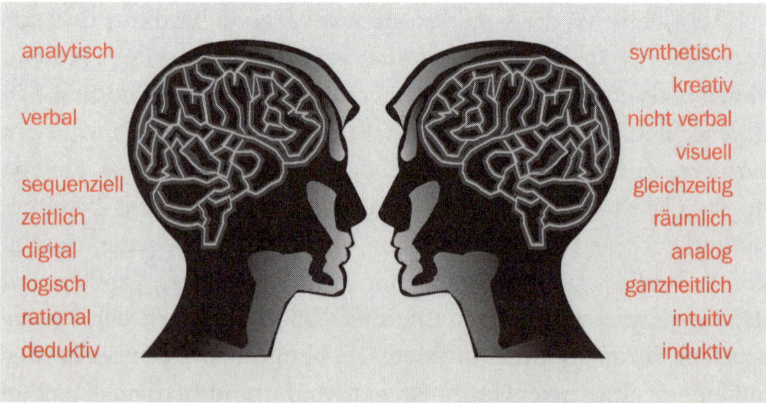

Mit zunehmendem Alter dominiert bei Westeuropäern leider die linke Hemisphäre. Dies bedeutet, dass wir versuchen, Informationen auf der linken Seite – also rational – abzuspeichern. Da dieser Teil des Gehirns nur beschränkt aufnahmefähig ist, fällt es uns schwer, mehrere, gleichzeitig eintreffende Informationen zu verarbeiten und dauerhaft zu speichern.

Die rechte Gehirnhälfte dagegen hat kaum eine Aufnahmebegrenzung. Wenn es gelänge, die besagte rechte Gehirnhälfte beim Speichern verstärkt mit einzubeziehen, könnten wir viele Informationen schneller und langfristiger behalten und auch abrufen.

Was passiert nun beim Wahrnehmen und Erinnern? Sobald unser Organismus eine Information über die Sinnesreize aufnimmt, wird diese als elektrischer Impuls vom Gehirn registriert und verarbeitet. Diese elektrischen Ströme und Schwingungen kreisen zunächst im Gehirn und klingen nach circa 15 bis 20 Sekunden wieder ab. Wenn durch diesen Impuls keine Aufmerksamkeit hervorgerufen wird oder sich die Information nicht an bereits bekannte Gedankenverbindungen anknüpfen lässt, geht diese Wahrnehmung an uns vorbei. Dies nennen wir auch das Ultrakurzzeitgedächtnis. Es dient sozusagen als Filter, mit dem das Gehirn wichtige von unwichtigen Informationen trennt. Wenn Sie sich nun den Namen zu einem Gesicht nachhaltig abspeichern wollen, müssen Sie innerhalb der ersten 20 Sekunden eine ausreichend starke Verknüpfung herstellen, um die Information ins Kurzzeitgedächtnis weiterzuleiten. Andernfalls ist es sehr wahrscheinlich, dass der Name verloren geht.

Wichtige Informationen beziehungsweise Informationen, die wir bewusst abspeichern möchten, beispielsweise ein Name, werden an das Kurzzeitgedächtnis weitergegeben. Der Kurzzeitspeicher bevorratet die gelieferten Daten der verschiedenen Rezeptoren (Haut, Ohr, Auge, Nase und Mund) für circa 20 Minuten. Das ist der optimale Zeitraum für eine erste Wiederholung. Erst mit dieser Wiederholung schicken Sie die Information weiter ins Langzeitgedächtnis. Aus den anfänglich elektrischen Strömen werden dabei über chemische Prozesse neue Verbindungen zwischen den Gehirnzellen erstellt. Damit diese gefestigt und ausgebaut werden, sind eine weitere Wiederholung nach 24 Stunden und drei weitere Repetitionen innerhalb der nächsten drei Tage am effektivsten.

Die MNEMO-Technik und kindliches Lernen

Die MNEMO-Technik macht nichts anderes, als beide Gehirnhälften miteinander zu verbinden. Sie verknüpft Logik mit Kreativität und generiert daraus ein groteskes, übertriebenes oder humorvolles Bild.

Haben Sie schon mal gegen Kinder Memory gespielt? Wie waren Ihre Erfolgschancen? Nicht gerade überwältigend?! Das ist ganz normal. Kinder sind bei diesem Spiel im Schnitt besser als Erwachsene. Woran liegt das? Müssen Kinder »Memory spielen« lernen? Nein. Kinder denken automatisch mit beiden Gehirnhälften gleichzeitig. Sie nehmen das Kartenspiel als in sich geschlossenes Bild wahr und versuchen nicht, die einzelnen Karten-Positionen in ein Raster zu legen, so wie wir Erwachsene dies gern tun: vierte Zeile von oben, zweite Karte von rechts mit der ersten Zeile von unten, dritte Karte von links.

Das Geheimnis eines guten oder überdurchschnittlichen Gedächtnisses ist, wahrzunehmen und zu lernen wie ein fünf-, sechs-, siebenjähriges Kind. Erfassen und speichern Sie Informationen in Zukunft wie ein Kind und Sie werden eine außergewöhnliche Steigerung Ihrer Gedächtnisleistung erfahren.

Übung macht den Meister

Eines möchte ich an dieser Stelle anmerken. Dieser Buchbeitrag kann nur ein Einstieg für Sie sein. Sie müssen die nun folgenden Techniken immer wieder in der Praxis anwenden, damit das »alte« Lernprogramm gegen die neue MNEMO-Technik ausgetauscht wird. Hierzu eine kleine Übung, die Ihnen die Macht der Gewohnheit zeigt:

Verschränken Sie beide Hände, als ob Sie beten wollen. Jetzt haben Sie entweder den rechten über den linken Daumen gelegt oder umgekehrt. Wenn Sie nun die Hände so verschränken, dass Ihr anderer Daumen oben liegt, ist das zunächst ein ungewohntes Gefühl. Sie müssen zwei bis drei Wochen trainieren, um diese neue Haltung einzuüben. Genauso verhält es sich mit Ihrem Lernprogramm. Sie haben eine Gewohnheit, ein Schema F, mit dem Sie sich Namen, Daten und Zahlen abspeichern. Diese müssen Sie erst aufbrechen. Mit den gezeigten Techniken werden Sie sofort ein Erfolgserlebnis haben. Damit Sie Ihr überragendes Gedächtnis auch in Zukunft behalten, müssen Sie natürlich weiterüben.

Die Methode

Der kreative Briefträger

Bevor wir loslegen habe ich noch eine Frage an Sie. Warum finden Sie zu Hause Ihre Post? Weil Ihr Briefträger sie immer in den Briefkasten wirft. Würde er sie jeden Tag an eine andere Stelle legen, zum Beispiel mal in die Garage, mal vor die Hintertür, wäre dies für Sie nur kurze Zeit amüsant. Spätestens nach einer Woche würden Sie ihn jedoch bitten, die Post wieder, wie gewohnt, in den Briefkasten zu legen.

Genauso verhält es sich mit den zahlreichen Informationen, die wir behalten wollen. Wir verhalten uns wie der kreative Briefträger. Wenn wir Zahlen, Daten und Fakten abspeichern möchten, legen wir diese irgendwo im Gedächtnis ab, ohne zu überlegen, wie und wo wir sie wiederfinden können.

Die Körperliste

Um jedoch die im Gedächtnis abgelegten Informationen jederzeit wieder auffinden zu können, richten wir jetzt virtuelle Briefkästen im Gedächtnis ein. Dafür nehmen wir den Körper zur Hilfe. Gemeinsam werden wir nun einzelne Briefkästen festlegen. Bitte stehen Sie auf und nehmen das Buch in eine Hand. Mit der anderen Hand berühren Sie die im Folgenden genannten Körperteile. Sie lernen ganzheitlich, indem Sie nicht nur lesen, sondern den Körperteil auch tatsächlich berühren. Je mehr Reize Sie beim Lernen einsetzen, zum Beispiel lautes Vorsprechen, umso leichter werden Sie diese virtuellen Briefkästen abspeichern.

Stehen Sie schon? Prima! Dann berühren Sie bitte nacheinander folgende Körperteile:

1. Füße oder Zehen,
2. Knie,
3. Oberschenkel,
4. Gesäß,
5. Taille oder Bauch,
6. Brust,
7. Schulter,
8. Hals,
9. Gesicht,
10. Haare oder Schädeldecke.

Sie haben bestimmt bemerkt, dass dies eine logische Liste von unten nach oben ist. Deswegen ist es auch relativ einfach, die Punkte in der richtigen Reihenfolge zu beherrschen. Schließen Sie bitte jetzt die Augen und versuchen Sie, die gerade gemerkten Begriffe der Reihe nach aufzusagen. Von unten nach oben und umgekehrt. Berühren Sie auch dabei die Stellen mit Ihren Händen. Los geht's! – Wie Sie gesehen haben, war das gar nicht so schwer. Nun sind Sie bereit für den nächsten Schritt:

Nun ordnen wir die Zahlen eins bis zehn den einzelnen Begriffen zu. Nehmen Sie bitte Ihre Hand und legen Sie diese seitlich an Ihre Taille. Da Ihre Hand fünf Finger hat, verbinden Sie mit der Taille den fünften Briefkasten. Schauen Sie nun auf Ihre Schulter. Dort sitzen Schneewittchen und die sieben Zwerge. Sie begrüßen diese mit einem freundlichen »Hallo«. Dadurch wird die »Sieben« der Schulter zugeordnet, auch wenn Sie jetzt denken: »Das ist doch kindisch!« Dann berühren Sie bitte den Briefkasten Nummer acht! War das schwierig?

Sicherlich nicht, da die Nummer acht auf die sieben folgt und diese vorher mit den Zwergen und Schneewittchen markiert wurde. Deshalb ist es kein »kindisches« Lernen, sondern »kindliches« Lernen. Ein kleiner, aber entscheidender Unterschied. Und außerdem: Es ist absolut zweitrangig, wie Sie sich eine Information merken. Das Entscheidende ist doch, dass Sie sich die Information merken. Ein Lehrer wird einen Schüler nie fragen, wie er sich die Vokabel abgespeichert hat, er sieht lediglich das Ergebnis. Ein Mitarbeiter wird seinen Vorgesetzten nie fragen, wie dieser sich seinen Namen gemerkt hat. Er nimmt lediglich wahr, dass er persönlich mit Namen angesprochen wurde.

Auf diese Weise machen Sie weiter. Wenn Sie nun die nächsten Punkte auf der Körperliste markieren, übertreiben Sie die Bilder, die vor Ihrem inneren Auge entstehen. Gestalten Sie diese lustig und kindlich. Wenn Sie zum Beispiel Ihr Gesäß gedanklich mit der Nummer vier verbinden, weil dies der vierte Briefkasten ist, woran denken Sie spontan? Nehmen Sie das Bild, das Ihnen zuerst in den Sinn kommt. Das ist in der Regel das Beste. Vielleicht sitzen Sie ja des Öfteren auf Ihren vier Buchstaben. Verknüpfen Sie nun die restlichen Körperteile mit den Zahlen.

Hervorragend! Dies ist die erste und wichtigste Liste, die Sie beim Erinnern von Informationen benötigen. Die Körperliste muss in Fleisch und Blut übergehen. Dazu sollten Sie diese noch einige Male wiederholen. Ich empfehle die erste Repetition nach circa 25 bis 30 Minuten. Die zweite Wiederholung sollte nach 24 Stunden, die dritte, vierte und fünfte Wiederholung verteilt auf die nächsten drei Tage erfolgen. Diesen Lernrhythmus sollten Sie immer anwenden, wenn Sie eine Information vom Kurzzeitgedächtnis ins Langzeitgedächtnis transportieren wollen. Je öfter Sie die Techniken wiederholen, umso leichter können Sie sich neue Informationen abspeichern.

Nebenbei erwähnt: Die Bezeichnungen der einzelnen Briefkästen sind nicht fest. Ob Sie nun für die »1« Schuhe sagen oder Socken oder Zehen, ist egal. Es kommt vor allem darauf an, dass Sie die Reihenfolge verinnerlichen und die Begriffe als Bild vor Ihrem geistigen Auge erscheinen.

Diese virtuellen Briefkästen sind nun mit Fakten zu füllen. Betrachten wir nochmals die bereits erwähnten 20 Begriffe von Seite 58.

1.	Emmentaler	11.	Laufsteg
2.	Schraubstock	12.	Leuchtstoffröhre
3.	Stricknadel	13.	Schlägerei
4.	Känguru	14.	Strom
5.	Glühbirne	15.	Ampelanlage
6.	Bluse/Hemd	16.	Stuhlbein
7.	Tina Turner	17.	programmieren
8.	kratzen	18.	Checkliste
9.	Bohrloch	19.	Gottschalk
10.	polieren	20.	Warp-Antrieb

Im übertragenen Sinne könnte dies zum Beispiel der Spickzettel einer freien Rede sein oder eine Einkaufsliste oder die Argumente in einem Kundengespräch. Je nachdem, was Sie gerade benötigen.

Damit Sie diesen Spickzettel nun im Kopf abspeichern können, bedienen wir uns der Körperliste.

- *Begriff Nr. 1 – Emmentaler.* Der erste Briefkasten waren die Zehen. Versuchen Sie nun, den Emmentaler von Nummer eins damit zu verbinden. Gar nicht so schwer, oder? Vielleicht riechen Sie einen ganz speziellen Duft, der von unten nach oben steigt. Welches Bild Sie dabei generieren – ob visuell, gustatorisch, olfaktorisch, haptisch oder auditiv – ist Ihnen überlassen.
- *Begriff Nr. 2 – Schraubstock:* Schauen wir uns nun den zweiten Begriff an. Stellen Sie sich vor, Ihr Knie ist in einem Schraubstock eingespannt und jemand dreht dieses Gerät immer enger. Legen Sie am besten selbst Hand an und spüren Sie den Druck und Schmerz, der sich nach und nach aufbaut.
- *Begriff Nr. 3 – Stricknadel:* Der neueste Schrei in der Medizin ist Akupunktur mit Stricknadeln, welche Sie sich durch den Oberschenkel stecken. Nehmen Sie nicht nur eine Nadel, sondern gleich eine ganze Menge. Ihr Oberschenkel gleicht dann einem Nadelkissen.
- *Begriff Nr. 4 – Känguru:* Können Sie sich vorstellen, mit Ihrem Gesäß versehentlich auf einem Känguru zu sitzen? Vielleicht lassen Sie sich auch ein besseres Bild einfallen. Eines, das individuell auf Sie noch intensiver oder komischer wirkt. Seien Sie kreativ. Ihnen fällt mit Sicherheit etwas ein.
- *Begriff Nr. 5 – Glühbirne:* Hier ist eine Verknüpfung nicht ganz so leicht. Der fünfte Briefkasten ist der Bauch beziehungsweise die Taille. Ich zum Beispiel nehme meinen Bauchnabel zur Hilfe und drehe dort die Glühbirne hinein.
- *Begriff Nr. 6 – Bluse/Hemd:* Verbinden Sie Ihre Lieblingsbluse oder Ihr Lieblingshemd mit Briefkasten Nummer sechs – also der Brust. Stellen Sie sich zum Beispiel vor, Ihre Lieblingsbluse oder Ihr Lieblingshemd wären zu klein geworden und ließen sich nicht mehr schließen.

Dies sind die Bilder, die ich für mich entworfen habe. Um ein Vielfaches besser ist es, eigene Bilder zu generieren, weil diese am stärksten auf Sie persönlich wirken und Sie diese besser behalten werden. Schmerz und Erotik sind übrigens sehr starke Lernprogramme. Je schmerzhafter oder erotischer die gedachten Bilder also sind, umso leichter werden Sie diese abspeichern. Aus diesem Grund können wir uns in der Regel unanständige Witze besser merken als anständige. Auch falls Sie als Kind Erfahrung mit einer heißen Herdplatte gemacht haben, mussten Sie diese nicht mehrmals wiederholen, um zu verstehen, dass dies schmerzhafte Konsequenzen hat. Spielen Sie mit Ihren Bildern und lassen Sie Ihrer Fantasie freien Lauf. Die folgenden Bilder dienen lediglich als Anregung.

- *Begriff Nr. 7 – Tina Turner:* Auf Ihren Schultern tanzt Tina Turner vor den sieben Zwergen und singt das Lied »Simply the Best«. Oder Schneewittchen sieht aus wie Tina Turner und rockt vor den Zwergen so gut es geht.
- *Begriff Nr. 8 – kratzen:* Ihr Hals juckt – aus unerklärlichen Gründen – und Sie müssen sich heftig kratzen. Dieses Bild können Sie noch übertreiben, indem Sie zum Beispiel die Haut wegkratzen, wodurch Ihr Hals feuerrot wird.
- *Begriff Nr. 9 – Bohrloch:* Hier könnten Sie ein Detail aus dem Gesicht nehmen, zum Beispiel Ihre beiden Nasenlöcher. Indem Sie einen Finger bis zum Anschlag hineinstecken, machen Sie diese zu einem »Bohrloch«.
- *Begriff Nr. 10 – polieren:* Auf den letzten Briefkasten der Körperliste, dem Haar bzw. der Schädeldecke, möchten Sie das Wort »polieren« abspeichern. Was liegt hier näher, als dass Sie Ihre Haare so lange polieren, bis Sie eine Glatze bekommen.

Falls Sie die letzten Absätze aufmerksam gelesen haben und sich zu den Begriffen ein starkes Bild gemacht haben, bin ich sicher, dass Sie bereits jetzt die ersten zehn Punkte der Liste nahezu fehlerfrei aufsagen können. Ein realistisches Ziel sind sieben von zehn Begriffen in der richtigen Reihenfolge.

Was sehen oder riechen Sie, wenn Sie Ihre Zehen betrachten? Was passiert mit Ihrem Knie? Was haben Sie mit Ihrem Oberschenkel getan? Worauf sitzen Sie? Was drehen Sie in Ihren Bauchnabel? Wer singt bei den sieben Zwergen? Wie sieht Ihr Hals aus? Nach was suchen Sie in Ihrer Nase? Und Kojak würde sich freuen, wenn Sie den zehnten Briefkasten aufmachen. Um Ihre Ideen zu verankern, machen Sie bitte folgende Übung:

Schließen Sie jetzt bitte die Augen und wiederholen Sie nochmals alle Briefkästen mit den dazugehörigen Begriffen. Danach nehmen Sie ein Blatt Papier zur Hand und notieren die Zahlen eins bis zehn mit den dazugehörigen Begriffen. Versuchen Sie es einfach. Kehren Sie danach zum Buch zurück.

Wie viele Begriffe konnten Sie spontan wiedergeben? Ärgern Sie sich nicht über Fehler. Bleiben Sie ruhig und gelassen und wiederholen die Liste noch ein zweites oder drittes Mal.

Die Loci-Technik

Haben Sie alle zehn Begriffe verinnerlicht? Gratulation! Dann können Sie sich um die verbleibenden zehn Wörter kümmern. Ist es jetzt sinnvoll, diese ebenfalls auf die Körperliste zu packen? Es würde funktionieren. Eine Schwierigkeit könnte jedoch darin bestehen, dass Sie die Reihenfolge nicht sicher bestimmen können und möglicherweise die elf mit der eins verwechseln oder umgekehrt. Bei einer freien Rede zum Beispiel könnten Sie dann allzu leicht den roten Faden verlieren.

Deswegen ist es vorteilhaft, zehn neue Briefkästen anzulegen, um dort die Begriffe elf bis zwanzig zu hinterlegen. Hierfür bedienen wir uns der Loci-Technik. Die Loci-Technik hat Cicero im alten Rom schon benutzt. Er war ein ausgezeichneter Anwalt und begnadeter Redner, der seine Ausführungen frei und ohne Hilfe eines Manuskripts vortragen konnte. Wie brachte er dies zustande? Er legte einen roten Faden für seine Rede fest, indem er virtuelle Briefkästen im Vortragsraum installierte und die wesentlichen Argumente in der vorgesehenen Reihenfolge dort ablegte. Für die folgende Übung wird mein Arbeitszimmer zu Ihrem Vortragsraum. Wir werden hier zehn markante Punkte definieren und der Reihe nach abspeichern. Ich beginne mit der Tür als Ausgangspunkt. Von dort aus lasse ich den Blick im Uhrzeigersinn nach rechts schweifen. Der erste Gegenstand, der mir in diesem Raum ins Auge fällt, wird der erste Briefkasten nach der Körperliste, also zum elften Briefkasten.

Ich werde Ihnen jetzt mein Arbeitszimmer vorstellen. Links neben der Tür hängt ein großes Bild, das den elften Ankerpunkt markiert. Der Gummibaum rechts daneben wird zu Punkt zwölf. Gehen Sie mit mir auf den Balkon, der Punkt dreizehn darstellt. Im Zimmer geht es nach rechts zum Drucker, dem vierzehnten Punkt. Die Heizung markiert den fünfzehnten Punkt. Wenn ich mein Arbeitszimmer nochmals gedanklich durchgehe, kann ich mich leicht an diese Gegenstände erinnern: Bild (11), Gummibaum (12), Balkon (13), Drucker (14), Heizung (15).

Bitte versuchen Sie das auch. Schließen Sie Ihre Augen und vollziehen Sie mein Arbeitszimmer in Gedanken nach.

Haben Sie es geschafft? Prima! Nun berühren Sie in Gedanken die Heizung zusätzlich mit Ihren fünf Fingern. Sie spüren die abstrahlende Wärme. Dadurch haben Sie die Heizung noch eindeutiger als fünfzehnten Punkt in diesem Raum markiert und können gezielt darauf zurückgreifen.

Weiter geht's. Rechts neben der Heizung steht eine kleine Stereo-Anlage (16). Daneben befindet sich ein Bücherregal (17). Verstärken Sie die Zuordnung, indem Sie die sieben Zwerge darauf sitzen lassen. Die letzten drei Ankerpunkte werden mit einer Stehlampe (18), dem Monitor (19) und einer Kaffeetasse (20) verknüpft.

Schließen Sie die Augen und versuchen Sie, die Briefkästen in meinem Arbeitszimmer vollständig wiederzugeben. Eine schematische Darstellung sehen Sie unten.

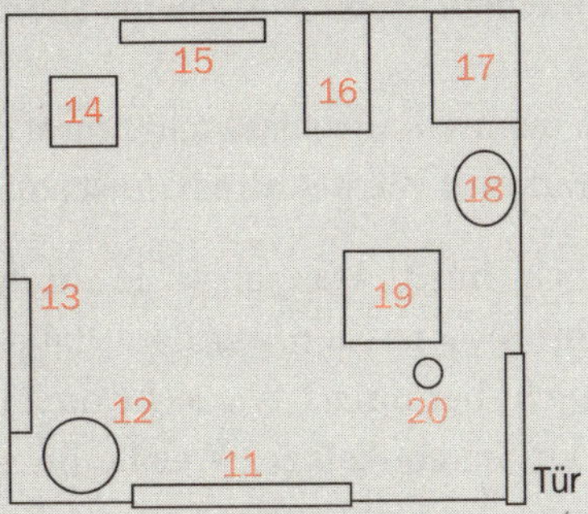

Bild (11), Gummibaum (12), Balkon (13), Drucker (14), Heizung (15), Stereoanlage (16), Bücherregal (17), Stehlampe (18), Monitor (19), Kaffeetasse (20)

Sie müssen sich dieses Zimmer nicht merken. Es dient nur dazu, Ihnen die Technik näher zu bringen. Mithilfe meiner Schilderung gelingt es Ihnen, einen völlig fremden Raum abzuspeichern. Wie viel leichter wird es Ihnen fallen, Räume abzuspeichern, die Ihnen vertraut sind? Den Raum und die Abfolge der Gegenstände haben Sie verinnerlicht. Legen Sie nun die Begriffe 11 bis 20 in die Briefkästen.

- *Begriff Nr. 11 Laufsteg:* Auf dem Bild visualisieren Sie einen langen Laufsteg, auf dem Heidi Klum auf und ab schreitet.
- *Begriff Nr. 12 – Leuchtstoffröhre:* Am Stamm des Gummibaums ist eine Leuchtstoffröhre befestigt, die gleißend hell erstrahlt.
- *Begriff Nr. 13 – Schlägerei:* Auf meinem Balkon prügeln sich zwei kräftige Männer.
- *Begriff Nr. 14 – Strom:* Mein Drucker glüht feuerrot, weil er unter Strom steht.
- *Begriff Nr. 15 – Ampelanlage:* Die Heizung ist rot, gelb und grün angemalt und sieht damit aus wie eine Ampelanlage.
- *Begriff Nr. 16 – Stuhlbein:* Mit einem Stuhlbein zertrümmern Sie meine Stereoanlage.

- *Begriff Nr. 17 – programmieren:* In dem Bücherregal stehen Fachbücher zum Thema Software programmieren.
- *Begriff Nr. 18 – Checkliste:* An der Stehlampe klebt eine überdimensionale Checkliste zum Aufbau der Lampe.
- *Begriff Nr. 19 – Gottschalk:* Auf meinem Monitor erscheint Thomas Gottschalk mit »Wetten, dass…?«
- *Begriff Nr. 20 – Warp-Antrieb:* In meiner Kaffeetasse schwimmt das Raumschiff Enterprise, das gerade auf Warp-Antrieb umschaltet.

Jetzt wiederholen Sie bitte alles noch einmal. Was sehen Sie auf dem Bild? Was hängt am Gummibaum? Was passiert auf dem Balkon? Warum dürfen Sie den Drucker nicht berühren? Wie sieht die Heizung aus? Was machen Sie mit der Stereo-Anlage? Welche Bücher stehen im Bücherregal? Was klebt an der Stehlampe? Wer erscheint auf dem Monitor? Und was treibt in meiner Kaffeetasse?

Sobald Sie dies verinnerlicht haben, wiederholen Sie die zwanzig Begriffe und schreiben sie auf:

....	....
....	....
....	....
....	....
....	....
....	....
....	....
....	....
....	....
....	....

Falls Sie mehr als 15 Begriffe den Briefkästen zuordnen konnten, sind Sie hervorragend. Um die Liste vollständig wiedergeben zu können, wiederholen Sie die Übung ein zweites und drittes Mal.

Sie sehen also, dadurch dass Sie virtuelle Briefkästen eingerichtet haben, funktioniert das Abspeichern und Wiedergeben wesentlich schneller und einfacher. Ihre persönliche Körper- und Raumliste legen Sie nur einmal fest und können diese in Zukunft mit immer neuen Informationen belegen. Sie werden sehen, dass Sie mit den einzelnen Begriffen auch nicht durcheinander kommen. Außerdem brauchen Sie den Briefkasten nur am Anfang, damit die Information vom Kurzzeitgedächtnis ins Langzeitgedächtnis transportiert werden kann. Danach fällt diese Verknüpfung weg. Die Briefkästen dienen lediglich als Brücke zum langfristigen Speichern.

Eine Hausaufgabe

Damit Sie eine Vielzahl von Informationen gleichzeitig abspeichern können, benötigen Sie ein »Briefkastensystem« von 1 bis 100. Analog der Übung mit meinem Arbeitszimmer suchen Sie sich in Ihren Räumen zu Hause jeweils einen Fixpunkt (hier bietet sich im Allgemeinen die Tür an, weil Sie durch sie den Raum betreten). Dort beginnend wählen Sie zehn Gegenstände im Uhrzeigersinn aus, die sich in den anderen Zimmern nicht wiederholen sollten. Falls Sie zum Beispiel verschiedene Bilder als Briefkästen verwenden möchten, denken Sie einmal an den Maler, der es gemalt hat, dann an den Rahmen, dann an den Haken und so weiter. Die Briefkästen müssen sich immer unterscheiden. Generell eignen sich alle Räume zur Festlegung von Briefkästen. Angefangen beim Esszimmer übers Schlafzimmer, Arbeitszimmer, Kinderzimmer, Küche, Bad, Flur, Garage, Hobbyraum. Für den Fall, dass Sie nicht über ausreichend viele Zimmer verfügen, installieren Sie Ihre Briefkästen auf dem Weg zur Arbeit, nutzen die Fußgängerzone Ihrer Stadt, Ihr Auto oder ein anderes vertrautes Umfeld.

Namen und Gesichter – Guten Tag, Herr … ahhhm …

Betrachten Sie bitte kurz die unten abgebildeten Gesichter:

Bild 1

Bild 2

Bild 3

Bild 4

Bild 5

Bild 6

Bild 7

Bild 8

Als Nächstes merken Sie sich zu jedem Gesicht den Namen der Person. Hier ist es nicht sinnvoll, die Namen auf die Körper- oder Raumliste zu legen. Sie müssen sich ja keine Reihenfolge merken, sondern lediglich den Namen zum Gesicht. Einen Briefkasten benötigen Sie trotzdem, um die einzelnen Namen abzulegen. Suchen Sie sich charakteristische Merkmale, die ins Auge fallen, wenn Sie die Person betrachten. Eigenheiten im Gesicht, auffälliger Schmuck, besondere Kleidung. Das klingt schwieriger, als es ist. Am besten gebe ich Ihnen ein Beispiel: Die erste Person auf Bild Nummer eins hat eine Glatze. Das ist ihr markantes Merkmal. Bei den anderen Personen können wir so fortfahren.

1. Mann mit Glatze ➡ Glatze
2. Frau mit leuchtenden Augen ➡ Augen
3. Mann mit Bart ➡ Bart
4. Frau mit Halsband ➡ Halsband
5. Frau mit blonden Strähnen ➡ Strähnen
6. Mann mit gestreiftem Pulli ➡ Streifenpulli
7. Mann mit Koteletten ➡ Koteletten
8. Bart am Kinn ➡ Kinnbart

Eine Frage, die sich Ihnen stellt, ist der Kleidungswechsel der Personen. Dann ist die Brücke mit dem Streifenpulli keine Hilfe mehr. Aber den Haken benötigen Sie auch nur zu Beginn des Lernprozesses. Er dient als Einstieg, um sich an die Person zu erinnern. Ihr Gehirn speichert viele weitere Einzelheiten parallel ab. Sie können zum Beispiel dann auch ebenso beschreiben, wie der Herr im Pulli dasaß oder wie seine Armhaltung war. Sehen Sie sich bitte nochmals die Bilder an. Erkennen Sie die Briefkästen, die wir ausgewählt haben, spontan wieder? Wenn ja, perfekt! Wenn nein, dann war das Bild nicht stark genug. Wählen Sie ein anderes Merkmal aus, das Ihnen stärker auffällt.

Jetzt müssen Sie den Namen mit dem Briefkasten verknüpfen. Der Herr auf Bild Nummer eins stellt sich als »Herr Weinzierl« vor.

Stellen Sie sich vor, Sie gießen eine gute Flasche Wein über seinem Kopf aus. Dabei verzwirbeln sich die Haare so stark, dass sie ausfallen. Genauso verfahren Sie mit den anderen Namen. In der folgenden Tabelle sehen Sie den Briefkasten, den Namen der Person und die Verknüpfung. Wenn Ihnen ein Beispiel nicht gefällt, dann kreieren Sie einfach Ihr eigenes Bild.

Nr.	Briefkasten	Name	Verknüpfung
1.	Glatze	Alexander Weinzierl	Über die Glatze läuft Wein, der die nicht vorhandenen Haare verz(w)i(e)rbelt ➡ Weinzierl
2.	Augen	Andrea Becker	Auf beide Augen lege ich jeweils ein Brötchen vom Bäcker ➡ Becker
3.	Bart	Christian Decker	Der Bart sieht aus, als ob er von einem Dachdecker verlegt wurde. ➡ Decker
4.	Halsband	Rita Jungwirth	Auf dem Halsband wandert ein junger Wirt, der hinter der runden Theke, also dem Halsband, steht. ➡ Jungwirth
5.	Strähnen	Barbara Caspar	Die Strähnen wickle ich um meinen Finger und spiele das Casparle aus dem Puppentheater ➡ Caspar
6.	Streifenpulli	Frank Nordmann	Auf dem Streifen wandert ein Mann aus dem hohen Norden ➡ Nordmann
7.	Koteletten	Andreas Melchhart	Melchior, einer der drei Weisen aus dem Morgenland, steht auf einer der Koteletten und ist unglaublich hart im Nehmen. ➡ Melchhart

Nr.	Briefkasten	Name	Verknüpfung
8.	Kinnbart	Mario Narozny	Auf dem Bart bildet sich in der Nacht immer Rost, aber man kann es nie sehen ➡ Narozny

Die korrekte Schreibweise ist zunächst zweitrangig. Wichtig ist, dass Sie Ihren Gegenüber beim nächsten Treffen mit dem richtigen Namen ansprechen.

Selbstverständlich können Sie einen Namen mit einer Ihnen bereits bekannten Person verbinden. Wenn Sie einen Herrn Beckenbauer kennen lernen, liegt es nahe, den Fußballer Beckenbauer zu assoziieren und keinen Fließenleger. Der Haken könnte dann zum Beispiel ein Fußball sein, der mit einem Merkmal der Person verknüpft wird.

Am besten, Sie sehen sich die Bilder nochmals an und wiederholen die Namen. Ich bin sicher, dass Sie nach dieser ersten Wiederholung beinahe alle Personen mit Namen ansprechen können.

Ich werde öfters gefragt, ob es nicht leichter sei, einen Namen zu lernen als sich drei oder vier Bilder zu merken. Warum merken Sie sich also nicht gleich »Narozny«? Weil »Narozny« kein Bild ist, das unser Gehirn verarbeiten kann. Es ist lediglich eine rationale Information, ein Klangbild beziehungsweise Schriftbild. Sobald Sie den Namen »Narozny« aber in ein Bild verwandeln, fällt es Ihnen um ein Vielfaches leichter, diesen zu speichern.

Vornamen

Widmen wir uns jetzt den einzelnen Vornamen. Diese sind meistens wesentlich leichter als die Familiennamen, da es nicht so viele davon gibt, sie meistens kürzer sind und im alltäglichen Sprachgebrauch öfter vorkommen und somit einprägsamer sind.

1. Alexander: Alexander der Große
2. Andrea: hier tanze ich einen Dreher mit der Frau (auf Bayrisch: an Drea)
3. Christian: Kreuz, an das der Christ genagelt wurde
4. Rita: Ritter mit einer Tasse
5. Barbara: Rhabarber
6. Frank: Schweizer Franken oder Frankreich
7. Andreas: Ananas
8. Mario: Super Mario Brothers

Die erste Person war Herr Weinzierl, auf dessen Glatze Wein ausgeschüttet wurde und die Haare sich ver(w)zi(e)rbelt haben. Spinnen wir diese Geschichte weiter und fügen seinen Vornamen »Alexander« in das Bild mit ein. Stellen Sie sich nun vor, dass Alexander der Große den Wein über dem Kopf ausgießt. Vielleicht ist es ein feierlicher Akt oder ein Ritual der Antike, aus der Alexander der Große stammt.

Die Brötchen lassen Sie auf beiden Augen auf der Stelle drehen. Daraus wird Andrea. Der Dachdecker trägt ein schweres Kreuz auf seinem Rücken. Oder Sie stecken in den Bart von Herrn Decker ein Kreuz hinein. Der junge Wirt hinter der Theke ist ein Ritter, der Ihnen eine Tasse reicht. Die Haarsträhnen, die ich um meinen Finger wickle, sind aus Rhabarber. Dem Mann aus dem hohen Norden fallen Schweizer Franken aus der Hose. Der Melchior auf den Koteletten hat für das kleine Jesuslein eine Ananas als Geschenk dabei. Der Rost auf dem Bart wird nachts von Super Mario weggezaubert.

Betrachten Sie nochmals die Bilder und wiederholen Sie die Vor- und Nachnamen. Suchen Sie dabei immer zuerst den Briefkasten, da er der Einstieg zu den beiden Namen ist. Notieren Sie alles und überprüfen Sie im Anschluss das Ergebnis. Falls Sie mehr als fünf Namen korrekt wiedergegeben haben, ist dies grandios. Da es selten vorkommt, dass Sie zehn Personen gleichzeitig kennen lernen, reicht es häufig, zwei oder drei Namen zeitgleich abzuspeichern. Als Strategie empfehle ich, gängige Vor- und Nachnamen auf einer Liste zu notieren und mit Bildern zu versehen. So haben Sie sofort ein Bild griffbereit. Noch bevor sich eine Person mit Namen bei Ihnen vorstellt, suchen Sie sich ein optisches Merkmal, so haben Sie schon im Vorfeld festgelegt, woran dieser Name – sprich das kreative Bild – »hängen« kann.

Markus Hofmanns Spezialtipp

Mit den beschriebenen Vorgehensweisen konnte ich Ihnen einen ersten Eindruck vermitteln, welche Techniken Sie einsetzen können, um eine Vielzahl von Informationen abzuspeichern. Eine umfassende Einführung würde den Rahmen dieses Buches sprengen. Ob Fach- oder Allgemeinwissen, Zahlen, Daten oder Fakten, freie Reden oder Präsentationen, Namen oder Gesichter, Vokabeln oder abstrakte Begriffe, Termine oder Geburtstage, sobald Sie die skizzierten Techniken vertiefen und umzusetzen lernen, gibt es nichts, was Sie nicht behalten und in Ihrem Gedächtnis abspeichern können.

Wenn ich Ihnen nur einen Rat geben dürfte, dann wäre es folgender: Verknüpfen Sie alles mit einem Bild. Es ist absolut zweitrangig, wie Sie sich eine Information merken, entscheidend ist, dass Sie sich die Information merken. In diesem Sinne: Lassen Sie Ihre rechte Gehirnhälfte nicht links liegen.

Mehr von Markus Hofmann:

- www.memo-mind.de
- www.hofmannmarkus.com/pdf/dreieckeloesung.jpg

Gertrud Höhler

Professor Dr. Gertrud Höhler ist Publizistin und Beraterin für Topmanager aus Wirtschaft und Politik. Die erfolgreiche Kommunikations- und Unternehmensberaterin führender Konzerne ist Autorin zahlreicher Bestsellerbücher und international bekannt für ihre visionäre Unternehmenskultur und ihre scharfsinnigen Prognosen. Neben ihren beratenden Aktivitäten in Unternehmen nimmt sie zahlreiche Funktionen in Beratungsausschüssen und Verwaltungsräten wahr. Der deutsche Staatsbürgerinnenverband e. V. Berlin hat sie zur »Frau des Jahres 1996« ernannt. 1999 erhielt sie den Verdienstorden der Bundesrepublik Deutschland, 2002 empfing Gertrud Höhler für ihr publizistisches Lebenswerk den Fairness-Ehrenpreis der Fairness-Stiftung.

Gertrud Höhler

Emotionale Intelligenz

Der Herzschlag der Sieger

Wer in der heutigen Wirtschaftswelt erfolgreich sein will, muss planende Vernunft und Emotionen intelligent miteinander verbinden und darauf eingestellt sein, dass auch Kunden und Mitarbeiter vor allem nach ihrem Gefühl entscheiden. Darum gilt es heute mehr denn je, archaische Überlebensinstinkte, das sensible, erfahrene Radar aus der Vorgeschichte der Menschheit, aber auch die Fähigkeit zur Empathie produktiv zu nutzen. Im energiereichen Mix von *Brainpower* und *Heartpower* liegt die Quelle zum Erfolg. Strategisches Emotionsmanagement und soziale Kompetenz heißen die Führungsqualitäten von morgen.

Emotionen – mehr als Hintergrundmusik

Glück und Trauer, Zorn und Schmerz: Im Kern sind es diese vier Emotionen und ihre unzählbaren Abstufungen und Nuancen, die alles begleiten, was wir tun. Sie beeinflussen uns mehr, als die meisten von uns glauben oder zugeben möchten. Emotionen mischen sich so geschickt unter unsere rationalen Argumente, schlüpfen so lautlos in unsere logischen Schlüsse, dass sich kaum voneinander trennen lässt, was sie uns oder was unser Verstand uns geraten hat. Während wir davon überzeugt sind, mit kühler Ratio unseren Intellekt zu überwachen, so sind es doch die Emotionen, die ihn in Wirklichkeit steuern.

Dennoch: In der modernen Zivilisation gibt es weite Bereiche, in denen man nur erfolgreich sein kann, wenn man seine Emotionen beherrschen lernt. Aber die Götterdämmerung des Intellektzeitalters hat begonnen; immer mehr Anforderungen in einer komplexen Welt lassen uns begreifen, dass der Steuermann IQ spezielle Fehlerketten produziert – aus denen wir uns nicht mit seiner Hilfe allein befreien können. Das emotionale Störfeuer, das die Geschäftswelt in die tiefen Straßenschluchten zum »normalen Volk« verdrängen möchte, züngelt überall auf, auch und gerade dort, wo die klügsten Köpfe sitzen.

Natürlich wissen diese klugen Köpfe, dass sie in kleinen und geheimen Dosen ihre Emotionen haben mitspielen lassen – überall dort, wo die Überzeugungskraft des reinen Gedankens und der sterilen Zahl nicht reicht: Man wirft der Intuition, die entscheidungsleitend ist, einen intellektuellen Mantel um, und schon passiert sie die Kontrollen im Meeting. Offiziell aber bleiben Emotionen aus dem professionellen Handeln ausgeschlossen.

Das mag ein wenig übertrieben klingen, doch es hilft, den Kern der Defizite rascher zu finden: Die emotionale Kultur der Unternehmen ist ein Notstandsgebiet. Die Symptome dafür häufen sich. Die forschende Intelligenz kann zu diesem Ergebnis nicht ohne die Hilfe emotionaler Kompetenz kommen. Intelligenz ist einäugig – der Firmen-IQ ist es auch. In den *Bell Labs*, dem Grundlagenforschungslabor der Telefongesellschaft Bell Telephone (heute AT&T) nahe Princeton, wurde festgestellt, dass die Summe der Top-Intelligenzen in einem Team sich keineswegs einfach addiert: Der Team-IQ rutscht ab auf ein bescheideneres Niveau, wenn die emotionale Intelligenz ausgeklammert wird. In den Unternehmen hat darum die Suche nach dem »vollplastischen Blick« begonnen, der in der vollständigen Gleichung »IQ + EQ« verfügbar wird.

Aber die neue Ressource ist noch ein verborgener Kontinent. Emotionen zu kultivieren galt bisher für jeden, der Karriere machen wollte, als Gefahr. Es war vermintes Gelände, das Terrain, auf dem

Frauen unberechenbar, gefühlsstark und gedankenschwach umherstreiften, so der Eindruck der meisten Männer. Nein, das konnte ihr Areal nicht sein. Belastbarkeit ist in unserer Business-Kultur immer noch identisch mit einem Training in Emotionsverzicht. Der blanke, schlackenlose Intellekt scheint alles zu garantieren, was für kalkulierbare Erfolge wichtig ist: wenig Ablenkbarkeit, gute Logik, Entschlussstärke bei geringer Neigung zum Abwägen und Zweifeln, Unbeirrbarkeit und unerschütterliches Selbstvertrauen. Emotionen, so glauben heute noch die meisten Entscheidungsträger, bringen Unberechenbarkeit in das Geschehen. Damit haben sie sogar Recht – solange diese Emotionen unbearbeiteter Wildwuchs sind, eben: die Vegetation eines unbekannten Kontinents.

Die meisten Manager glauben auch, dass geringe Schwankungen auf der Gefühlsskala ein Zeichen ihrer Führungsfähigkeit seien. Wer »sich im Griff hat«, so meinen sie, muss nie an die Enden der Emotionsskala, weder oben noch unten. Er wird weder Opfer, so würden es die meisten Männer ausdrücken, noch Sklave seiner Gefühle. Passiert es doch einmal, mit einer privaten Leidenschaft etwa, sorgt ein Ultimatum der Firma rasch wieder für die richtige Rangfolge auf der Prioritätenskala. *Business first*. Und Business ist die emotionsbereinigte Welt, jedenfalls bei den Spitzenleuten.

Emotionen waren in unserer Entwicklungsgeschichte zum *Homo sapiens* unentbehrliche Warner vor Gefahren und effektive Stimulatoren, wenn rasch entschieden gehandelt werden musste – rascher als das denkende intelligente Gehirn in seinen jüngeren Schichten entscheiden konnte. Die Emotion übersprang als Lebensretter die Haltesignale des reflektierenden und bewertenden Verstandes: Ein Sprung in die Deckung rettete den emotional Starken, während der Nachdenkliche unterging.

Emotionen sind auch für das *Fight-or-flight*-Modell verantwortlich, das blitzschnelle Entscheidung über Kampf oder Flucht erlaubt. Diese Entscheidungszentrale sitzt tief in unserem Stammhirn, dort, wo das so genannte Reptilhirn uns immer noch mit der Welt der Säugetiere verbindet, die allein instinktgesteuert überleben mussten. Der

Gedanke, solche Attacken aus der Urzeit seien eines modernen Entscheiders nicht mehr würdig, ist ebenso verständlich wie abwegig. Denn dieses Instrument des Spontanalarms, das wir in uns tragen, ist nicht nur gepolt auf Feinde, die uns in den modernen Großstädten nicht mehr nachstellen, wie Großkatzen und Giftschlangen. Es checkt auch blitzschnell die psychische Seite der Gefahr. Das Reptilhirn warnt uns ebenso vor Gefahren, die die abstrakte Gestalt von Stress, Konflikten oder Sackgassen haben. Diese sehr erfahrene Radarstation in unserem Hirn ist eben nicht umweltzentriert, sondern egozentriert. Sie sichert das Überleben in jeder Weise. Unser Instinkthirn reagiert auf alles, was uns bedroht oder unsere Chance sein könnte – weil es im Netzwerk unserer Erfahrungen und unseres Gehirns mit seinen Milliarden spontaner Schaltungen zwischen entwicklungsgeschichtlich älteren und jüngeren Schichten arbeitet.

Schon nach dem ersten Aufflackern gerät der uralte Reflex von Schrecken oder Wut, Freude oder Angst in die Kontrollsysteme der

Das menschliche Gehirn – Seitenansicht

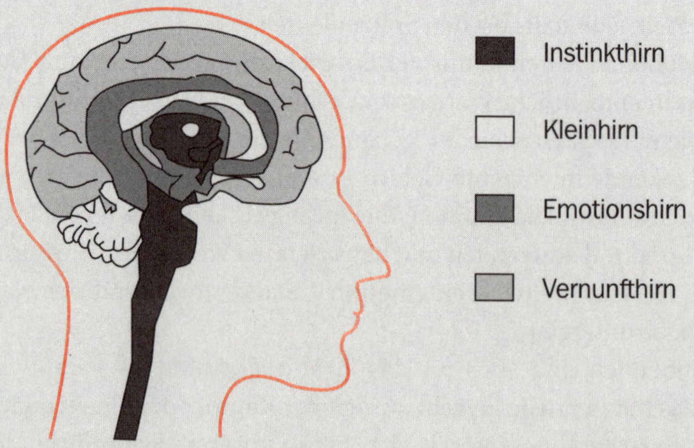

 Quelle: G. Guntern, »Im Zeichen des Schmetterlings«

jüngeren Gehirnteile, die das Stammhirn in mehreren Schichten umschließen. Das limbische System, für Gefühle und deren Bewertung zuständig, schwingt mit und beginnt zu sortieren, was wichtig für uns sein könnte und wie wir reagieren sollten.

Cortex und *Neocortex*, jene Gehirnschichten, die den Menschen zum Menschen machen, setzen in abstrakte Denkbilder um, was die älteren Regionen stürmisch aufzeichnen: Der *Neocortex* liefert Umsicht, Weitsicht und Einsicht – und die kreative Auswertung des Erlebten. Die jüngeren Hirnteile also zurren die Kontrollen fester.

Die Macht der archaischen Hirnteile ist also deshalb so ernst zu nehmen, weil sie, in Kooperation mit den jüngeren Regionen, längst »Neuzeit-fit« geworden sind – freilich ohne sich in einem beirren zu lassen: dem, was für unsere Psyche wichtig ist. Und die ist, trotz lebhafter Einmischung unseres *Homo-sapiens-Verstandes*, immer noch erstaunlich treffsicher bei ihren primären Reaktionen auf das, was uns glücklich macht und was uns bedroht.

Das Netzwerk der einander zu Hilfe eilenden Wahrnehmungen und Bewertungen in unserem Gehirn bringt eine gute Orientierung in unserer Umwelt zustande, die Gefühl und Ratio ausgewogen und je nach Thema angemessen, also wechselnd stark beteiligt. Dieses Zusammenspiel lässt Emotionen an dem mitwirken, was wir »soziale Intelligenz« nennen können. Diese hilft uns, Empathie zu entwickeln, also die Empfindungen anderer wahrzunehmen, weil wir unsere eigenen ernst nehmen. Nur so können wir Emotionen auch mobilisieren, um für andere Menschen gute Entscheidungen zu treffen – und im rechten Moment spontan die richtige Reaktion zu zeigen. Oft sehen wir in unerwarteten Lagen die geschulte Intelligenz versagen und die spontane Emotion weniger intelligenter Beobachter sofort zur einzig möglichen Reaktion greifen. Das gilt für eigene und fremde Notlagen: Emotionen sind unentbehrlich für den »kurzen Weg« zur Notreaktion. Sie bahnen auch den kurzen Weg zum Mitarbeiter und zum Kunden – wenn es gelingt, sie strategisch zu kultivieren. Was das heißt, sei hier schon angedeutet: Die stürmische Emotion dramatisiert den alltäglichen Gedanken und gibt ihm Flügel, damit wir andere begeistern und motivieren können. Die disziplinierte Ratio flankiert die Emotion und liefert ihr die Argumente. Beide zu veranlassen, aufeinander zu hören, ist die strategische Aufgabe aller, die führen, und aller, die irgendwo an der Spitze stehen.

Wie universal der Fundus von Emotionen ist, mit dem die Menschen weltweit ihr Leben zu ordnen versuchen, zeigt sich, wenn man viel reist und testet, was Mienenspiel und Gebärden bei Menschen aus den verschiedensten Kulturen bewirken. Die Überraschung: Alle Menschen auf dieser Erde verstehen auf Anhieb, ohne Sprache, die Grundemotionen Trauer, Glück, Angst und Zorn – allein am Mienenspiel und an der Gebärdensprache. Das wiederum bedeutet: Die Sprache der Emotionen ist eine Weltsprache. Sie wird überall ohne Worte verstanden. Sie verbindet die Menschen rund um den Erdball. Und sie beweist damit, dass sie ein uraltes Erbe ist, das durch keine Zivilisation ausgelöscht oder wegzensiert werden kann.

Wer Emotionen niederkämpft, leistet ein Stresspensum ab, das ihn auf Dauer krank macht – auch in den Zivilisationen, in denen das statuarische Gebaren der *Leader-Gruppen* so selbstverständlich geworden ist, dass man glauben möchte, hier fänden Emotionen wirklich nicht mehr statt. Dreierlei muss zu diesem Konzept vor allem bedacht werden:

- Wer Emotionen niederkämpft, fällt falsche Entscheidungen für Märkte und Menschen – weil Märkte und Menschen mit Emotionen leben.
- Wer Emotionen wegzensiert, verliert ein ganzes Warnlampensystem und gefährdet seine psychische und physische Gesundheit.
- Wer Emotionen wegdrückt, findet keine starken Verbündeten mehr, sondern nur noch Partner mit demselben Defizit. Er reduziert die emotionale und soziale Intelligenz seiner Systeme und vermag niemanden mehr zu überzeugen.

Diese Aspekte spielen eine kardinale Rolle für die Führungsleistung und ihren Erfolg, für die Kundenbindung und für die Glaubwürdigkeit von Unternehmen.

» Emotionale Intelligenz ist für jede Entscheidung, die Erfolg bringen soll, unverzichtbar.«

Strategische Emotion – der Power-Mix

Emotionale Kompetenz wendet nicht nur Gefahren ab und macht uns fähig, Chancen zu ergreifen. Sie befähigt uns auch, unserer Umwelt zu vermitteln, was wir in der nächsten Sekunde tun werden. Emotionen entstehen eben nicht im Bauch, sondern im Kopf, und das bedeutet, dass sie dort chemische Kettenreaktionen anstoßen, die uns sprintstark machen, wenn wir fliehen müssen, die uns Konzentration auf das Wichtigste schenken, wenn wir argumentieren müssen. Emotionen liefern Treffsicherheit, wie sie der abwägende Verstand nicht sofort bereitstellt.

Der ganze Organismus ist »durchlässig« für Gefühle; er setzt sie um und macht uns handlungsbereit – ein Aspekt, der Manager nicht begeistert, weil sie sich ungern vorstellen möchten, dass ihre Gefühle ihren Kopf und obendrein auch noch ihren Körper beherrschen.

Dennoch laufen die alten Reflexketten auch in jeder Vorstandssitzung ab, wenn eine bedrohliche Situation für das Unternehmen diskutiert wird: Adrenalin wird ins Blut ausgeschüttet; es verbessert die Nährstoffversorgung der Organe und lässt die Herzen schneller schlagen. Der Blutdruck der Herren steigt an, ihre Atemwege erweitern sich. Erhöhte Alarmbereitschaft und Handlungskraft bestimmen jetzt die Runde.

Wir haben die bisher weithin unbeachtete Chance, auf die komplexen Anforderungen der Gegenwart noch komplexer – und das heißt: noch angemessener – zu reagieren, als wir es gewohnt sind.

Wir müssen dafür allerdings wieder lernen, mit *allen* Ressourcen unseres Gehirns auf die Anforderungen zu reagieren, statt einige Regionen systematisch zu entmachten, weil wir uns vor ihrer elementaren Macht fürchten.

Was aber, wenn die Probleme Aufregung nicht nur verdienen, sondern wenn sie den Aufschrei des Reptilhirns benötigen, um in ihrer Brisanz begriffen zu werden? Was, wenn der Dauerfrost des Intellekts die Stresshormone blockiert, die zur entschlossenen Bewältigung der komplexen Anforderung gebraucht würden? Wer nicht mehr zulässt, dass er alarmiert ist, wird die problemgerechte Reaktion verfehlen. Spitzengremien bauen mit der Ritualisierung stoischer Grundhaltungen, so zeigen die Hirnforscher, auch viel Lösungsenergie ab.

» Wer die Instinktwelt und die Emotionen wegzensiert, bleibt bei bekannten Lösungen stehen.«

Lösungspower wird geliefert von voll durchschlagenden Emotionen – die dann immer noch in die scharfen Kontrollen des analytischen Intellekts geschickt werden können.

Die jüngsten Jahrzehnte in der Wirtschaft der Bundesrepublik und in der Lohn- und Sozialpolitik des Landes präsentieren uns die Fehlerketten, die die ritualisierte Selbstbeschwichtigung produziert. Wer die Alarmglocke nicht läutet, um die unschuldigen Schläfer ringsum nicht aufzuwecken, wird bald selbst die alarmierende Situation nicht mehr wahrnehmen. Die Tugend der Unerschütterlichkeit als Führungsmerkmal taugte blendend zur Verschleierung des Lasters, Emotion und Intelligenz in Isolationshaft zu nehmen und gegeneinander auszuspielen. Ungerührte Bosse zeigten aufgeregten Bürgern, wie überlegene Auftritte aussehen, wenn man Emotionen wegzensiert. Die Ruhe des Überlegenen verunsichert den emotionsstarken »Normalmenschen« – er fühlt sich unbeherrscht und dumm. Nach diesem Motto sind viele emotionale Warnsignale niedergeschwiegen worden.

Die emotionale Stärke von Menschen, die mit der Zensur ihrer Gefühle nicht so weit kommen wie die Leader-Figuren, ist in Wahrheit ein wichtiges Hilfsangebot an die, deren guter Kontakt zu ihren emotionalen Zentren längst abgerissen ist. Deshalb sind Mitarbeiterkontakte für die Führung und Kundenkontakte für beide gemeinsam so wichtig: Der Markt ist die Arena der schlagenden Herzen, wo vielgleisig reagiert wird. Hier brechen emotionsbereinigte Intelligenzkonzepte augenblicklich zusammen.

» Märkte leben von und mit Emotionen. Wer hier gefühlszensiert agiert, erreicht niemals die Herzen der Kunden – weder innerhalb noch außerhalb des Unternehmens. «

Frauen neigen weniger zur Gefühlszensur als Männer. Ihr Körper ist »durchlässiger« für ihre Stimmungen und spontanen Empfindungen. Sie »verraten sich«, sagt der Mann geringschätzig. Sie öffnen damit aber auch eine Tür zur Kooperation: Da sie wenig verbergen, wecken sie schnell Vertrauen. Man geht durch die geöffnete Tür, man »vertraut sich ihnen an«. Allerdings kann genau diese Qualität beim Berufserfolg kontraproduktiv werden: Wer Türen öffnet, wird beansprucht. Wer beansprucht wird, hat zwar ein gutes Echo, aber weniger Zeit, für die eigene Karriere etwas zu tun. Der Umgang mit Gefühlen verlangt also Maß.

Emotionen gerieten wegen ihrer Macht in den Ruf der Unberechenbarkeit. Sie überfallen den klugen Strategen aus dem Hinterhalt und zerstören seine Gedankengebäude; sie trüben sein analytisches Vermögen und machen ihn zum Verlierer, so die unter intelligenten Männern mit Karriereinteresse vorherrschende Meinung. Dass Emotionen, ganz wie die logische Intelligenz des Menschen, ein Rohstoff sind, der bearbeitet werden muss, kommt noch heute kaum jemandem in den Sinn. Intelligenz wird erweitert, geschult, verfeinert, das hält jeder für selbstverständlich möglich. Emotionen strategisch erweitern, schulen, verfeinern? »Wozu?«, fragt der selbstbewusste Manager mit nachgewiesen hohem IQ. »Die stören doch nur; ich bin froh, dass ich sie im Griff habe!« – »Gefühle schulen? Das ist allenfalls etwas für Frauen«, antwortet ein anderer lachend. Und alle Kampfgefährten stimmen ihm zu.

Dabei gibt es gewisse Sektoren der Emotion, die gut kaschiert durchaus in Top-Zirkeln zugelassen sind. Ein gutes Aggressionsniveau zum Beispiel, salonfähig sublimiert, als Grundlage für Auseinandersetzungen mit aggressiven Wettbewerberstrategien.

Dass aber generell der Aufschrei des Reptilhirns, sein Warnruf und Kampf- oder Fluchtappell hier auf kurzem Wege Gehör fände, kann nicht behauptet werden. Dass Trauer, Wut oder Glück hier anders als stark verfremdet auftreten dürften, ist eine Illusion. Und wer all diesen mächtigen Erdstößen aus den Tiefen unserer Vergangenheit wenig für die Lösung moderner Aufgaben zutraut, ist damit auch zufrieden. Berufswelt ist gefühlsbereinigte Welt.

Aber wir produzieren für das emotionsgeladene Gewimmel der Märkte! Wir tun es mit Menschen, unseren Mitarbeitern, die fühlen, wie Kunden fühlen, und die unser Produkt an ihr Ohr halten und lauschen, ob das Herz des Produktes schlägt, um den Kunden zu gewinnen. Intelligente Produkte für eine emotionale Welt; wie sieht die Formel aus, die die Brücke schlägt? Auf welche Weise gelingt der Power-Mix?

Emotionale Intelligenz ist **Strategie** der **Gefühle.**

Emotionale Intelligenz
ist die
intelligente Nutzung
emotionaler Fähigkeiten.

Ihre Mittel sind:

- Selbstbeherrschung und Einsatzfreude
- Beharrlichkeit und Eigenmotivation
- Empathie – die Fähigkeit, sich auf den Platz der anderen zu setzen
- Soziale Kompetenz

Das Business ist – wie das Leben im Ganzen – ein Mannschaftsspiel, in dem wir intelligente und emotionale Botschaften bewegen. Wer die ideale Mischung findet, siegt. Es reicht weder, die intelligenteste Formel zu haben noch das freundlichste Lächeln. Ist es die lächelnde Formel oder die freundliche Intelligenz? – Tatsächlich etwas davon, aber nicht der Zufallsmix, sondern das strategische Konzept. Und das ist unser Nachholpensum: die Strategie der Emotionen.

Wenn der EQ der Führung versagt

Jedes Unternehmen ist ein intelligentes System – mehr oder weniger perfekt organisiert, auf jeden Fall aber systematischer organisiert als die Außenwelt, aus der die Mitarbeiter kommen – und in der die Kunden leben. Der Bau solcher Systeme soll das Handeln ordnen. Ökonomisch, effizient und berechenbar soll es sein; der Zufall soll die kleinstmögliche Rolle spielen, Fehler sollen in einem Netz von Kontrollen korrigiert oder ausgeschaltet werden.

Die Menschen, die in den Unternehmen arbeiten, agieren also in zwei Welten: Die eine, ihre private Welt, ist voller Zufälle und Ungenauigkeiten, voller Überraschungen und Spontaneität, prall von sozialer Energie und Aggression. Sie gestattet emotionale Höhenflüge und Tauchgänge. Die private Welt ist nur in dem Ausmaß vorgeordnet, wie ihr Bewohner es will – vom Eingriff der staatlichen Behörden einmal abgesehen.

Die andere Welt, die berufliche, tritt mit einem Vorschuss an genormten Abläufen an den Menschen heran; über viele seiner Ideen braucht er sich hier gar nicht erst Gedanken zu machen. Gefühlsaufwallungen exponieren ihn negativ. Das Ungenaueste in dieser Umgebung, fühlt der Mitarbeiter oft, sind seine Stimmungen. Die unberechenbare Größe trägt er in sich herum: Es ist seine Seele, sein Herz oder wie immer er es nennen will – es sind seine quer schießenden Erinnerungen, seine Träume, seine spontanen Unlust- und Sinnverlustanfälle.

Man trifft Vereinbarungen mit ihm, »Zielvereinbarungen« für seinen Arbeitserfolg, in denen seine spontane Energie nicht vorgesehen ist. Man verspricht ihm gute Kommunikation und ein anregendes Teamwork – die künstliche Welt simuliert Natürlichkeit. Warum?

Weil jede Führungskraft das kardinale Dilemma spürt: Es gelingt nicht, diese künstliche Welt zu einem sozialen Organismus zu machen.

Und tatsächlich geht das weder mit Absichten noch mit dem Reden über diese Absichten. Es geht auch nicht mit Einsichten und Appellen, sondern nur mit der Kraft, auf die alle Appelle zielen: der emotionalen Strategie. Strategisch geordnete Emotionalität ist eine der wichtigsten Führungstugenden; wo sie virtuos gehandhabt wird, sickert sie in die intelligenten Systeme und füllt sie mit emotionaler Energie. Die kühle Intelligenz der Systemlogistik wird angereichert mit der sozialen Intelligenz der neuen Manager – und der künstliche Organismus beginnt zu atmen.

Erfolgreiche Mitarbeiter sind inspirierte Mitarbeiter. Was heißt das aber genau? Inspirierte Menschen zeigen eine gesteigerte Assoziationsfähigkeit. Sie verknüpfen das, was sie wissen, besser mit dem, was sie neu erfahren, und werden innovationsstärker. Für die Führungsaufgabe heißt das: Es muss gelingen, jene Flüssigkeit der Schaltungen herzustellen, die das Gehirn von der bloßen Wiederholung des Bekannten (= Verwalten) zur Eroberung des noch Unbekannten (= Innovation) befähigen. Diese Sprungbereitschaft, bildlich gesprochen, wird unter Bedingungen erreicht, die wir kennen. Sie heißen:

- Information und Sachinteresse vermitteln,
- provozierende Zielentwürfe liefern,
- Lust auf lohnendes Risiko wecken,
- Furcht, Aggression und Stress abbauen.

Es gibt einige Manager, die das längst wissen. Manager, die emotionale Brillanz besitzen, leben ja nicht einfach Gefühle aus. Sie setzen Gefühle strategisch ein und gewinnen dadurch an Überzeugungskraft, an Innovationsfreude – und an Gelassenheit. Schon beim Aufstieg von Führungskräften ist das Anforderungsprofil aber immer noch ein ganz anderes. Daniel Goleman berichtet in seinem Buch über die emotionale Intelligenz, dass die Mehrzahl der Führungskräfte überzeugt ist, dass ihre Arbeit »ihren Kopf, aber nicht ihr Herz« verlange.

Auch wo etwas misslingt, packt der Kopf zu, um wieder Ordnung zu schaffen. Häufig finden die alarmierten Köpfe die Ursache des Versagens nicht; das Fazit bleibt Ratlosigkeit, begleitet von der Hoffnung, man werde doch noch einen technischen Defekt dingfest machen. »Menschliches Versagen« aber bestimmt nun in Wahrheit die Fehlersuche. Was tun, wenn es nicht ein »Kopffehler«, sondern ein »Herzfehler« war, der passiert ist? Wie therapiert man »Herzversagen« dieser Art? Wie behandelt man, wenn man denn bereit wäre, es zu diagnostizieren, das Versagen der sozialen und emotionalen Intelligenz in einem Unternehmen? Warum die Abwehr gegen solche Diagnosen so heftig und einmütig ist, lässt sich leicht verstehen:

Die Emotionalität ist nicht rechenbar; und wer nie strategisch mit ihr umgegangen ist, empfindet sie sogar als »unberechenbar« und gefährlich. Sprengstoff für den Kosmos der logisch gepolten Abläufe im Unternehmen – bei denen dennoch so vieles nicht nach Plan läuft, dass man eigentlich zu der Frage kommen müsste, ob es reicht, jede Störung nur auf das Konto der quer schießenden Emotionalität zu schreiben, statt sie selbst, die emotionale Energie, zu integrieren. Freilich nicht mehr als den Kettenhund des *Corporate IQ*, sondern als gleichberechtigte Macht im strategischen Set der Erfolgsfaktoren.

Emotion verhält sich zur Intelligenz wie der Herzschlag zum Ticken eines logisch trainierten Gehirns: Wenn er laut wird, stört er. Wird er nicht beachtet, steigt der Herzschlag empor bis in die Kehle, schließlich hämmert er im Kopf und überlagert die Denkarbeit: Emotionalität in Alarmstimmung.

Im Führungsalltag meiden die meisten Vorgesetzten die Sphäre der Emotion. Sich in Mitarbeiter zu versetzen, also in Gedanken deren Platz einzunehmen, um ihnen gerecht zu werden, stufen sie als

Gefahr ein: Es könnte ihnen ja passieren, dass sie mit dem Kopf der Mitarbeiter zu denken, schlimmer noch, mit deren Emotionalität zu fühlen beginnen, während sie doch harte Entscheidungen zu fällen haben …

Wir waren in den achtziger Jahren auf dem Wege, diesen ängstlichen oder arroganten Abstand der Führung von ihren Verbündeten im Hause aufzugeben, aber die Krise der Jahrtausendwende führt zu Fehlreaktionen wie dieser: Der Virtuose der sozialen Intelligenzleistungen gehöre unter den blauen Boomhimmel der Hochkonjunktur; die Rezession sei eher eine Wetterzone für Gefühlsasketen. Es sieht ganz danach aus, als verleite uns die Krise dazu, auch wichtige Errungenschaften der achtziger Jahre wieder zu verspielen.

Strategischer Umgang mit emotionalem Potenzial heißt also auch: bei Fehlern, die uns zunächst unerklärlich sind, weil unser wohlgeordnetes System mit seinen flankierenden Kontrollen sie eigentlich nicht zulassen durfte, die emotionale Qualität des Fehlers zu ergründen. Solange emotionale Kräfte tabuisiert werden, können wir ihr Wirken weder systematisch begreifen noch gar in den Unternehmensalltag einplanen. Wir brauchen sie aber! Zum Beispiel für die Motivation, für die psychische Balance, für die humane Kultur des Unternehmens. Für das Vertrauen, das uns miteinander und mit den Marktpartnern verbinden muss, ist ein guter emotionaler Standard der Firmenkultur unerlässlich. Wir sind auf einem Irrweg, wenn wir Fehlerstrategie unbewusst unter das Motto der Emotionsächtung stellen.

Fehler können häufig nur über die Frage nach ihrer emotionalen Quelle verstanden werden. Am leichtesten einzusehen ist das bei Konzentrationsstörungen, Fehlzeiten und Verspätungen bis hin zu Lügen im Zusammenhang mit privaten Problemen, die eine hohe emotionale Energie haben. Weiß der Mitarbeiter, dass sein Privatschicksal vom Unternehmen ausgeklammert wird, hat er keine Wahl: Der hohe Rang seiner Probleme steht für ihn außer Zweifel, weil er mit der starken emotionalen Gewissheit lebt, dass er hier gefordert ist. Er macht also dort den Kompromiss, wo er emotional weniger involviert ist: im Unternehmen. Er schützt seine hochwertige emotionale Privatrealität durch eine Lüge vor dem gnadenlos intelligenten Urteil seiner Berufsrealität.

Wer die private Verantwortungsbereitschaft von Mitarbeitern weiterhin der Spaltungstheorie unterwirft, dass im Unternehmen untragbar sein könne, was privat eine Tugend ist, der disqualifiziert die Kultur und die Kundenfähigkeit des Unternehmens. Die *split person* als Idealfigur? Wie soll ein Unternehmen mit diesem Menschenbild Erfolg haben?

Die Fehlerquote von Mitarbeitern ist immer auch eine Debatte über die emotionale Temperatur im Unternehmen wert – nicht nach dem Modell »Fehlerfreundlichkeit«, sondern mit dem Ziel einer besseren Komposition des Ressourcenverbrauchs: »Kopf schlägt Herz« kann schon deshalb nicht das Prinzip sein, weil der Kunde mit Kopf und Herz auf unser Tun reagiert – und uns meiden wird, wenn wir als tickende Kopfkultur daherkommen. Auch die »Kondition« des Unternehmens, seine Spannkraft und Regenerationsfähigkeit beruhen auf dem Power-Mix von Kopf- und Herzenergie.

Die Fehler, die im Unternehmen unterlaufen, geben Auskunft über die intellektuelle Kompetenz von Führung und Mitarbeitern. Das nehmen wir schon an. Was wir vernachlässigt haben und in der Krise panisch übergehen, ist aber ebenso wichtig: die emotionale Kompetenz strategisch zu ordnen, um nicht länger mit halber Kraft zu fahren.

Empathie – die Kunst, Gefühle zu teilen

»Ich könnte du sein«: Kinder, die mit anderen Kindern weinen, ohne zu wissen, was diese schmerzt, setzen sich noch ohne Zögern auf den Platz des anderen. Im Heranwachsen trainieren wir ihnen das ab – es macht schwach, sagen die Männer; es gehört sich nicht, sagen die Frauen. Man geht auf Distanz. Das ist gut und wichtig. Aber der Tod der Empathie darf es nicht sein. Denn wer sich abgewöhnt, Gefühle anderer mitzufühlen, verlernt auch, diese Gefühle bei sich wahrzunehmen. Gut so, sagen viele Männer, wir haben ohnehin in einem vernunftgesteuerten Berufsleben zu tun, und wir bieten *Fairplay*: Unsere eigenen Gefühle nehmen wir auch kaum noch wahr. Gleiche Einsätze, gleiche Erfolgschance.

Aber die Einsätze sind nicht gleich. Spätestens wenn Mitarbeiter unruhig werden, weil sie erfahren, dass Umbrüche bevorstehen, richtet die wohltrainierte Ratio der Topmanager wenig aus. Lange bevor dies geschieht, im ganz normalen Fertigungs-, Vertriebs- und Verkaufsalltag, werden jeden Tag die Begegnungen erlebt, bei denen nicht der messerscharf geschliffene Verstand, sondern die wohldosierte Emotion erfolgsentscheidend ist.

Topmanager müssen, um erfolgreich zu sein, vor allem eines wissen: Sie sind nicht der Prototyp des Menschen, nach dem sich die übrige Welt richtet, sondern sie sind die Ausnahme – auch was ihre rationale Unterkühlung angeht. Sie tun daher nicht gut daran, von sich auf andere zu schließen. Was nicht heißt, dass sie mit ihrer Kultur der emotionalen Defizite vorbildlich wären, im Gegenteil: Den weitesten Weg zu einer geglückten Kundenbeziehung drinnen wie draußen haben oft die Topmanager.

Die Fähigkeit, Gefühle anderer zu lesen, ist kaum zu trennen von der Übung, mit eigenen Gefühlen umzugehen. Die Empathie ist unter erwachsenen Menschen die Grundlage für Überzeugungsprozesse, wie sie zum Beispiel im Verkauf, aber schon lange bevor dieser gelingt, zwischen Mitarbeitern und Führung, in allen internen Kundenverhältnissen des Unternehmens täglich ablaufen. Aufgaben zu übertragen, das gelingt natürlich auch ganz ohne Empathie. Fehler diskutieren, Ziele setzen: Ganze Mitarbeitergespräche laufen häufig oder meistens ab ohne die Kunst der Empathie – sachlich, sagt dann die Führungskraft, ohne falsches Pathos, ohne irritierende Vermischung von intelligenter Bilanz und emotionaler Anteilnahme.

Der Markt, sagen dieselben Führungskräfte dann aber, wenn etwas nicht nach Wunsch gelaufen ist, besteht zu 80 Prozent aus Psychologie. Ein Satz, der meist schulterzuckend vorgetragen wird, so als sei das Wort »Seelenkunde«, das man da benutzt, ein Signal, dass man machtlos sei. Auf jeden Fall verrät dieser geflügelte Satz, dass wir Bescheid wissen. Überall, wo Menschen handeln, wirken Stimmungen und Meinungen, Gefühle und Gedanken.

» Gedanken profitieren von Gefühlen. Gefühle profitieren von Gedanken. «

Wer als Marktteilnehmer mit den Menschen im Markt erfolgreiche und befriedigende Kontakte pflegen will, der braucht die Fähigkeit, die Gefühle dieser Menschen aufzuschlüsseln. Dafür genügt nicht die delegierte Erkundung durch Marktforschung, aus der man dann in Geschäftsführungsmeetings referieren lässt.

Ein paar Kunden sitzen zwar mit am Tisch: die Mitarbeiter. Aber der wirklich unbefangene Partner, der Kunde im Markt, ist weit. Man spricht über ihn und hält ihn sich im Übrigen vom Leibe. Sollen die Verkäufer zusehen, wie sie ihn überzeugen.

Das bedeutet aber: Zuerst muss die Führung zusehen, wie sie die Verkäufer überzeugt! Sonst reißt die Kundenkette. Und der Stoff, aus dem die Bindung ist, heißt auch hier: Empathie. Eine der wichtigsten Unternehmertugenden für morgen.

Alle Marktprozesse sind Verständigungsprozesse – geglückte oder misslungene. Wer am besten kommuniziert, hat den größten Erfolg. Dass es dazu nützlich ist, die Gefühlslage von Partnern genauso exakt zu erkennen wie die Zahlen und Fakten, die sie uns vortragen, wird niemand bezweifeln. Erschwerend für dieses Vorhaben ist eine stille Übereinkunft, in der die zivilisierten Völker leben: Über Gefühle gibt man geschäftlich so gut wie keine Auskunft. Ein Teil der professionellen Kommunikation läuft also offen ab – es ist der »intelligente« Teil der Sache, mit technischen Details und Fakten –, der andere läuft verdeckt mit. Aber dieser verdeckte Prozess ist in einer *High-quality-Welt* immer häufiger erfolgsentscheidend. Denn: Gute Produkte haben andere auch.

Was nicht besprochen wird, das wird oft vergessen. Insbesondere Geschäfte zwischen Männern finden in dieser stillen Solidarität statt, dass man sich auf den eigenen klugen Kopf verlässt und auch Gefühlsentscheidungen auf das Konto des eigenen IQ schreibt. So weit, so gut – aber die Lesekunst im Gefühlsdschungel des Gegenübers leidet unter diesem Fehlschluss auch. »Klüger« würde man, könnte man nicht nur die Mienen- und Gebärdensprache des Partners besser lesen, als dieser ahnt, sondern auch via Empathie sein Gefühlsgemisch, das er »intelligent« tarnt, komplett »enttarnen«.

» Empathie ist ein echter Wettbewerbsvorteil. «

Der Start eines Empathietrainings beginnt also bei der Wahrnehmung und nicht bei der Verdrängung der eigenen Gefühle. Häufig beruht das Eröffnungsgefühl, mit dem wir eine Begegnung erleben, schon auf Gefühlssignalen des anderen. Wir versäumen es aber, sein Mienenspiel auf uns wirken zu lassen, wie wir das in Kinderzeiten konnten, als uns manche Gesichter in Tränen ausbrechen ließen, andere uns mit einer Woge von Zutrauen und Glück überfluteten. Männer berichten, dass sie nicht mit geschärften Aufnahmesensoren in ein Gespräch gehen, das sie zum Erfolg bringen wollen, sondern mit geschärfter Zielvorstellung. Von beidem etwas wäre ideal: genau wissen, wohin ich will, aber auch genau wahrnehmen, wohin ich diesen Partner dort mitnehmen kann – und zu welchen Bedingungen.

Wer sich die spontane Wahrnehmung von Stimmungslagen anderer Menschen abtrainiert, mag sich relativ sicher fühlen, solange er unter ähnlich trainierten Kollegen lebt. Die ganze Gruppe entwickelt dann einen niedrigen EQ und wird über ihr Defizit an Empathie so lange nicht aufgeklärt, wie sie keine Überzeugungsprozesse nach außen managen muss. Was aber alarmiert, sind die schon erwähnten Ereignisse aus den *Bell Labs*, die den Schaden durch die einseitige Intelligenzorientierung mitten in der klugen Gruppe diagnostizieren: Auch die Spitzenlogiker lassen nach, wenn ihre Umgebung leer von Empathie ist.

Wer den Lesestoff »Gefühle anderer« meidet, glaubt sich in der Regel dadurch vor Ablenkungen und Fehlerquellen gefeit. Fatal erscheint aber daneben das Forschungsergebnis, dass die Fähigkeit, Gefühle anderer Menschen wahrzunehmen, erstens nicht an den hohen IQ gekoppelt ist und – zweitens und gravierender – dass diese Fähigkeit in der Gesellschaft hoch honoriert wird. Wer in der Lage ist, die Gefühlsbotschaften anderer zu verstehen, auch wenn diese nicht reden, genießt in der Gemeinschaft Vertrauen und Zustimmung. Mehr noch: Die »emotionale Kondition« von Menschen, die fähig sind, Gefühle anderer wahrzunehmen, ist deutlich belastbarer als die von Gefühlsblockern. Damit immer noch nicht genug: Selbst bei bescheidenerem Intelligenzquotienten sorgt die Empathiefähigkeit für bessere Lern- und Arbeitserfolge – warum, lässt sich mutmaßen. Wer bessere Beziehungen im Team hat, ist entspannter und konzentrationsstark – lautet die eine Erklärung. Wer auf die Stimmungen anderer reagieren kann, überzeugt eher – wäre die andere.

Nehmen wir ernst, was die Kommunikationsforschung uns über die Durchmischung jeder sprachlichen Botschaft mit nichtsprachlichen Appellen und Mitteilungen sagt – das Verhältnis liegt bei 10 Prozent Sprache zu 90 Prozent sprachloser Botschaft –, dann wird auch für Intelligenzgläubige die Fähigkeit, in diesen Aussagen wenigstens einiges zu lesen, interessanter.

Das Set von elementaren Botschaften, das jeder von uns über sein Stammhirn zu lesen versteht, umfasst immerhin die vier wichtigsten Stimmungen, in denen Menschen einander begegnen können: Furcht, Zorn, Trauer und Glück. Jede dieser Kernemotionen hat eine Fülle von Schichten, Nuancen und Graden. Sonst wäre es keine Kunst, sie wahrzunehmen. Einen furchtschlotternden Menschen weiß auch ein entschiedener Ratiojünger einzuordnen. Ebenso verhält es sich mit dem wilden Zorn, der fassungslosen Trauer und dem überschäumenden Glück.

Mit unserem offenbar angeborenen Vermögen, diese Grundstimmungen zu erkennen, haben wir auch die Sensibilisierung für Zwischentöne mitbekommen – das heißt: Gesichtszüge und Gesten, die entfernt an Traurigkeit erinnern, lösen in uns so etwas wie den Trauerreflex aus. Mit dem Glücklichen lacht oder lächelt man, mit dem Furchtsamen fühlt man das leise Schaudern, ohne sein Opfer zu werden – gerade genug, um ihn nicht mit seiner Furcht allein zu lassen –, und mit dem Zornigen fühlen wir Wut aufsteigen – aber nur einen Sekundenbruchteil, wenn es nicht »unser« Wutanlass ist; diese Fähigkeit, ein wenig einzutauchen in das »fremde« Gefühl, macht uns entschlossen, den anderen herauszuholen oder nicht allein zu lassen – auch den Glücklichen nicht. Was uns für einen winzigen Augenblick den Impuls zur Identifikation schenkt, ist das plötzliche Empfinden: »Ich könnte du sein – vielleicht bin ich es ein anderes Mal.« Das ist – Empathie.

Gefühle sind ansteckender als Gedanken – das mag manche Topmanager immer wieder davon abhalten, sich eine gründlichere Gefühlskultur zu leisten. Wer Gefühle nur als Störenfriede kennt, kann auch nicht ahnen, wie bewusst es sich mit ihnen umgehen lässt. Sie sind tatsächlich die Helfer der Gedanken.

Das neue Porträt des Managers – Intelligenz und emotionale Brillanz

Das neue Selbstmanagement hat ein innovatives Ziel: die spannungsreiche Harmonie intellektueller und emotionaler Energie. Der Nutzen ist ein doppelter: für die Persönlichkeit mehr innere Balance und weniger Stress; für die Kollegen und die Mitarbeiter mehr Motivation.

Der Glanz von Persönlichkeiten geht nicht von einsamen Höchstleistungen aus, sondern von der Verknüpfung der Höchstleistung mit dem allgemeinen Wohl. Autistische Karrieren wecken Erstaunen, aber keine Begeisterung. Sie distanzieren Menschen, statt sie zu gewinnen. Der Vorsprung durch strategische Emotionalität im Mix mit intelligenter Kontrolle entwickelt dagegen Bindungskraft trotz Abstand.

Was die meisten Manager am brennendsten interessiert: »Kann ich dieses Talent bei mir selbst managen? Wie sieht ein Selbstmanagement aus, das meine intellektuelle Kompetenz mit emotionaler *Power* so anreichert, dass ich Menschen begeistern, auf Ziele verpflichten und zu Anstrengungen bewegen kann?«

Das Training für Erfolgreiche muss diesem Ziel dienen: Menschen gewinnen und bewegen; und diesen Anspruch durch außergewöhnliche Qualitäten rechtfertigen. Daraus ergeben sich Nähe und Abstand, die spannungsreiche Mischung für inspirierte Teams.

Die Trainingslektionen heißen:

- Weg mit der Zensur!
- Die emotionale Kondition verbessern,
- Die innere Selbstzensur erkennen und lockern,
- Gefühle erkennen und einordnen,
- Persönliche Entscheidungen bewusst machen,
- Selbstakzeptanz und Selbstdistanz verbinden,
- Offenheit und Vertrauen geben,
- Kooperation und Kommunikation schaffen,
- Empathie entwickeln.

Diese Lektionen sind das halbe Programm für eine gute Performance des Managers. Die andere Hälfte des Programms beherrscht er längst. Die neu zu lernenden Lektionen bedeuten also: Vorhang auf für die andere Hälfte der Welt. Und sie werden das männliche und das Managermisstrauen gegen sich haben – ob da wirklich Strategien entstehen, mit denen man weiter schmerzfrei und souverän agieren könne? Lernen wir die neuen Lektionen wirklich, dann gibt es keinen Weg zurück. Denn sie erwecken alte, sehr vitale Fähigkeiten, die sich dann nicht mehr einschläfern lassen. Manager ahnen das, und sie fühlen sich in ihrem reduzierten Erfolgsprogramm bedroht.

Auch Verbesserungen bedrohen uns, wenn wir uns nicht verändern wollen, das ist nichts Besonderes. Was aber, wenn sich der eigene Erfolg mit den neuen Strategien vergrößert? Und was, wenn man die Garantie bekäme, dass er sich auf keinen Fall verringert? Die Garantie kann gegeben werden. Das Wagnis lohnt sich also. Fangen Sie an!

Lektion 1: Weg mit der Zensur!

Die erste Lektion ist die schwerste. Aber sie ist zugleich die Voraussetzung für alle anderen. Sie kehrt jedoch auch in allen anderen wieder, sozusagen als Erfolgskontrolle. Dennoch: Wie wird man eine Spontanzensur los, die längst so gut funktioniert, dass sie einem Reflex gleicht, der vom Unterbewusstsein geliefert wird? Viele Manager fühlen sich so sicher in ihrer Verständnislosigkeit für Therapievorschläge, weil sie wirklich kein *Handicap* bemerken. Das langjährige Training auf dem Weg nach oben entspricht durchaus einer Konditionierung.

Was in der allgemeinen Skepsis gegenüber *Leadership-Qualifikationen* aber meist vergessen wird: Wer nach oben will, braucht auch Voraussetzungen, die für den strategischen Power-Mix, um den es hier geht, neben der Intelligenz großartige Voraussetzungen bieten. Es sind:

- hohe Antriebsenergie,
- starkes Selbstvertrauen,
- Dominanz,
- Konsequenz,
- Disziplin.

Hinzu kommt meist eine ausgeprägte Härte gegenüber sich selbst und das bedeutet: Rücksichtslosigkeit gegenüber den eigenen Gefühlen. Man könnte in diese Lektion den paradoxen Satz aufnehmen: Seien Sie nicht mehr so herzlos zu Ihrem Herzen!

Mit den fünf Persönlichkeitsmerkmalen, die hier stehen, öffnet sich überraschend eine Schneise, die der ersten Lektion eine reelle Chance gibt: Alle diese Merkmale mögen zwar gut mit der Intelligenz des Aspiranten auf einen Spitzenplatz vernetzt sein; sie stammen aber aus tiefer liegenden, nämlich älteren Schichten seines Gehirns als seine flinke Logik. Es sind Qualitäten, bei denen das limbische System, Zentrum für Bewerten, Fühlen und Aneignen von Welt, und das Reptilhirn mit seinen Handlungs- und Überlebensimpulsen beteiligt sind. Das *Handicap*, mit dem Manager ihre eigene Ausstrahlung und visionäre Kraft blocken, ist nicht zwangsläufig, wie sie defensiv behaupten. Es setzt sich vielmehr aus Hunderten und Tausenden von punktuellen Attacken starker Persönlichkeiten auf ihr eigenes reiches Erfolgspotenzial zusammen – so lange, so gründlich, bis der Defekt zum automatisierten Verhaltensrepertoire gehört. Ein Persönlichkeitsmerkmal ist er deshalb noch lange nicht. Er ist eine Konditionierung, die sich rückgängig machen lässt.

Und eben diese Chance ist für die starke Persönlichkeit viel größer als für durchschnittliche Systemopfer. Es gibt also keine Entschuldigung mehr – das ist die andere Seite. Wie übt man den Schritt auf nicht zensiertem Terrain? Der Feind ist so stark wie du selbst – er ist du selbst! Das muss man wissen. Versuchen Sie zunächst an einem ganz normalen Tag, vom Aufstehen bis zum Schlafengehen, Ihr inneres Ohr und inneres Auge, Ihre »innere Haut« auf Empfang zu stellen. Fragen Sie sich beharrlich:

- Was fühle ich?
- Was bewegt mich?
- Huscht da ein Schatten vorüber? Oder eine Hoffnung?
- Gibt es einen enttäuschten Wunsch? Eine Sehnsucht, die mich streift?
- Was ärgert mich – unvernünftigerweise?
- Was macht mir Spaß – erlaubter- oder unerlaubterweise?
- Woran erinnert mich das – und dies – und jenes?

- War da ein Schrecken? Aus welchem Seelenwinkel? Warum?
- Bin ich zornig? Warum nur?
- Schüttelt mich Neid? Rivalität?
- Habe ich Angst? Sekundenlang – warum?
- Kommt mir plötzlich meine Liebe in den Sinn? Die Liebe anderer?
- Erfasst mich ungewohnte Traurigkeit?
- Und Reue? Schlägt mein Gewissen zu?
- Möchte ich mein Leben ändern?

Hören Sie die Echos? Die Zensur? Jeder hört sie, der das Leben in den oberen Etagen kennt. Streichen Sie nicht gleich den ganzen Fragenkatalog weg. Er wird Sie nicht um Ihre Position bringen – sondern zu sich selbst zurückführen. Es ist der Katalog Ihrer vollständigen Persönlichkeit. Ihre Intelligenz wird nicht schwächer, wenn Sie ihn täglich mehr oder weniger flüchtig durchgehen – und vielleicht gar ergänzen. Im Gegenteil: Ihre Intelligenz wird davon profitieren – denn es ist die Intelligenz Ihrer Gefühle, mit der Sie nun vertraut werden. So stark, wie Sie mit dieser Ressource werden, waren Sie nie. Vergessen Sie nicht: Gedanken profitieren von Gefühlen. Gefühle profitieren von Gedanken.

Gelingt Ihnen die Vernetzung dieser oben skizzierten Sensibilität mit Ihrem scharfen Verstand, dann sind Sie unschlagbar – vor allem unschlagbar gegenüber sich selbst: Denn da ist nichts mehr, was Sie plötzlich überfällt – ohne in Ihrem Kalkül zu sein.

Lektion 2: Die emotionale Kondition verbessern

Die schwere erste Lektion macht die zweite leicht. Jetzt gilt es, die neue Fähigkeit zu üben. Gefühle wahrzunehmen: Das gelingt schon ab und zu. Sie erschrecken auch nicht mehr. Gefühle vernetzen mit Gedanken – das fällt noch schwer. Kondition hat mit Training zu tun, das gilt auch für den Kopf. Üben Sie, Gefühlslagen so schnell wahrzunehmen, wie Sie gedanklich Sachverhalte analysieren. Die Emotionen sind – bei normalen Menschen – schneller auf der Szene als die Gedanken. Auch bei Ihnen – eigentlich. Wenn da nicht Ihr Businesstraining wäre, mit dem Sie Ihre Emotionen langsam und Ihre Gedanken schnell gemacht haben.

Trainieren Sie die *Meetings* zwischen Emotion und Ratio in Ihrem Kopf! Nehmen Sie amüsiert wahr, wie Ihre Perspektive komplexer wird und Ihre Lösungsenergie wächst. Genießen Sie es, nun plötzlich Ihre Rivalen viel schneller und viel besser zu verstehen. Ihr überlegenes Lächeln von früher hat nicht gerade Berge versetzt – Ihre doppelt kompetente Replik, die Sie jetzt liefern, tut genau das.

Schlagen Sie nicht mehr gleich zu, wenn Ihnen unvermittelt ein Witz einfällt. Nehmen Sie es als gutes Zeichen: Ihre Emotionen beraten Ihren Verstand. Das ist ein Zeichen, dass Sie bereits in der dritten Lektion angekommen sind.

Lektion 3: Die innere Selbstzensur erkennen und lockern

Was Sie in der ersten Lektion abgefragt haben, das fällt Ihnen nun von selbst auf:

- »Schon wieder eine Sperre für mein berechtigtes Gefühl! Schon wieder ein disziplinarischer Zugriff aus dem unerfahrenen Ratiogehirn, wo mein Radar für Gefahr, viel älter, viel erfahrener, mich durch einen Aufschrei warnen wollte!«
- »Schon wieder die Keule, die meine Wut zerschlägt, statt mir die intelligente Bearbeitung in einem starken Auftritt bei meinen Leuten zu überlassen! Das werde ich künftig nicht mehr zulassen; ich brauche diese Energie!«
- »Schon wieder nur ein Glimmen statt eines Freudenfeuers, während wir einen Riesenerfolg einfahren. Wieder kann ich nicht mit jener mitreißenden Begeisterung vor meine Leute treten, die uns alle für Wochen mit frischer Motivation versorgt.«

Die innere Perspektive dreht sich: Jedes geblockte Gefühl erkennen Sie nun als vertane Chance; jede an der Wurzel vernichtete Emotion fehlt Ihnen für die komplexe Wahrnehmung von Chancen und Risiken. Jede voreilig abgeschwächte emotionale Regung kostet Sie Glanz – jetzt endlich spüren Sie es von selbst. Was vorher eine Zumutung war, wird nun zum Energiespeicher für Ihre Situationseinschätzung und Ihre Überzeugungskraft.

Lektion 4: Eigene Gefühle erkennen und einordnen

Bald ist Ihnen Ihre emotionale Reserve nicht mehr unbekannt. Sie erkennen Gefühle leicht wieder, kontrollieren sie mit Ihrem Verstand und bauen sie in Ihre Argumente und Entscheidungen ein. Ihre Mitarbeiter fühlen sich plötzlich viel besser verstanden; das Zutrauen wächst. Ihre Kollegen spüren, dass Ihre Souveränität zunimmt und nichts Sie mehr überraschen kann, aber keiner versteht, warum. Sie können jetzt Ihren Stress reduzieren. Das heißt aber: Den Disstress – die ungesunde, kräftezehrende Spannung – abbauen und den Eustress – die motivierende, inspirierende Erregung – als Kraftquelle nutzen. Ihre Emotionen stoßen körpereigene Glückshormone, Endorphine, an, wenn Sie sie brauchen, Ihre Antriebslage ist meistens optimal, weil Ihre Disziplin eine neue Balance gefunden hat: außerhalb der Zensur. Sie werden hellsichtiger und hellhöriger für die Gefühlslagen anderer; Sie durchschauen Ihre Partner besser, denn auch hier behindert Sie Ihre Selbstzensur nicht mehr. »Was stört mich hier dauernd?«, fragen Sie sich nun neugierig. »Was macht mich misstrauisch, unruhig, argwöhnisch?«

Ihr Radar funktioniert – und das braucht neben Ihrem klugen Kopf nun einmal Stammhirnenergie. Bald wird man Sie einen Menschen mit »Intuition« nennen – das ist die Vokabel, die für eine gute emotionale Kondition reserviert ist.

Lektion 5: Persönliche Entscheidungen bewusst machen

»Leicht!«, sagen Manager. »Ich bin ein Entscheider, also ist das mein Metier.« Das ist richtig, aber persönliche Entscheidungen fallen auch bei Spitzenleuten eher im Vorbeigehen, diese Entscheidungen werden häufig dem Zufall oder anderen überlassen. Denn dafür ist keine Energie frei.

Nachdem man vertrauter mit den eigenen Emotionen geworden ist, rückt das private Leben plötzlich in Sichtweite. Sogar was Frauen denken und fühlen, wird partiell verständlicher. Mancher Manager sieht erst jetzt, dass er in seinem persönlichen Leben Entscheidungen von erheblicher Tragweite weniger getroffen als zugelassen hat. Es ergab sich so.

Damit entstand auch im Privatleben ein Verdrängungsbedarf in der Familie. Da stand nicht immer alles zum Besten; aber das aufzuarbeiten blieb nun wirklich keine Zeit. Zehn Jahre nicht, zwanzig Jahre nicht. Plötzlich präsentiert die Lebenspartnerin eine Bilanz, die dem Mann völlig fremd erscheint. Das soll abgelaufen sein? Für ihn präsentiert sich die Geschichte ganz anders. Allerdings auch mit viel weniger Text, mit vielen Luftnummern und leeren Sprechblasen, die dann eben andere gefüllt haben – mit einem ihm unverständlichen Text und mit Gefühlen, von denen er fast gar nichts wusste. Der Einbruch setzt rückwirkend einen Teil seiner Erfolgsgeschichte außer Kraft.

Das wird dem Manager, der seine eigenen Gefühle akzeptiert und gestaltet, nicht mehr zwangsläufig passieren. Das heißt immerhin: Auch den Frauen wird es mit gleichmäßiger ausgeleuchteten Männerköpfen nicht mehr so oft zustoßen, dass der Partner eine ganz andere Geschichte lebt als sie selbst.

Unwichtig für Topmanager? Aber ihn umgeben solche Schicksale! Wenn er sie, wie sein eigenes, nie versteht, wird er die Kraft und Begeisterung seiner Leute nicht gewinnen.

Lektion 6: Selbstakzeptanz und Selbstdistanz verbinden

Klare Identität beruht auf guter Kenntnis der eigenen Möglichkeiten und Grenzen. Sie gehört zur Selbstachtung – und diese allein macht uns fähig, andere Menschen zu achten. Das Gleichgewicht von intelligenter und emotionaler Erfahrung mit sich selbst ist die beste Grundlage für eine gute Balance zwischen Zustimmung und Abstand zur eigenen Leistung, und zwar auf beiden Sektoren: der intelligenten und der emotionalen Leistung.

Stärken und Schwächen optimal miteinander verbinden, das ist ein Kapitel für jeden Menschen: Es verlangt ein ausgeruhtes Bild von der eigenen Leistungsfähigkeit ohne Retuschen. Nur so kann die Kunst, das zu delegieren, was andere besser können, gelernt werden. Der realistische Blick auf die eigenen Grenzen – eine Grundqualifikation für Manager.

Lektion 7: Offenheit und Vertrauen geben

Vertrauen ist immer mit einer Vorleistung an Offenheit verbunden. Es beginnt immer mit der offenen Flanke des Stärkeren. Denn wer sich selbst genau kennt, kann sich das leisten. Offenheit heißt auch: sensible Augen und Ohren haben. Die vorhergehenden Lektionen haben beide geschult.

Wem es gelungen ist, sein emotionales Sensorium auf die Höhe seiner Intelligenz zu bringen, der kann sich Vertrauen leisten: Denn er verdankt seiner guten Selbstwahrnehmung auch eine sensible Fremdwahrnehmung. Er vermag es nun, die Gefühle anderer Menschen besser und schneller zu lesen. Sein Gefühl der Bedrohung schwindet; denn wo immer er Menschen begegnet, bewegt er sich in »vertrautem« Gelände.

Lektion 8: Kooperation

Kooperation ist der Lebensnerv des Managements. Die besten Partner sind die, deren soziale Kompetenz mit emotionaler und intelligenter Erfahrung kooperiert – ein Musterbeispiel in der Einzelpersönlichkeit für geglückte Kooperationsprozesse. Wo Emotion und Intelligenz sich im Individuum nicht mehr bekämpfen, entsteht auch außen ein kooperativer Geist, der jeden auf seine Kosten kommen lässt.

Gute Ergebnisse sind immer auch ausgewogene und gerechte Ergebnisse; sie sind nur möglich mit Menschen, denen an Qualität und Gerechtigkeit etwas liegt. Daran liegt aber nur jenen Menschen etwas, die Kooperation auf Zukunft hin wünschen – und die Achtung vor ihren Partnern entwickeln.

Der Wettbewerb ist in solchen Partnerschaften das *Fairplay* zwischen Menschen, die gemeinsam Erfolg suchen – und zwar ausdrücklich nicht auf Kosten des anderen, sondern mit seiner Zustimmung. Geschäfte werden damit zu gemeinsamen Zukunftsperspektiven, die das Wettbewerbsklima für die nächste Etappe sichern. Kooperation hat immer auch eine ethische Implikation. Sie muss immer auch den Wettbewerb vor Entartung und Missbrauch schützen.

Lektion 9: Kommunikation

Kommunikation legt Defizite bloß. Wir erleben das bei Firmenzusammenbrüchen, deren Ursache immer auch die Verdrängungskunst der Manager ist.

Wer Macht hat, der glaubt leicht, auch Krisen wegdrücken zu können; erst widerstrebend lernt er, dass nicht alles der eigenen Willenskraft gehorcht. Wer seine Kräfte zutreffend einschätzt, ist ein guter Kommunikator. Kommunikation lebt in hohem Maße von emotionalen Kraftzuflüssen.

Wer an die Mischung von Ratio und Emotionen gewöhnt ist, sie sogar bei sich selbst zu kultivieren gelernt hat, der muss das Minenfeld der Kommunikation nicht mehr fürchten. Im Gegenteil: Ein Manager, der seine emotionale Kompetenz im Dialog mit seiner Intelligenz trainiert hat, wird jeden undisziplinierten Gegner, der nur Emotionen schürt, übertrumpfen. Der Manager wird es sein, der dort für Verständigung sorgt, wo andere die Entzweiung betreiben. Wer den Glanz der emotionalen Stärke ausstrahlt, wird der Sieger bleiben.

Lektion 10: Empathie

Sie klang als leises Echo durch alle Überlegungen: die Fähigkeit, Gefühlslagen anderer wahrzunehmen, sich auf den Platz des anderen zu setzen. Wer an der Spitze steht, ist gefährdet, wenn ihm das nicht mehr gelingt: die Erinnerung daran wach zu halten, woher er kommt. Die Sensibilität für die Wegstrecke aufzubringen, auf der andere sich bewegen. Aber auch: die Kraft und die Bereitschaft, sich selbst in die Niederlage anderer hineinzudenken und hineinzufühlen.

Beides ist wichtig für die Charakterstärke, die man auf Machtpositionen braucht. Wer es nicht wagen kann, sich zum Gefährten des Gestürzten oder Geschlagenen zu machen, nicht einmal in Gedanken, der wird keinem Sturz oder Schlag gewachsen sein, der ihn selber trifft.

Die Empathie ist eine Markttugend. Sie ist eine Qualität mit Bodenhaftung, die sich kein Dienstleister ersparen kann. Der Spitzenmanager ist der oberste Dienstleister der Firma. Wenn er emotionale Brillanz entfaltet, statt nur seiner Intelligenz zu vertrauen, dann liefert er die knappste aller Ressourcen für die Company: Sinn.

Absender

Name / Vorname

Firma / Institution

Abteilung

Straße

PLZ / Ort

Wenn Sie regelmäßig unseren Newsletter erhalten möchten, nennen Sie uns hier bitte Ihre E-mail-Adresse.

Bitte freimachen falls Marke zur Hand

Antwort

Campus Verlag GmbH

Kurfürstenstraße 49

D-60486 Frankfurt am Main

Gertrud Höhlers Spezialtipp

Wenn ich Ihnen nur einen einzigen Tipp geben könnte, so wäre es dieser: Natürlich dürfen überbordende Gefühle nicht entscheidungsleitend sein. Aber eine Intelligenz, die Stimmungen, Hoffnungen und Begeisterung mit kalter Logik niederwalzt, vernichtet ebenso viele Chancen für das Unternehmen wie ein unbeherrschter und unberechenbarer Leader an der Spitze.

Der ratiogesteuerte Gebrauch des menschlichen Gehirns spielt weder aus, was wir als Homo sapiens können, noch – und das ist gefährlicher – genügt er dem, was dieser störanfällige, psychisch labile Sieger der Evolution braucht. Aber auch unsere Systeme brauchen heute dringend die komplexe statt der bereinigten Brainpower. Managementstrategien der Zukunft werden davon ausgehen müssen, die Ressourcen des menschlichen Power-Mix aus Intelligenz und Emotion auf den verschiedenen Ebenen des Lebens besser zu nutzen.

Darum ist es so entscheidend, dass wir wieder die Stimmen aus der Tiefe unseres Instinkthirns hören lernen. Nur so können wir unsere Fähigkeiten und unsere Chancen optimal verwerten.

Mehr von Gertrud Höhler:

- Wölfin unter Wölfen. Warum Männer ohne Frauen Fehler machen. München 2000
- Der Sinn-Macher. Wer siegen will, muss führen. München 2002
- Warum Vertrauen siegt. Berlin 2003

Sabine Hübner

Sabine Hübner berät namhafte Unternehmen in den Bereichen Kundenorientierung und Kundenbeziehungsmanagement. Sie ist ebenso Moderatorin und Referentin bei Kongressen, Kundenveranstaltungen und Kick-offs. Ihre Kernthemen sind die Verbesserung von Servicequalität und Motivation. Die von Frau Hübner entwickelten Strategien haben einen hohen, praxisorientierten Nutzwert für Mitarbeiter und Unternehmen.

Weitere Informationen:
www.sabinehuebner.de

Sabine Hübner

Überraschend besser sein

Besser wirken. Besser ankommen. Besser abschneiden.

Was entscheidet über beruflichen und persönlichen Erfolg? Unsere Ausstrahlung. Eine Studie der Harvard Business School belegt, dass Studenten mit Ausstrahlung wesentlich bessere Chancen beim Start ins Berufsleben haben als Schüchterne – bei gleicher Qualifikation. Wie wir auf andere wirken, hat erheblichen Einfluss auf unseren Erfolg. Erfahren Sie, wie Sie mit Persönlichkeit, Charme und etwas Mut besser wirken, besser ankommen und besser abschneiden.

Der perfekte Auftritt

Eines vorweg: Wir Menschen sind oberflächlich! Fast immer schließen wir von Äußerlichkeiten auf Qualitäten, die wir gar nicht beurteilen können. In die Bewertung einer Leistung beziehen wir unbewusst Signale und Ersatzkriterien – so genannte *Cues* – mit ein. *Cues* sind alle Signale und Botschaften, die wir wahrnehmen, wie zum Beispiel Geruch, Körpersprache, melodische Wortwahl, Aussehen und vieles mehr. Sie merken schon, der perfekte Auftritt ist entscheidend, um von vornherein Aufmerksamkeit zu wecken und sein Gegenüber positiv für sich einzunehmen.

Das positive Vorurteil – wie Sie Vorschusslorbeeren ernten

Häufig sind wir im Geschäfts- und Privatleben gefordert, andere Menschen (insbesondere uns Unbekannte, denen wir das erste Mal begegnen) schnell einzuschätzen. Nach dem Motto »Der erste Eindruck ist entscheidend« stecken wir sie innerhalb weniger Sekunden in Schubladen.

Bei einem Restaurantbesuch entscheiden die Kleidung der Bedienung und das Ambiente innerhalb weniger Augenblicke über die Qualität des Essens. Ein Test belegt dies: Die Servicemitarbeiter eines Restaurants wurden schick in »Corporate Fashion« gekleidet. Gleich beim Betreten des Restaurants wurden die Gäste gefragt, warum sie gerade dieses gewählt hätten. Sie schlossen auf eine gute Küche und auf ein gut geführtes Restaurant. Am nächsten Tag wurden die gleichen Mitarbeiter ordentlich, aber sehr unterschiedlich gekleidet. Die neuerliche Befragung der Gäste ergab plötzlich ein ganz anderes Spektrum an Antworten. Die Gäste äußerten sich nun skeptischer und wollten erst einmal abwarten, wie das Essen tatsächlich schmecken würde, bevor sie sich auf ein Urteil festlegten. Warum ist das so? Sind wir wirklich so oberflächlich? Was wir hier anwenden, ist eine Überlebensstrategie aus Urzeiten. Vor Tausenden von Jahren hing das Leben unserer Vorfahren davon ab, wie schnell sie Freund von Feind unterscheiden konnten.

Das ist heute zwar nicht mehr lebensnotwendig, aber der einfache Überlebensmechanismus von damals hat sich bei uns tief eingeprägt. Wir orientieren uns an äußerlichen Merkmalen wie Kleidung, Frisur, Sprache und vergleichen sie unbewusst mit den unseren. Gibt es eine hohe Übereinstimmung, flammt Sympathie auf. Abweichungen quittieren wir dagegen mit Skepsis oder – stimmt nun wirklich gar nichts überein – sogar mit Antipathie.

Auch im Geschäftsleben spielt dieser Mechanismus eine Rolle. Wir sind oft gezwungen, innerhalb kürzester Zeit eine gute Beziehung herzustellen. Was kann da entscheidender sein als der erste Eindruck? Ganz unbewusst baut sich ein positives Vorurteil auf, wenn ich mich korrekt kleide (grauer oder schwarzer Anzug) und damit signalisiere »Ich bin eine(r) von euch«. »Wirkt sehr kompetent«, könnte zum Beispiel ein Geschäftspartner bei der ersten Begegnung denken.

Die passende Businesskleidung ist also entscheidend. Aber es gibt natürlich nicht nur die eine »richtige« Lösung. Ein Bauunternehmer in einem teuren dreiteiligen Maßanzug wird auf der Baustelle sicherlich ebenso schief angesehen wie der Bankangestellte, der in Jeans und Hawaiihemd Kunden empfängt. Eine der Situation nicht angemessene Kleidung vermittelt dem Gegenüber den Eindruck, dass man ihm keine hohe Wertschätzung entgegenbringt, dass man bewusst auffallen und provozieren möchte oder dass man die Bekleidungsregeln einfach nicht kennt.

Orientierungsmöglichkeiten für die Wahl der Kleidung sind:

- Welche Erwartungshaltungen hat mein Gegenüber?
- Welchen Eindruck möchte ich vermitteln?
- Gibt es Bekleidungsregeln?
- Zu welcher Tageszeit treffe ich mich beziehungsweise zu welchem Anlass?
- Wie kleidet sich meine Begleitung?

Machen Sie schon bei Ihrem Erscheinungsbild alles richtig, bringt Sie das ein ganzes Stück voran. Wenn Sie einem potenziellen Geschäftspartner begegnen, durchläuft die entstehende Beziehung in der Regel sechs Stufen, ehe Sie zu einem Erfolgserlebnis gelangen.

Die sechs Stufen des persönlichen Verkaufserfolgs sind:

- Aufmerksamkeit,
- Vertrauen,

- Positive Meinung,
- Interesse,
- Kontakt,
- Entscheidung.

Wenn Sie es schaffen, schon in den ersten Sekunden des Kennenlernens zu punkten und ein positives Vorurteil aufzubauen, können Sie die ersten Schritte wie »Aufmerksamkeit erregen« und »Vertrauen wecken« abkürzen oder sogar überspringen. Ihr Gegenüber hat sich schnell eine positive Meinung gebildet und durchaus schneller Interesse an Ihrer Arbeit und Ihrer Botschaft.

» Aufmerksamkeit zu erreichen ist einfach. Die Kunst ist es, Interesse zu wecken. «

Klassefrau und Mann von Welt – stilsicher in allen Lebenslagen

Iris Berben ist eine Klassefrau! Sie gilt laut Presse als »Deutschlands schönste und erotischste Schauspielerin« – und das mit über 50 Jahren. Sie hat sich nach einer wilden Jugend als Beatles-Groupie und Mitglied der Protestbewegung zu einer ernsthaften Schauspielerin entwickelt und zu einer Frau, die sowohl von Männern als auch von Frauen bewundert wird. Sie sticht aus der Masse heraus – nicht durch zweifelhafte Schlagzeilen, sondern durch ihr Können und eine einzigartige Persönlichkeit. Doch was hat Iris Berben, was anderen Möchtegern-Celebrities fehlt? Was macht ihre Klasse aus? Der berühmte Filmproduzent und Oscar-Preisträger Arthur Cohn bewundert an Iris Berben, dass sie sich immer selbst treu bleibt und ihre Würde behält. Sie sei eine mutige Frau, die das sagt, was sie wirklich fühlt und denkt.

» Understatement, Beständigkeit und Authentizität sind die Zutaten für Klassefrauen und Männer von Welt. «

Erfolgreiche Frauen und Männer haben ihren eigenen Weg gewählt. Sie haben ihren Stil – sei es in Kleidung oder im Auftreten – gefunden. Und der ist häufig dezent (Ausnahmen bestätigen natürlich die Regel). Übergroße Logos teurer Luxusmarken wird man bei ihnen nicht finden, ebenso wenig werden sie den Autoschlüssel der Luxuslimousine vor den Augen der Gesprächspartner schwenken. Auch wenn sündhaft teuer eingekauft wird, bedeutet das nicht, automatisch Klasse zu haben. Genauso wenig heißt es, dass günstigere Kleidung oder Accessoires den Stil verderben. Entscheidend ist die Person, die die Kleider trägt und vor allem wie sie sie trägt.

»Der Anzug ist die Rüstung des Mannes.«
Modeschöpfer Tommy Hilfiger

Stil steckt wie der Teufel im Detail. So achten Männer von Welt zum Beispiel darauf, dass Krawatte und Stecktuch nie dasselbe Muster haben. Klassefrauen wissen hingegen, dass sie sich bei ihrer Kleidung nur auf einen »Hingucker« festlegen, zum Beispiel nur ein auffälliges Schmuckteil bei dezenter Kleidung.

Klasse kann jeder haben. Und sie zeigt sich in allen Lebenslagen – vor allem aber im Alltag. Während häufig im Betriebsgebäude Höflichkeit noch groß geschrieben wird, sind alle guten Umgangsformen spätestens auf dem Parkplatz vergessen. Wie verhalten Sie sich zum Beispiel im Straßenverkehr? Fahren Sie dicht auf? Geben Sie Lichthupe? Gestikulieren Sie wild und verdammen Sie die ganze Welt, weil Sie meinen, sämtliche Sonntagsfahrer wären auf einmal unterwegs, während Sie dringend zu einem Termin müssen? Glückwunsch, wenn Sie das nicht tun!

Dos für Klassefrauen:

- Das klassische Kostüm mit passenden Seidenstrümpfen gehört zum gepflegten Auftritt für Geschäftsfrauen.
- Ein Paar Ersatzstrümpfe sollten immer in der Handtasche mit dabei sein.

- Ein leichtes Tages-Make-up bringt jedes Gesicht zum Strahlen
- Bei Schmuck und Parfum zeigt sich Klasse im zurückhaltenden Einsatz.

Dos für Männer von Welt:

- Ein klassischer Anzug ist für Männer unabdinglich, um sich stilvoll zu präsentieren.
- Die Armlänge der Sakkos muss stimmen. Ein Mann von Welt lässt immer ein Stück seines Hemdärmels sehen.
- Rasierwasser wird nur sparsam verwendet.

Und für alle gilt:

- Gepflegte Hände und Füße bilden die Basis der gesamten Erscheinung.
- Bei der Begrüßung aufzustehen gehört sich für die Damen genauso wie für die Herren.
- Weingläser werden grundsätzlich am Stiel angefasst.
- Rücksichtnahme auf andere bringt Anerkennung.
- Gelassenheit auch in Stresssituationen zeichnet Menschen von Welt aus.
- Was zu einem gelungenen Auftritt gehört und was nicht, hängt immer von der Situation ab, der Handkuss wirkt auf einer Alm in Österreich leicht übertrieben.

Noch eine kleine Bemerkung am Rande: Auch wenn Frauen heute emanzipierter sind und sich in die berufliche Hierarchie einordnen – männliche Nonchalance, angefangen beim »In-den-Mantel-Helfen« bis hin zum »Tür-Aufhalten«, beweist Stil und Klasse.

Don'ts für Klassefrauen und Männer von Welt:

- Ungepflegte Kleider und ausgelatschte Schuhe,
- Flip Flops, Spaghettiträger-Tops und Bermudashorts bei Geschäftsterminen,

- Schrille Krawatten,
- *Fashion Victims*: große Markenlogos als imaginäre Preisschilder,
- Werbekugelschreiber bei Meetings,
- Protziges Gehabe à la »mein Haus, mein Auto, mein Boot«,
- Männer, die in einen Stechschritt verfallen, obwohl die Frau an ihrer Seite mit hohen Absätzen über Kopfsteinpflaster balanciert.

Charisma, Präsenz und Charme – so zeigen Sie sich von Ihrer Schokoladenseite

Ein Exkurs in die Geschichte: Der chinesische König und sein Minister teilten sich die Aufgaben. Der König war für das Belohnen zuständig. Der Minister für weniger populäre Maßnahmen wie Reformen, Einhalten der Gesetze, Bestrafen … Nach einiger Zeit nun bemerkte der König, dass der Minister vom Volk so richtig respektiert wurde, er selbst aber nicht so. Also tauschte er die Rollen. Doch die Wirkung war anders als erwartet. Außer Respekt entwickelte die Bevölkerung nun auch noch Zuneigung zu dem Minister. Der König jedoch wurde überhaupt nicht mehr ernst genommen. Und es dauerte nicht lange und der Minister übernahm vollständig die Rolle des Königs.

Dieses Beispiel macht eines deutlich: »Everybody's Darling is everybody's Depp«. Niemand kann es jedem Recht machen – vor allem nicht, wenn er sich dazu verbiegen muss. Jeder Mensch hat Ecken und Kanten. Und gerade diese machen uns aus und bestimmen unsere Persönlichkeit, wie man an der Figur des Ministers im obigen Beispiel sieht.

» Wer lernt, seine Ecken und Kanten zu akzeptieren, wer über seine Schwächen schmunzeln kann und mit sich selbst zufrieden ist, wirkt in sich stimmig und hat gute Chancen, von anderen als charismatisch wahrgenommen zu werden. «

Jeder hat Vorbilder, die er bewundert. Die einen wären gerne wie Iris Berben, die anderen würden gern so erfolgreich sein wie Porsche-Vorstand Wendelin Wiedeking. Manchmal geht das sogar so weit, dass versucht wird, Vorbilder zu kopieren. Aber Kopien kommen meistens nicht weit! Wer versucht, andere zu imitieren, hat seinen eigenen Weg, seine eigene Persönlichkeit noch nicht gefunden. Und gerade die sind es, die unser Charisma ausmachen. Der eine hat von Natur aus Charisma, der andere entwickelt es langsamer.

» Der größte Erfolg ist es, die Position im Leben gefunden zu haben, die zu einem passt – egal ob Spitzenmanager oder Hausfrau. «

Erfolgreich ist, wer seinen eigenen Platz im Leben gefunden hat – wo auch immer der ist. Denken Sie an Ihren Bekanntenkreis. Häufig gibt es Menschen, die uns beeindrucken, die alles im Griff zu haben scheinen und denen alles leicht von der Hand geht. Sind diese zufrieden mit ihrem Leben? Sicherlich, und zwar auch dann, wenn sie als Hausfrau und Mutter »nur« ein kleines, erfolgreiches Familienunternehmen leiten! Andere wiederum haben eine verantwortungsvolle Position inne, klagen aber ständig und wenn Sie bei ihnen eingeladen sind, ist das Essen mal wieder missraten, der Wein korkt oder die Zigarre ist zu fest gerollt … Strahlen diese Menschen Charisma aus? Bestimmt nicht! Mit wem von beiden würden Sie tauschen wollen? Wen bewundern Sie mehr?

Charisma bedeutet:

- Glaubwürdig zu sein,
- Stimmig zu wirken,
- Eine innere Harmonie auszustrahlen,
- Authentisch zu sein,
- Sich nicht permanent unnötig infrage zu stellen,
- Selbstbestimmt zu handeln,

- Es nicht nötig zu haben, eine Rolle zu spielen,
- Ein echtes und gesundes Selbstbewusstsein zu besitzen,
- Mit Begeisterung und Leidenschaft seinen Beruf auszuüben und Kollegen dabei mitzuziehen,
- Ecken und Kanten zu haben,
- Nicht unbedingt Schönheit.

Wer über Charisma verfügt, hat meist auch eine zweite entscheidende Eigenschaft: Charme. Nicht nur Schwiegermütter schätzen das freundliche Lächeln, auch im Job öffnet es Tür und Tor.

»Wer mit einem Lachen durchs Leben geht, hat mehr davon.«

Ein Lächeln kann viel bewirken – auch ohne Worte. Taubstumme Babys reagieren darauf, ein Flirt wäre ohne Lächeln gar nicht denkbar und auch im Vorstellungsgespräch für einen neuen Job schafft es Sympathien.

Wer viel lacht und lächelt, gibt den anderen zu verstehen: Ich bin mit mir selbst zufrieden! Sind wir zufrieden, lachen wir wiederum öfter und dieser Kreislauf macht vieles einfacher: Ein vermeintlich hartes Schicksal lässt sich leichter ertragen, die Arbeit geht besser von der Hand und macht auch mehr Spaß. Menschen mit Humor gehen optimistischer durchs Leben als andere, haben mehr Mut, sind beliebter und kontaktfreudiger und haben eine höhere soziale Akzeptanz. Häufig meistern sie ihre Karriere spielerischer. Ein Griesgram dagegen tut sich schwer und ist selbst bei guter Qualifikation oftmals nicht so erfolgreich wie fröhliche Menschen.

Schön zu beobachten war dies auch bei der diesjährigen Verleihung der »Goldenen Kamera«. Dustin Hoffman eroberte im Nu das gesamte Publikum und bekam Standing Ovations. Er erhielt den Preis für seinen Werbespot für Audi, der den Kultfilm *Die Reifeprüfung* wieder aufgriff. Zuletzt hatte er als ganz junger Schauspieler einen Werbefilm gedreht, galt aber seitdem als vehemente »Anti-Werbe-Ikone«. Auf die Frage des Laudatoren, warum er sich entschieden hätte, diesen Werbespot jetzt doch zu drehen, antwortete er in seiner unnachahmlichen Art »Ich war damals jung und brauchte das Geld und heute habe ich mich an das Geld gewöhnt.« Alle Lacher waren auf seiner Seite. Eben ein Profi mit Charisma.

Lachen ist außerdem gesund. Es setzt Glückshormone frei und unterbindet die Produktion der Stresshormone Adrenalin und Cortisol. Die Folge: Wir reagieren ruhiger und können konzentrierter arbeiten. Selbst Unternehmen haben Humor inzwischen als wichtigen Faktor für Kreativität, Leistungsbereitschaft und ein gutes Betriebsklima erkannt. Ein Fotokonzern richtete so genannte »Humorräume« ein, in denen die Mitarbeiter ihre Pausen mit Comics, Witze erzählen und Spaß verbringen können. Eine schöne Idee. Und nicht zuletzt James Bond hat es bewiesen: Ein charmantes Lächeln ist eine universale Sprache, die auf der ganzen Welt verstanden wird.

Die Beziehung ist entscheidend

»Gegensätze ziehen sich an«, sagt der Volksmund. Den Ergebnissen einer aktuellen US-Studie zufolge, ist die Aussage »gleich und gleich gesellt sich gern« aber wohl die treffendere. Wissenschaftler aus Santa Barbara in Kalifornien haben herausgefunden, dass sich Menschen eher Lebenspartner suchen, die ihnen selbst ähnlich sind. Diese Erkenntnis lässt sich auch auf unser Geschäftsleben übertragen. Über Menschen, mit denen wir auf einer Wellenlänge liegen, denken wir schneller positiv, und schenken ihnen eher Vertrauen. Und das wird immer wichtiger. In Zeiten von »Me-too-Produkten« und fast identischen Dienstleistungen gewinnt die Beziehung zum Kunden oder zum Geschäftspartner zunehmend an Bedeutung. So werden, einer Untersuchung von Rolf Berth zufolge, im Konsum nur 21 Prozent der Kaufentscheidungen aufgrund von rationalen Überlegungen getroffen. 78 Prozent der Kunden entscheiden sich für ein Produkt, weil der Verkäufer sie begeistert hat.

Personality sells – wie Sie bei Ihrem Gegenüber punkten

Nun sind aber natürlich nicht alle Menschen gleich, und wir haben täglich mit äußerst unterschiedlichen Persönlichkeiten in unserem Kunden- und Kollegenkreis zu tun.

Stellen Sie sich einen Montagmorgen vor, wie er sich in fast jedem Büro abspielt. Der erste Kollege poltert mit seinem Anliegen sofort los, wenn er in das Büro kommt: »Viel zu tun diese Woche. Ich brauche von Ihnen die Präsentation in 30 Minuten!« Der andere klopft jedem auf die Schulter und fragt erst einmal, wie das Wochenende war und erzählt selbst ausführlich von seinen Erfolgen beim sonntäglichen Fußballspiel. Der Dritte grüßt alle lächelnd, um sich dann sofort mit dem Kollegen zu besprechen, mit dem er auch jede Mittagspause verbringt. Der Vierte wiederum hat sich an seinen Schreibtisch zurückgezogen und beobachtet alles, ohne sich groß am Gespräch zu beteiligen. Und überhaupt, wichtige Planungen dulden keinen Aufschub!

Jeder Mensch reagiert anders auf seine Mitmenschen. Verschiedene Untersuchungen und Studien haben gezeigt, dass sich im Wesentlichen dabei vier Typen unterscheiden lassen: Pragmatiker, Extrovertierter, Harmoniker und Analytiker nennt sie der erfolgreiche Trainer für Verhandlungstechniken, Roger Dawson

Der Pragmatiker: Lange überlegen ist nicht sein Ding. Der Pragmatiker weiß, was er will und das teilt er anderen auch mit. Er ist direkt, kritisch – auch mit sich selbst – und hat am liebsten alles unter Kontrolle. Seine Vorzüge: Entscheidungen trifft er schnell, aber durchdacht und lässt sich dabei von Gefühlsduseleien nicht beeinflussen. Ein wenig überlegen und mit Autorität tritt er Menschen gegenüber, auch wenn er diese noch nicht so gut kennt. Wenn er einen Raum betritt, hat er eine natürliche Präsenz und alle Augen sind auf ihn gerichtet. Häufig übernimmt er ganz selbstverständlich in der Gesprächsführung das Zepter.

Der Extrovertierte: Heute hier, morgen da, könnte sein Motto lauten. Er hat so viel Energie, dass es ihn nicht lange an einem Ort hält. Der Extrovertierte ist neugierig, kontaktfreudig und begeistert sich und andere schnell für neue Ideen. Allein ist er äußerst ungern und arbeitet deshalb am liebsten und am besten im Team. Wenn er einen Raum mit lauter fremden Menschen betritt, ist er in kürzester Zeit mit der Hälfte von ihnen bekannt, kennt ihre letzten Urlaubserlebnisse und hat selbst die lustige Geschichte seiner verstorbenen Tante Emma zum Besten gegeben.

Der Harmoniker: Er ist ein absoluter Bauchmensch. Entscheidungen fällt er erst dann, wenn er dabei ein gutes Gefühl hat. Das gilt vor allem für weitreichende Entscheidungen, denn Veränderungen mag er gar nicht. Dafür ist er stetig und zuverlässig. Wenn er neue Menschen kennen lernt, ist er zunächst eher zurückhaltend. Ob derjenige sein Vertrauen verdient hat, muss der Harmoniker erst einmal herausfinden. Deshalb urteilt er auch nicht vorschnell über andere und lässt sich dabei vor allem von seinen Gefühlen leiten.

Der Analytiker: Er nimmt es sehr genau und tut nichts unüberlegt. Er lässt sich dabei aber nicht von seinen Gefühlen, sondern von seinen Ansichten und Überlegungen leiten. Es ihm recht zu machen, kann manchmal sehr schwer sein. Der Analytiker stellt an sich und andere hohe Ansprüche. Kritik dagegen kann er nur schwer einstecken und fasst sie als persönliche Herabsetzung auf. Der Analytiker ist nicht besonders scharf darauf, ständig neue Leute kennen zu lernen. Kommt er in einen Raum, wird er das Geschehen zunächst beobachten und die anderen Anwesenden abscannen und einschätzen. Wer für ihn interessant ist, mit dem versucht er Kontakt zu knüpfen.

Bei so unterschiedlichen Typen, ist es kein Wunder, dass es schnell zu Missverständnissen kommen kann. So fühlt sich ein Harmoniker von einem Pragmatiker wahrscheinlich schnell wie von einer Dampfwalze überrollt. Während er eher introvertiert und zurückhaltend ist, nutzt der andere die Stille als Gelegenheit sich zu profilieren. Während der Harmoniker völlig überrumpelt und mit der Situation überfordert ist, unterbreitet ihm der Pragmatiker schon einmal alle seine Forderungen, Wünsche und Vorstellungen. Der andere reagiert darauf gar nicht? Prima! Dann hat er ja verstanden. Auf zum nächsten Punkt der Tagesordnung! – So geht das natürlich nicht, wenn beide zu einem zufrieden stellenden Ergebnis kommen wollen.

» Der Trick erfolgreicher Menschen ist ihre emotionale Intelligenz. Sie stellen sich einfach ein wenig auf ihre Gegenüber ein, um ihr Ziel besser zu erreichen. Dazu muss man sich eines verdeutlichen: Wie bin ich selbst und wie ist mein Gegenüber? «

Mit ein bisschen Aufmerksamkeit, Beobachtungsgabe und Feingefühl lassen sich andere schnell grob einem der vier Typen zuordnen. Und dann gilt es, eine individuelle Kommunikationsebene zu finden. Das heißt NICHT, sich komplett zu verstellen. Bleiben Sie sich unbedingt selbst treu! Es genügt, dem anderen ein wenig entgegenzukommen. Folgende Tipps könnten die einzelnen Typen befolgen, um dies besser zu erreichen:

- *Der Pragmatiker* … könnte sich ein wenig zurückhalten, wenn er auf einen Harmoniker oder Analytiker stößt und etwas mehr auf die Beziehungsebene achten.
- *Der Extrovertierte* … könnte etwas Distanz bewahren, wenn er mit anderen Typen zu tun hat. Trifft er auf einen Pragmatiker oder Analytiker, sollte er sich bemühen, seinen Redefluss etwas zu dämpfen und sich auf das Wesentliche zu beschränken.
- *Der Harmoniker* … könnte versuchen, im Gespräch mit einem Pragmatiker oder Analytiker auch sachlichere Argumente als »das habe ich so im Gefühl« zu finden.

- *Der Analytiker* … sollte seine etwas unterkühlte Distanz zu anderen verringern, es nicht mit seiner Gründlichkeit bei der Recherche übertreiben und das Ziel trotzdem im Auge behalten.

Die vier Typen findet man übrigens nicht nur im Berufsleben. Auch im Privatleben kann man schnell ins Fettnäpfchen treten, wenn sich zwei völlig verschiedene Typen das erste Mal begegnen.

Die Macht der Anerkennung – machen Sie andere zum Gewinner und gewinnen Sie selbst

Hierzu ein Beispiel aus meiner persönlichen Erfahrung: Bei einem meiner Restaurantbesuche fühlte ich mich von der Servicekraft etwas muffig und unfreundlich behandelt. Die Speisekarte wurde meinem Begleiter im Vorbeigehen in die Hand gedrückt, meine Frage nach der Tagessuppe lustlos und ohne Blickkontakt beantwortet, unsere Bestellung stumm niedergeschrieben und so weiter. Mein Begleiter war genervt und wollte sich schon beschweren, da kam mir eine andere Idee, und wir beschlossen, ein Experiment zu starten. Ich behandelte die Bedienung ausgesprochen freundlich und setzte noch einmal mit einem dicken Lob eins oben drauf: »Sie haben ja eine ausgesprochen schöne Tischdekoration. Da investieren Sie sicherlich einige Zeit.« Es geschah etwas Unglaubliches: Die junge Frau sah uns das erste Mal an und lächelte! Die Tischdekoration lag dem Restaurant offensichtlich am Herzen, nur hatte wohl bis jetzt niemand ein Wort darüber verloren. Ab diesem Moment war sie wie ausgewechselt, behandelte uns mit ausgesuchter Freundlichkeit, lud uns sogar noch zu einem Espresso ein und der Abend war gerettet – sicher auch für die Bedienung.

Jeder freut sich über Lob und Anerkennung – vor allem wenn es ihm selber gilt. Andere zu loben, fällt vielen Menschen aber ungeheuer schwer. Das stellen wir in unseren Seminaren immer wieder fest. Selbst Managern und Führungskräften ist es häufig äußerst unangenehm, anderen eine aufrichtige Anerkennung auszusprechen. Mit Kritik dagegen ist man schnell bei der Hand. Immer wieder frage ich mich, warum ist es so leicht zu kritisieren, aber so schwer, anderen Anerkennung auszusprechen? Fällt es uns wirklich so schwer, die Leistung anderer anzuerkennen? Oder werden gute Arbeit, Engagement, Einsatzbereitschaft und außergewöhnliche Ideen heute als gegeben hingenommen?

Dabei ist Lob unheimlich wichtig. Was Aufmerksamkeit erhält, wird verstärkt. Lenken wir die Konzentration also ständig auf Fehler, verstärken wir diese. Sie kennen das vielleicht aus dem Klavierunterricht. Eine einzige Stelle will und will nicht klappen, und je mehr man übt und sich auf diese wenigen Noten konzentriert, umso schlimmer wird es. Und in totaler Verzweiflung möchte man das Klavierspiel – oder zumindest dieses Stück – ganz aufgeben. Genauso ist es mit Kritik, die wir erhalten.

Im Gegenzug lenkt Lob die Aufmerksamkeit auf gelungene Kleinigkeiten und Erfolgserlebnisse. Denken Sie daran, was Sie selbst motiviert. Ist es der Chef im Rücken, der ständig Druck ausübt und jedem noch so kleinen Fehler eine riesige Aufmerksamkeit schenkt? Oder ist es ein Chef, der Ihre Stärken erkennt, schätzt und Ihnen das auch zu verstehen gibt? Übrigens: Auch Chefs freuen sich über ein Lob!

» Anerkennung und motivierende Worte verstärken Leistung und Erfolg. «

Loben will gelernt sein. Deshalb sollten Sie folgende Dinge beachten:

- Loben Sie die betreffende Person immer direkt und nicht über Dritte.
- Heben Sie eine Stärke oder Eigenschaft heraus. Alles andere wirkt übertrieben und unglaubwürdig. Ein überschwängliches Lob »Also, Frau Müller, Sie machen Ihren Job nicht nur sorgfältig, recherchieren hervorragend und zeichnen sich durch einen cleveren Schreibstil aus, sondern auch durch Ihren Charme, Ihre Schönheit und Grazie. Sie sind eine wundervolle Mitarbeiterin …« würde wahrscheinlich eher Ihr Misstrauen wecken.

- Begründen Sie Ihr Lob. Sagt uns jemand »Sie sind eine wundervolle Mitarbeiterin«, fragen wir uns doch sofort skeptisch »Warum?«
- Konzentrieren Sie sich auf Details und loben Sie, was genau Ihnen gefallen hat. »Dass Sie trotz der Kürze der Zeit, den Termin gehalten haben, verdient besondere Anerkennung.«
- Stellen Sie Ihr Lob in einen Zusammenhang. »Weil Sie in diesem Projekt so hohe Einsatzbereitschaft gezeigt haben, hat der Kunde seine Zusammenarbeit mit uns um weitere zwei Jahre verlängert.«

Wer lobt, sollte Platituden vermeiden. Bemerkungen über die schöne Krawatte, die »tolle« Frisur und die gute Arbeit kommen genauso gut an wie der Zehnerpack Tennissocken als Weihnachtsgeschenk.

Ein Beispiel: Ein Kunde hat an der Wand einen riesigen Fisch hängen. Kommt der Verkäufer zum Termin und sagt: »Mensch, Herr Müller, da haben Sie ja ein echtes Prachtexemplar gefangen. Gratuliere. Ich wusste gar nicht, dass Sie angeln.« Müller: »Tu ich auch nicht. Den habe ich nur aufgehängt, damit Verkäufer wie Sie einen guten Gesprächseinstieg haben.«

Zeigen Sie etwas Kreativität, wenn Sie anderen etwas Nettes sagen wollen. Das Bild der Kinder auf dem Schreibtisch oder den Fisch an der Wand wird jeder einfallslose Besucher entdecken und eine Bemerkung darüber verlieren. Da reagiert wahrscheinlich keiner hoch erfreut – höchstens gelangweilt. Entwickeln Sie einen Blick für Details. Die meisten Menschen mögen es, wenn andere Details an ihnen bemerken, die ihnen am Herzen liegen.

Ein Lob hat eine zweite hervorragende Wirkung: Es kommt oft wie ein Bumerang zurück. Schon in der Bibel heißt es: »Alles nun, was ihr wollt, dass die Leute euch tun sollen, das tut auch ihr ihnen ebenso …« (Mt 7:12) Wer seinen Mitmenschen Anerkennung und Respekt zollt, wird dies auch zurückerhalten. Eines gilt es aber zu beachten: Tun Sie nicht zu viel des Guten. Wohldosiert bewirkt ein Lob aber wahre Wunder.

Pro-Aktivität – ergreifen Sie die Initiative

Ein Anhalter steht an der Auffahrt der A9 Berlin–München. Er steht in Richtung München und hält ein Schild »Berlin« hoch. Schon kurze Zeit später hält ein Autofahrer an. »Wenn Sie nach Berlin möchten, ist das aber die falsche Richtung«, weist er den jungen Mann auf seinen Irrtum hin. Der möchte aber trotzdem gern mitgenommen werden. Ein wenig verwundert erkundigt sich der Autofahrer, ob er denn nicht nach Berlin wolle. »Nein, ich will nach München«, antwortet der Anhalter, »aber wenn ich das falsche Schild hochhalte, stoppt immer jemand, um mich auf meinen Irrtum hinzuweisen und dann nimmt er mich auch ein Stück mit. Wie Sie.« Eine gewagte Idee – aber wirkungsvoll!

Der Anhalter hat seinem Glück, nach München mitgenommen zu werden, ein kleines bisschen nachgeholfen. Statt zu warten, bis jemand ihn von sich aus mitnahm – was unter Umständen sicher Stunden hätte dauern können –, hat er einen kleinen, kreativen Trick angewandt, ist also auf seine Weise aktiv geworden.

» Ergreifen Sie die Initiative und nutzen Sie Chancen, die sich Ihnen bieten.«

Ich selbst beobachte immer wieder, wie wichtig es ist, pro-aktiv auf andere zuzugehen. Auch wenn es im ersten Moment schwierig erscheint, es kann dem beruflichen und privaten Erfolg den entscheidenden Kick geben.

Denken Sie nur an die typische Situation bei einer Einladung: 200 Gäste, davon 198 Unbekannte und zwei Bekannte. Mit wem verbringen die meisten Menschen den ganzen Abend? Genau! Mit den Menschen, die sie sowieso schon kennen. Hinterher lautet dann das verheerende Urteil über den Abend: »War ja eine langweilige Veranstaltung.«

Also nutzen Sie die Chance! Gehen Sie auf andere zu und knüpfen Sie Gespräche – Sie haben nichts zu verlieren. Ganz im Gegenteil! Sie gewinnen neue Bekannte, vielleicht sogar gute Freunde oder Menschen, die eine berufliche Bereicherung sind.

Genauso entscheidend wie erste Schritte und der perfekte Auftritt ist es, sich wieder in Erinnerung zu bringen. Was nützt es, einen wichtigen Kontakt geknüpft zu haben, wenn er danach einschläft? Chancen nutzen heißt auch, Verbindungen aufrecht zu halten.

»Der erste Schritt ist nicht alles. Bringen Sie sich mit Überraschungen wieder in Erinnerung!«

Wenn Sie jemanden nach einem ersten guten Gespräch kontaktieren wollen, überlegen Sie sich etwas Pfiffiges. Kleine Gesten haben häufig eine große Wirkung und schließlich ist Überraschung der beste Weg, einen »geistigen Widerhaken« zu setzen. Eine Mail nach dem Motto »Vielen Dank für das konstruktive Gespräch am vergangenen Freitag. Ich hoffe, es klappt bald mit der Zusammenarbeit«, bleibt bei niemandem im Gedächtnis haften.

Diese Punkte helfen Ihnen, sich überraschend in Erinnerung zu bringen:

- Beobachten Sie die Menschen aufmerksam und notieren Sie, was diese besonders gerne mögen.
- Nutzen Sie diese Informationen, um sich in Erinnerung zu bringen. Erzählt jemand, dass er gerade anfängt Golf zu spielen, können Sie ihm zum Beispiel die illustrierten Kurzregeln und ein paar Golfbälle mit einem sportlichen Begleitbrief schicken.
- Überraschungen sollten auf die betreffende Person abgestimmt sein.

Muss es immer ein Brief, eine E-Mail oder ein Anruf sein, um mit anderen in Kontakt zu treten? Die moderne Technik bietet so viele Möglichkeiten. So erreichten mich die Weihnachtswünsche eines Geschäftspartners auf einem MP3-Player. Statt der üblichen Weihnachtskarte fand sich im Päckchen der Hinweis »Bitte abspielen«. Ich war natürlich neugierig und was kam? Ein (zugegeben vielstimmiges) Weihnachtslied, das die Mitarbeiter des Büros – ganz für mich persönlich – ins Mikrofon – geträllert hatten und herzliche Weihnachtsgrüße. Eine wirklich originelle und humorvolle Idee!

» Suchen Sie nach neuen Wegen. Das macht Sie einzigartig und lässt Sie aus der Masse der anderen herausstechen.«

Sabine Hübners Spezialtipp

Wenn ich Ihnen nur einen einzigen Tipp geben könnte, dann wäre das folgender: Bleiben Sie sich selbst treu! Sie müssen sich nicht komplett umkrempeln, müssen keine Vorbilder 1:1 kopieren, um Persönlichkeit und Charisma zu entwickeln. Begeisterung und Leidenschaft für die Dinge, die Sie in die Hand nehmen, unterstreichen Ihre Glaubwürdigkeit. Was soll da noch passieren?

Mehr von Sabine Hübner:

- Surpriservice – visionäre Ideen der Marktführer von heute. Offenbach 2002
- Von den Besten profitieren. Erfolgswissen von 12 bekannten Managementexperten. Bd. 1. Offenbach 2001
- Von den Besten profitieren. Erfolgswissen von 12 bekannten Managementexperten. Bd. 3. Offenbach 2003
- 30 Minuten für Surpriservice. Offenbach 2005

Peter Kruse

Nach Studien der Psychologie, Biologie und Humanmedizin wurde Peter Kruse Honorarprofessor für Alllgemeine und Organisationspsychologie an der Universität Bremen. Seit über 15 Jahren arbeitet er an mehreren deutschen Universitäten an der Erforschung der Komplexitätsverarbeitung in intelligenten Netzwerken. Ebenso ist er bei verschiedenen renommierten Managementinstituten und internationalen Unternehmen als Trainer, Coach und Berater tätig. Unter seinen Kunden finden sich Firmen aus den Top 100 der deutschen Wirtschaft. Er ist geschäftsführender Gesellschafter der nextpractice GmbH.

Weitere Informationen unter: www.nextpractice.de

Peter Kruse

Navigation in der Unsicherheit

Erfolgreich in intelligenten Netzwerken

Unsere Welt wird immer vernetzter, unser Berufsalltag und unser Privatleben werden immer komplexer und dynamischer. Wir müssen uns den vielen Einflüssen und den schnellen Veränderungen, mit denen wir konfrontiert sind, anpassen, aber es wird immer schwieriger, Entwicklungen richtig einzuschätzen und darauf entsprechend zu reagieren. Nichts ist mehr stabil. Bestehendes zu optimieren, reicht nicht mehr – best practice kann nicht mehr genügen. Next practice ist gefordert. Um mit zukünftigen Instabilitäten klarzukommen, müssen wir erst erlernen, diese erfolgreich zu managen. Umdenken ist gefordert, hinzulernen, unsere Fähigkeiten und Ressourcen anders nutzen und – dementsprechend anders handeln. Es wird immer wichtiger, intelligente Netzwerke zu bilden, um dem Wettbewerbsdruck standhalten zu können. Nur so können wir unsere Zukunft meistern.

Wachsende Herausforderungen bestimmen den Alltag

Wenn wir die sich seit einigen Jahren abzeichnenden gesellschaftlichen Trends und Tendenzen aus der Distanz betrachten, fällt ein Trend sofort ins Auge: die Erhöhung der globalen Vernetzungsdichte.

Die technischen Möglichkeiten zum Austausch von Informationen haben sich revolutionär verändert: Die zeitlich wie räumlich unbegrenzte Kommunikation über Handy und PC ist für uns selbstverständlich geworden; das Internet demokratisiert den Zugang zu Daten, Fakten, Wissen und Handlungsanleitungen; die Aktivitäten Einzelner können sich in kurzer Zeit zu mächtigen Bewegungen aufschaukeln. So hat die erst 2001 von Jimmy Wales gegründete, frei editierbare Online-Enzyklopädie *Wikipedia* (www.wikipedia.org) bereits in wenigen Jahren den Umfang der Encyclopedia Britannica überholt. Das in Wikipedia organisierte Wissen verdoppelt sich alle zehn Monate, und das Stichwortverzeichnis umfasst heute schon über 460 000 Artikel. Mit so genannten Weblogs, das heißt mit Internetseiten, auf denen Ereignisse oder Informationen persönlich kommentiert werden, erreichen Privatpersonen eine Wirkung, die früher nur Journalisten in Massenmedien möglich war. Einfache Kinderlieder werden auch ohne eine mächtige Marketingmaschinerie zu Chartstürmern und alberne kleine Videoclips machen ganz normale Jugendliche fast über Nacht zu Kultfiguren der Internet-Gemeinde. Aber nicht nur durch die Informationstechnologie explodiert die Vernetzungsdichte; die weltweite Zunahme der Ströme von Kapital, Waren und Menschen trägt ebenso dazu bei. Trotz stetiger Kritik an der Globalisierung wird sich an dieser Entwicklung wohl auch in den nächsten Jahren nichts ändern. Der Vergleich dieser globalen Netzwerke mit unserem Gehirn liegt nahe. Auch unser Gehirn ist ein System mit extrem hoher Verbindungsdichte, in dem sich einzelne Aktivitäten kaum kalkulierbar und mit großer Reichweite ausbreiten können. Wird eine Nervenzelle dazu angeregt, einen Impuls zu senden, so hat dieser Impuls keine klar abgrenzbare Zielrichtung. Er löst vielmehr aufgrund der Architektur und Eigenschaft des Gehirns eine schnell unüberschaubar werdende Kettenreaktion aus. Auch in anderen Netzwerken bleibt keine Wirkung je lokal begrenzt, genauso wie ein von einer Zelle verursachter Impuls jederzeit auf vielen Wegen nichtlinear auf diese Zelle zurückwirken kann. Wird etwas vernetzt, so löst dies komplexe Vorgänge und dynamische

Prozesse aus, in unserem Gehirn wie in unserem Alltag. Wenn wir, wie bisher, alle Hebel in Bewegung setzen, um die Vernetzungsdichte zwischen Institutionen, Unternehmen, Menschen und Kulturen weltweit zu erhöhen, lässt sich zumindest eine Entwicklung in Wirtschaft und Gesellschaft sicher vorhersagen: Unsere Welt wird ungebremst komplexer und wird sich immer schneller verändern. Diesen Preis werden wir für die Vernetzung bezahlen, und die Entwicklung ist ungebremst. So wird der Wettbewerbs- und Innovationsdruck für jeden Einzelnen und für Institutionen weiter wachsen – über alle Märkte, Branchen und Bereiche hinweg. Die Frage, die sich uns stellt, ist: Wie gehen wir damit um?

Betrachten wir unser Gehirn, so können wir gelassen reagieren. Schließlich liefert unser Gehirn die denkbar beste Voraussetzung dafür, eine komplexe und dynamische Welt angemessen zu bewältigen. Unser Gehirn ist anpassungsfähig und hat seine Kapazität noch lange nicht erreicht. Legt man die Messlatte an, die der britische Kybernetiker W. Ross Ashby schon in den fünfziger Jahren formuliert hat, wird man in der Tat positiver gestimmt. Ashby's Law besagt, dass der erfolgreiche Umgang mit komplexer Dynamik ein Lösungssystem erfordert, das mindestens so variabel ist wie die Problemstellung.

» Die nahezu unbegrenzte Ordnungsbildungsfähigkeit des menschlichen Gehirns ist hervorragend in der Lage, die sich aus der weltweiten Vernetzung ergebenden Anforderungen zu meistern. Das Gehirn des Menschen ist immer noch die beste Antwort der Natur auf komplexe und dynamische Rahmenbedingungen. «

Unsere Realität sieht jedoch gänzlich anders aus. Die Stimmungslage in Deutschland ist keineswegs positiv, und die Erfahrungen, die Einzelne, Unternehmen und Institutionen bei der Umsetzung der anstehenden Veränderungsprozesse machen, sprechen eine deutlich pessimistischere Sprache. So haben zum Beispiel verschiedene Forschungseinrichtungen bei entsprechenden Studien zur Situation in

Deutschland, unabhängig voneinander, wachsende Verunsicherung und Zukunftsängste in der Bevölkerung festgestellt. In einer vom Change-Management-Institut der Fachhochschule Esslingen durchgeführten Befragung von 178 Unternehmen zeigte sich, dass 58 Prozent aller Projekte, die auf Veränderungen abzielen, keinen offiziellen Abschluss finden und eingeleitete Maßnahmen einfach im Sande verlaufen. Warum ist das so? Wir können diese Diskrepanz am besten verstehen, wenn wir Veränderungen auf drei verschiedene Weisen betrachten: als persönlichen Lernprozess, als gemeinsame Gestaltungsaufgabe und als Ergebnis intelligenter Organisation.

Veränderung als persönlicher Lernprozess

Da der Mensch ein »Gewohnheitstier« ist, versucht er meist, einen Vorgang noch einmal etwas heftiger zu wiederholen, falls es beim ersten Mal nicht geklappt hat. Alltagsbeispiele hierfür sind schnell gefunden. Ist eine Tür, die sonst immer offen war, eines Tages unvermittelt verschlossen, so kann man typischerweise Folgendes beobachten: Versucht man vergeblich, die Tür zu öffnen, so hält man erst einmal irritiert inne. Wenn sich die Tür dann trotz gedrückter Klinke nicht bewegen lässt, beginnt man meistens energisch an der Klinke zu rütteln. Diese Reaktion ist nicht logisch, weil eigentlich klar sein müsste, dass die Tür verschlossen ist und nach einem neuen Eingang gesucht werden muss. Die Reaktion ist aber *psycho*-logisch. In seinem Bestseller *Die Mäuse-Strategie für Manager* illustriert Spencer Johnson diese menschliche Eigenart humorvoll und mit hohem Erkenntniswert.

» Wo immer Menschen unter Veränderungsdruck geraten, versuchen sie zuerst einmal, ihre bislang als erfolgreich erwiesenen Verhaltensweisen beizubehalten. Sie steigern zwar die Kraftanstrengungen in dem bereits gelernten Muster, lassen sich aber nicht wirklich auf das Neue ein.«

Für das Verständnis menschlicher Lernprozesse ist es daher wichtig, zwischen zwei grundverschiedenen Formen des Lernens und der Veränderung zu unterscheiden:

- Funktionsoptimierung und
- Prozessmusterwechsel

Die Funktionsoptimierung entspricht dem Konzept von »best practice«: Werden die Anforderungen mäßig oder kontinuierlich erhöht, so ist es möglich, die notwendige Leistungssteigerung zu erzielen, indem wir unsere bestehenden Verhaltensmuster verbessern. Veränderungsprozesse, die nach diesem Schema ablaufen, erzeugen die typische Lernkurve. Am Anfang kommt es zu großen Verbesserungen, dann entsteht jedoch eine Sättigung, und ab da müssen vergleichsweise große Anstrengungen unternommen werden, um auch nur kleine Zugewinne in der Leistung zu erreichen – der »Deckeneffekt« tritt auf: Das alte Muster stößt gleichsam an die Grenzen der in ihm steckenden Möglichkeiten. Versucht man trotz des Deckeneffektes weiterhin, das alte Verhaltensmuster beizubehalten, öffnet sich die Schere zwischen Anforderungen und erzielbaren Ergebnissen immer stärker, und die eigenen Kraftreserven drohen zu erschöpfen.

In Zukunft werden wir mit völlig neuen Anforderungen konfrontiert werden, die noch größere Leistungssprünge notwendig machen, um erfolgreich zu sein. Gefordert ist dann eine radikale Neuorientierung: Innovation.

» Auf Dauer reicht es nicht mehr aus, das Bestehende zu optimieren, es wird notwendig werden, die alten Verhaltensweisen aktiv infrage zu stellen. Die dann wichtig werdende zweite Grundform der Veränderung ist der Prozessmusterwechsel, der Übergang von »best practice« zu »next practice«. «

Ein Bereich, in dem der Unterschied zwischen Funktionsoptimierung und Prozessmusterwechsel besonders anschaulich gezeigt werden kann, ist der Leistungssport. Sport ist Wettbewerb in Reinkultur.

Im Leistungssport fragt keiner danach, ob »höher, weiter, schneller« überhaupt ein sinnvolles Ziel ist. Es gewinnt derjenige die Goldmedaille, der den anderen die berühmte Nasenlänge voraus ist. Entsprechend versuchen Sportler unaufhörlich, die Leistungsgrenzen in den Disziplinen durch das Erfinden neuer Bewegungsmuster weiter hinauszuschieben. Die Beispiele dafür sind vielfältig. Ein besonders eindrückliches Beispiel ist der Übergang vom »Straddle« zum »Fosbury-Flop« beim Hochsprung.

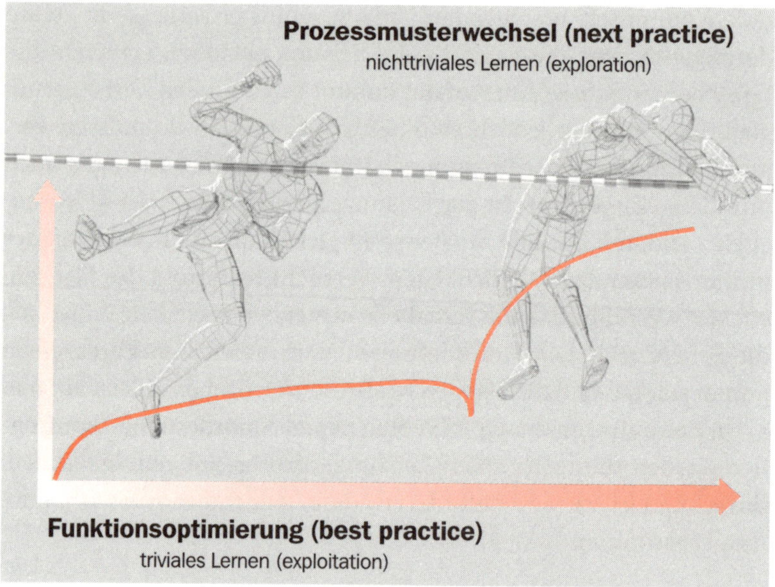

Nach dem Scherensprung war der Straddle über viele Jahre hinweg das dominierende Bewegungsmuster. Man sprang über die Latte, indem man sich vorwärts-seitlich darüber wälzte. Schließlich war der Grad der Beherrschung dieser Technik so hoch, dass bei Wettkämpfen nur mehr Millimeter über die Medaillenränge entschieden. Dann geschah 1968 das Unerwartete. Während der Olympischen Spiele in Mexiko verblüffte der junge US-Amerikaner Richard Douglas Fosbury aus Portland/Oregon die Welt mit einer völlig neuen Art, die Latte zu überspringen. Fosbury lief außerordentlich schnell an, nützte seinen linken Fuß als Stütze, drehte sich dann an der Latte überraschenderweise um und sprang rücklings. Der Stil war so originell, dass man ihn sofort »Fosbury-Flop« taufte. Zunächst traute niemand dem Hochspringer zu, sich überhaupt zu qualifizieren. Man hielt ihn für einen Spaßvogel und die Regelexperten nahmen ihn nicht ernst genug, um ihm diese ungewöhnliche Sprungtechnik eventuell zu verbieten. Als Fosbury die Latte auf die Weltrekordhöhe von 2,29 Meter legen ließ, war das Erstaunen jedoch groß. Fosbury übersprang sie und wurde Olympiasieger

An Beispielen wie diesem lassen sich einige grundsätzliche Besonderheiten solcher Prozessmusterwechsel aufzeigen:

- *Lernprozesse dieser Art sind oft an bestimmte Voraussetzungen gebunden.* Beim Fosbury-Flop war es die Benutzung von großen Kissen als Landefläche für den Springer. Ein Fosbury-Flop in eine Sandkuhle ist zweifellos nicht empfehlenswert.
- *Neue Muster werden in der Regel keineswegs begeistert angenommen, sondern eher misstrauisch beobachtet oder belächelt.* Wer ein neues Muster einführt, geht immer ein hohes Risiko ein. Alle warten nur darauf, dass das Neue nicht erfolgreich ist. Und selbst, wenn das neue Muster nachweislich auch höhere Leistungsdimensionen eröffnet, ja selbst, wenn damit Wettkampfsiege errungen werden, fällt es nicht leicht, dies zu akzeptieren. *Prozessmusterwechsel sind immer risikoreich und sie bewirken häufig Abwehrreaktionen, da sie bestehende Verhaltensweisen infrage stellen.* Wir hindern uns selbst oft am Gelingen grundlegender Veränderungen, weil wir einen einmal als positiv erlebten Zustand so lange wie möglich beibehalten wollen. Verhaltensweisen, die uns zum gewünschten Ziel geführt haben, werden sozusagen gespeichert. Erfolg ist gewissermaßen der erste Schritt zum Misserfolg. Wie bei allen dynamischen Systemen ist auch im Gehirn das Entstehen neuer Muster an eine Störung des Bestehenden gebunden. Die Situation ist der Bewegung einer Kugel in einer Landschaft vergleichbar. Ist die

Kugel in einem Tal, das heißt in der Stabilität, werden kleinere Ablenkungen ausgeglichen und die Kugel kehrt immer wieder in die Ausgangslage zurück. Um in ein anderes Tal zu wechseln, bedarf es einer starken Störung, die die Kugel aus dem Tal in eine instabile Lage bringt. Erst durch die Instabilität entsteht die Möglichkeit zur Neuordnung.

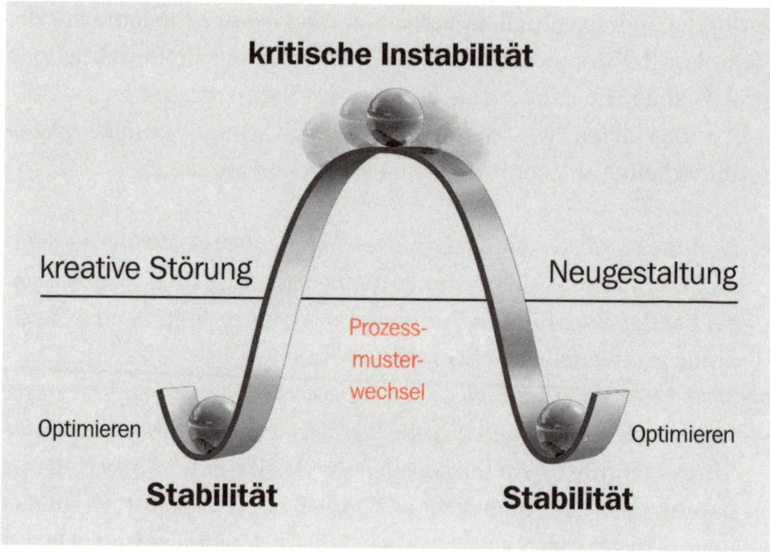

In der Oscar-prämierten Verfilmung der *Blechtrommel* von Günter Grass hat der Regisseur Volker Schlöndorff das Prinzip der Veränderung durch Störung auf kongeniale Weise inszeniert. Er hat damit eine faszinierende Metapher für grundlegende Veränderungsprozesse geschaffen. In einer kurzen Sequenz, die im Roman so nicht vorkommt, zeigt Schlöndorff ein tiefes Verständnis für die Dynamik von Prozessmusterwechseln:

Auf einer Nazi-Kundgebung wird ein Parteifunktionär mit Marschmusik begrüßt. Alle Teilnehmer der Kundgebung sind straff ausgerichtet und das Geschehen läuft mit der Präzision eines Uhrwerkes ab. Es herrscht eine maximal stabile Ordnung. Unter der

Tribüne in der Nähe der Rhythmusgruppe sitzt der kleine Oskar Matzerath mit seiner Blechtrommel. Er beginnt, gegen den Marschrhythmus zu trommeln und bringt nach und nach immer mehr Musiker aus dem Takt. Es beginnt ein Durcheinander, das sich zunehmend aufschaukelt, schließlich geht der Zusammenhang des ganzen Orchesters verloren. Der Veranstalter vermutet Sabotage und versucht, die alte Ordnung wiederherzustellen. Er ist verunsichert, und plötzlich – ohne Absprache – setzt sich zuerst nur bei wenigen Musikern, dann bei der ganzen Rhythmusgruppe ein neues Muster durch. Das Orchester schwingt mit um und spielt den Walzer *Schöne blaue Donau*. Die Menschen beginnen zu tanzen, und die Nazi-Kundgebung löst sich auf.

Schlöndorff zeigt, wie eine sich selbst verstärkende Störung das System destabilisiert, und wie in der Instabilität aus einem kleinen Impuls plötzlich eine neue Stabilität entsteht. Nicht zu vergessen: Das Orchester vollzieht den Übergang zur neuen Ordnung nicht aufgrund einer machtvollen Vorgabe des Dirigenten. Die Kugel ist durch die Störung aus dem einen Tal herauskatapultiert worden und über eine kurze Instabilitätsphase selbstständig in ein anderes gerollt.

Veränderung als gemeinsame Gestaltungsaufgabe

Die Feststellung, dass die Herausforderungen einer global vernetzten Marktwirtschaft nicht zu bewältigen sind, wenn wir uns auf das bloße Optimieren beschränken, ist inzwischen weitgehend akzeptiert. Innovationen lassen sich allerdings nicht verordnen. Kreativität braucht Eigenverantwortung, Fehlertoleranz und Spielräume. Mitunter drängt sich angesichts der Fusionswelle in der Wirtschaft der Eindruck auf, dass versucht wird, mangelnde Innovationskraft erst einmal durch schlichte Größe zu kompensieren. Größe steigert zwar sicherlich Einfluss und Effizienz, sie fördert aber nicht notwendigerweise auch die Fähigkeit, Veränderungen herbeizuführen. Um innovativ sein zu können, brauchen wir eine Kultur des Wandels in

Unternehmen und Institutionen. Wie wir diese verstehen und gestalten können, erklärt uns die Theorie der dynamischen Systeme mit ihren drei zentralen Konzepten:

- Chaos,
- Selbstorganisation und
- Synergetik.

Systeme lassen sich grundsätzlich anhand von zwei Dimensionen charakterisieren: Systeme sind, bezogen auf ihre *Struktur*, mehr oder weniger *einfach* beziehungsweise *komplex* und, bezogen auf ihre *Zustände*, mehr oder weniger *stabil* beziehungsweise *instabil*. Die erste Dimension beschreibt den Grad der Systemorganisation, die zweite Dimension beschreibt die Art der Systemdynamik. In starker Vereinfachung erzeugen die beiden Dimensionen vier Grundtypen: Die Systemkomplexität ist entweder niedrig oder hoch – wobei *niedrig* ein einfaches System mit geringer Zahl von beteiligten Elementen und geringer Vernetzung beschreibt, *hoch* dagegen ein komplexes System mit vielen beteiligten Elementen und ausgeprägter Vernetzung. Die Systemdynamik ist entweder stabil oder instabil – wobei *Stabilität* bedeutet, dass sich das System vorhersagbar verhält und man aus dem vergangenen Verhalten das zukünftige Verhalten schätzen kann; *Instabilität* hingegen beschreibt, dass das System spontan sprunghafte Änderungen durchläuft und die Zukunft nicht als Verlängerung der Vergangenheit vorhersagbar ist.

Was auch immer als System beschrieben wird – ein Individuum oder eine Familie, ein mittelständisches Unternehmen oder ein internationaler Konzern, ein Staat oder eine Staatengemeinschaft –, auf diesem Abstraktionsniveau kann man jedes System entweder als (1) einfach-stabil oder (2) komplex-stabil, als (3) einfach-instabil oder (4) komplex-instabil kategorisieren. Nützlich wird diese Einteilung jedoch erst, wenn wir sie mit konkreten Handlungsstrategien verbinden.

Nur wenn ein System einfach und stabil (1) ist, wenn es also aus einer überschaubaren Zahl von lediglich gering miteinander vernetzten Elementen besteht und in seinem Verhalten vorhersagbar ist, kann es *gesteuert* werden. Denn Steuerung – das gezielte Erreichen eines vorgegebenen Ergebnisses durch eine Abfolge gerichteter und dosierter Kraftimpulse – ist gebunden an einfache Zusammenhänge von Ursache und Wirkung.

Wird ein stabiles System zusätzlich komplexer (2), so gilt die Handlungsstrategie der *Regelung*. In diesem Fall werden die Prozesse durch eine verschachtelte Hierarchie von Regelvorgängen über eine negative Rückkopplung, also über die Minimierung von Soll-Ist-Abweichungen, geordnet. Das Prinzip der Regelung basiert auf Rückmeldeschleifen. Komplexität baut sich dabei über die Verschachtelung und das Ineinandergreifen verschiedener Rückmeldeschleifen auf.

Viele Prozesse in der Natur und etliche technische Lösungen lassen sich nach diesen Prinzipien darstellen. Eben deshalb ist die Steuerungs- und Regelungstheorie – die Kybernetik – eine der produktivsten wissenschaftlichen Ansätze des 20. Jahrhunderts geworden. Diesem Schema folgt letztlich auch die Idee des »Management by

	Handlungsstrategie		**Handlungsstrategie**	
	Steuerung	Regelung	Versuch und Irrtum	Selbst-organisation
System-zustand	Stabil	Stabil	Instabil	Instabil
Organisation	Einfach	Komplex	Einfach	Komplex
Funktions-weise	Ursache – Wirkung	Soll-Ist-Abgleich	Such-bewegung	Muster-wechsel
	Management von Stabilität		**Management von Instabilität**	

Objectives«. Zielvereinbarungen und durch Kennzahlen gestütztes Controlling sind die direkte Anwendung der Kybernetik auf die Unternehmensführung: Wann immer ein Berater oder ein Manager einen Prozess mit der Definition einer Zielvorstellung, eines Soll-Wertes und mit einer Situationsanalyse, also der Bestimmung des Ist-Wertes, beginnt, unterstellt er die Stabilität des Systems. Soll-Werte sind eine Projektion der gegenwärtigen Bedingungen auf die Zukunft und setzen die Planbarkeit der Entwicklung voraus.

Steuerung und Regelung sind aber nur bei stabilem Systemverhalten sinnvoll. In grundlegenden Veränderungsprozessen dagegen ist die Definition eines Zielzustandes letztlich nicht mehr als eine gemeinsame Wette auf die Zukunft. Wenn sich ein System in einer Phase nicht vorhersagbarer Änderungen befindet oder kreative Sprünge aktiv angestrebt werden, ist der Versuch, zu steuern und zu regeln, unangemessen. Die Kategorie einfach und instabil (3) öffnet Spielräume für eine Handlungsstrategie, die am Anfang allen Lernens steht: *Versuch und Irrtum*. Über einfaches »Herumprobieren« lassen sich überschaubare instabile Situationen durchaus erfolgreich bewältigen – vorausgesetzt, das »Herumprobieren« folgt dem Konzept evolutionärer Entwicklung. Versuch und Irrtum ist nur dann eine effektive Handlungsstrategie, wenn mangelhafte Versuche bewusst registriert und unproduktive Wiederholungen vermieden werden, also eine gerichtete Verbesserung entsteht. Ansonsten erzeugt die Strategie keine sich weiterentwickelnden Ergebnisse und bleibt von zufälliger Qualität. Wer »herumprobiert«, braucht ein gutes Gedächtnis und klare Erfolgskriterien. Man weiß zwar nie, was am Ende als Ergebnis entsteht, aber man sollte wissen, wann etwas Zufriedenstellendes erreicht worden ist und wie das Ergebnis zustande kam. Das Prinzip von *Versuch und Irrtum* genießt allerdings in der rational orientierten westlichen Kultur weniger Anerkennung als das plan- und absichtsvolle Steuern und Regeln. Ob Politiker, Manager, Wissenschaftler oder Entwickler – sie alle empfinden den Hinweis, ein Ergebnis sei durch »Herumprobieren« zustande gekommen, sicherlich eher als Vorwurf denn als Lob. Es fällt schwer, zu akzeptieren, dass professionelles ebenso wie alltägliches Handeln häufig zufallsgesteuert ist und erzielte Ergebnisse nicht selten ungewollt entstehen.

Die größte Herausforderung für das menschliche Handeln stellen Systeme dar, die komplex und instabil (4) sind. Wie in der einfachen und instabilen Situation kann auch hier nicht gesteuert oder geregelt werden, da keine gültigen Pläne für den Umgang mit der Situation bestehen. Mit dem bloßen »Herumprobieren« kommen wir in komplex-instabilen Situationen aber auch nicht weiter. Es erweist sich sogar als völlig ungeeignete Strategie, da angesichts der Systemkomplexität das punktuelle Reagieren ein großes Handlungsrisiko in sich birgt. Diese Situationen erfordern vielmehr *Selbstorganisationskonzepte*. In komplexen und instabilen Situationen bleibt einem nur, Visionen zu entwickeln, der eigenen Intuition zu vertrauen, die Wahrnehmung für aktuelle Gegebenheiten zu sensibilisieren und sich auf jede noch so kleine Veränderung beweglich einzustellen. Der Kurs entsteht Schritt für Schritt, indem man die Zielvorstellungen und die vorgefundenen Bedingungen wechselseitig aufeinander abstimmt. Der Prozess ist das Ergebnis einer spontanen, eigendynamischen Ordnungsbildung aus den Aktivitäten aller gemeinsam handelnden Personen.

Das *Management von Stabilität* ist vergleichbar mit Segeln in bekannten Gewässern. Beim Segeln an der Nordseeküste beispielsweise können Ziele klar vorgegeben und Routen exakt geplant werden, da es gute Seekarten gibt. Obwohl die Nordsee mit ihren Untiefen, dem starken Tidenhub und dem Wechsel zwischen Wattenmeer und Hochsee kein einfaches Revier für Segler ist, kann man im Grunde nur vom Wetter oder den Manövern anderer Schiffe überrascht werden. Ein Kapitän auf der Nordsee kann vorausplanend handeln. Aufgrund dieser Stabilität genügt es, wenn er die Fähigkeit zur genauen Ziel- und Positionsbestimmung besitzt. Darüber hinaus sollte er noch über das richtige Planungswissen verfügen, das heißt, eine aktuelle Seekarte des betreffenden Reviers dabei haben, und seine Aufgabe mit hoher Sachmotivation erfüllen. Beherrscht der Kapitän diese Fähigkeiten, ist er problemlos in der Lage, jeden beliebigen Ort auf unterschiedlichen Wegen sicher über Steuerung und Regelung, also über den Abgleich von Soll und Ist, zu erreichen.

Um die Anforderungen beim *Management von Instabilität* zu verstehen, hilft es, sich die besondere Situation beim Aufbruch zu unbekannten Kontinenten zu vergegenwärtigen. Der Kapitän eines Schiffes, das zum Aufbruch ins Unbekannte seeklar gemacht wird, ist angewiesen auf die Bereitschaft seiner Mannschaft, sich auf Unsicherheit einzulassen. Jeder Versuch, Seeleute für das Unternehmen zu werben, hängt entscheidend von der Beantwortung der Frage ab: »Kapitän, wohin geht die Reise, und wann erreichen wir unser Ziel?« Ist der Kapitän eine ehrliche Haut, so bleibt ihm nichts anderes übrig, als zuzugeben, dass er es selbst nicht so genau weiß. Folgt dann noch das Geständnis, dass die Reise ein gefährliches Unterfangen ist und wahrscheinlich nicht jeder wieder lebend von ihr zurückkehrt, dürfte die Irritation der umworbenen Seeleute groß sein. Der Kapitän hat ja keine verlässliche Karte, besitzt nur eine vage Vorstellung von der Route und hat selbst großen Respekt vor dem Risiko. Welcher Seemann wird sich unter diesen Bedingungen freiwillig entscheiden, mit auf die Reise zu gehen? In einer Situation mit hohem Risiko und großer Unsicherheit wirkt die Aussage »Lieber ein bekanntes Elend als eine unbekannte Freude« besonders attraktiv und überzeugend. Die Menschen verlangen eine Antwort auf die Frage, warum sie sich überhaupt auf das Wagnis einlassen sollen. Diese Frage nach dem »Warum?« steht am Anfang jedes grundlegenden Veränderungsprozesses, jedes Prozessmusterwechsels.

Häufig wird in Politik und Management angesichts einer solchen Herausforderung versucht, die Notwendigkeit für Veränderungen mit Katastrophenszenarien zu begründen: »Wenn wir jetzt nichts tun, sind wir in ein paar Jahren weg vom Markt, im Wettbewerb abgehängt oder gar verschluckt. Wenn wir den Anschluss verpassen, werden wir unrentabel und produzieren nur noch mehr Arbeitslose.« Sicherlich ist es richtig, die Menschen beizeiten mit unangenehmen Fakten zu konfrontieren. »Der Gefahr ins Auge zu sehen« ist ein notwendiger und wichtiger Bestandteil jeder Veränderung. Kritisch in den Spiegel zu schauen ist aber etwas anderes als der Versuch, Menschen über Angst zu motivieren. Jedenfalls führt ein solcher Dauerbeschuss mit Hiobsbotschaften dazu, die Betroffenen abstumpfen zu lassen. Es besteht die Gefahr, dass sie panisch reagieren. Wahrscheinlich werden bestehende Besitzstände mit aller Kraft verteidigt. Natürlich kann die Konfrontation mit bedrohlichen Wahrheiten auch eine positive Motivation entfalten. Der Umgang mit der dadurch ausgelösten Angst fordert aber ein hohes psychologisches Einfühlungsvermögen. Irritation und Instabilität sind nicht das Gleiche. Häufig versuchen genau jene Menschen durch Angst zu motivieren, die sich eben nicht durch die dafür notwendige emotionale Intelligenz auszeichnen. Der Kölner Wissenschaftler Wolfgang Stegmann schätzte 1998 die Kosten, die deutschen Betrieben durch Angstreaktionen entstehen, auf circa 50 Milliarden Euro.

Die beste Antwort auf die Frage nach dem »Warum?« bei grundlegenden Veränderungen ist: Faszination. Wenn Menschen neugierig und begeistert sind, dann sind sie auch bereit, gewohnte Bahnen zu verlassen und sich unkalkulierbaren Risiken zu stellen. Was kann jedoch die Angst verdrängen? Die Sinnstiftung einer glaubwürdigen Vision. Gerade dieses Wort wird jedoch oft missverstanden oder sogar missbraucht. Es kommt eigentlich aus dem Spätmittelhochdeutschen und bedeutet »Traumgesicht«. Eine Vision ist eine Vorstellung oder auch Idee, aber kein exakt fassbarer Soll-Wert. Eine Vision ist kein Ziel. So kannte das »große Ziel« des Christoph Kolumbus bekanntlich keine Koordinaten oder quantitative Vergleichsgrößen. Der Entdecker war einfach von der Idee besessen, einen neuen Seeweg nach Indien zu finden; so etwas wie eine »planvoll lösbare Aufgabe« schwebte ihm sicherlich nicht vor.

» Prozessmusterwechsel folgen dem Szenario des Aufbruchs zu unbekannten Kontinenten. Das Minimieren des Abstandes von Ist und Soll hat als Handlungsstrategie keine Gültigkeit mehr. In der Kolumbus-Herausforderung der Neuorientierung ergeben sich völlig andere Aufgaben für die Menschen. «

Brechen wir zu unbekannten Kontinenten auf, dann tritt an die Stelle des langfristig angestrebten Zieles eine motivierende, aber letztlich eher unbestimmte Entwicklungsidee (Vision). Leistungssteigerung wird nicht mehr über den Abstand zum angestrebten Zielhafen (Ergebnis-Controlling) gemessen, sondern über den Grad der beim Segeln erreichten Perfektion (Prozess-Controlling). Nicht einmal der Kapitän weiß letztlich, ob die Entwicklungsidee realisierbar ist und wie es auf dem unbekannten Kontinent sein wird. Alle Beteiligten müssen sich gemeinsam auf das Wagnis einlassen. Ambiguitätstoleranz, Faszination und Neugier sind die notwendigen Schlüsselkompetenzen. Die Schwelle, die es zu überschreiten gilt, um den Heimathafen zu verlassen, ist hoch und die Tendenz, den bestehenden Status zu erhalten, ist groß.

» Das gezielte Erzeugen von Instabilität ist ein Königsweg zur Erhöhung von Kreativität und Anpassungsfähigkeit. Die Störung des Bestehenden ist im Prozessmusterwechsel ein zentrales Werkzeug für den Wandel. Beim Management von Instabilität werden die weichen Faktoren zu den wirklich harten Erfolgskriterien.«

Wenn Menschen instabil sind, dann reagieren sie sehr sensibel auf Kommunikation und nehmen inkongruentes Verhalten besonders intensiv wahr. Deshalb verlagern sich in instabilen Situationen die Anforderungen an gemeinsames Handeln von der strukturierten Projektarbeit zur Gestaltung einer kulturellen Basis. Nicht das Umsetzen vereinbarter Maßnahmen steht mehr im Mittelpunkt, sondern die Erzeugung einer tragfähigen Identität und eines gelebten Wertekanons. Fehlt in instabilen Situationen die kulturelle Basis, so verängstigt dies Menschen, die daraufhin weniger bereit sind, sich zu verändern. Je höher die Glaubwürdigkeit der Handelnden ist und je überzeugender die Kultur im Empfinden und Verhalten verankert wird, desto eher können sich Menschen auf gemeinsame Wagnisse einlassen. Die stabilisierende Funktion von sinnstiftenden Werthaltungen ist eine uralte Erfahrung. Auch der Psychoanalytiker Victor E. Frankl weist mit Nachdruck auf seine eigenen, in Grenzsituationen gewonnenen Erkenntnisse zum Thema Sinnwillen hin, den er als das wichtigste Fundament psychischer Gesundheit ansieht (Frankl, *Der Wille zum Sinn*). Auch neuere Studien belegen den engen Zusammenhang von Werteorientierung und Erfolg für Unternehmen (vgl. http://deep-white.sitepark.com/studies/value_study-de.php).

Drei sinnvolle Werthaltungen haben ohne Einschränkung einen positiven Effekt auf die Veränderungsbereitschaft eines Menschen: Transparenz, Involvierung und die Würdigung von Risikoträgern. Transparenz aus dem Grund, weil nichts von Menschen in instabilen Situationen weniger akzeptiert wird als unterdrückte, unklare oder mehrdeutige Informationen. Ohne eine Transparenz von Leistungen, Motiven und Entscheidungen brodelt die Gerüchteküche, und es kommt zu einem präventiven Verteidigen von Besitzständen. Involvierung ist wichtig, weil Erkenntnisse und Ideen nur dann weitgehend reibungslos umgesetzt werden, wenn aus Betroffenen Beteiligte geworden sind. Vorgefertigte Konzepte erzeugen eine natürliche Distanz, die die notwendige Identifikation erschwert. Es ist unwahrscheinlich, dass man sich mit vorgefertigten Konzepten identifizieren und sie umsetzen kann. Die Würdigung von Risikoträgern ist daher sinnvoll, weil das Ergebnis eines Prozessmusterwechsels nicht vorhersagbar ist und damit die spontane Bereitschaft zur Veränderung bei den meisten Menschen eher gering. Werden die Träger eines solchen Risikos nicht hinreichend gewürdigt oder bei Misserfolgen sogar abgewertet, entsteht schnell eine kaum mehr zu behebende Zurückhaltung. Mitunter reicht bereits ein einzelnes negatives Beispiel aus, um die Kultur des Wandels nachhaltig zu beeinträchtigen.

Die Einstellungen und Ansichten der an einem Veränderungsprozess beteiligten Menschen, transparent zu machen, ist vielleicht der wichtigste Erfolgsfaktor beim *Change Management*. In der Sensibilität eines instabilen Überganges sind die weichen Faktoren von entscheidender Bedeutung. Kommunikation ist das Rückgrat einer jeden Veränderung. Allerdings ist hier nicht an ein Verständnis von Kommunikation gedacht, das dem »Sender-Empfänger-Modell« entspricht. Es geht es nicht um Rhetorik, Präsentationskompetenz oder gut gemachte Kommunikationsprodukte. Es geht um das sensible Management von Erwartungshaltungen.

» Im Privatleben wie im beruflichen Handeln sind es meistens nicht die Fakten, sondern die Gefühle, die zu unproduktiven Widerständen führen. Der Mensch ist kein rationales Lebewesen. Das menschliche Erleben und Verhalten wird weitgehend von der Summe der gelernten emotionalen Bewertungen bestimmt. «

Alle Handlungsentscheidungen des Menschen durchlaufen die Kontrollinstanz des limbischen Systems, in dem zumeist unbewusste, im Verlauf des Lebens gebildete Wertmaßstäbe darüber entscheiden, welche Verhaltensalternativen letztendlich ausgeführt und welche Reaktionen gezeigt werden (Roth 2001). Jeder Mensch hat gewissermaßen ein sehr individuelles Präferenzuniversum, das sein Handeln bestimmt. Ohne die empfindlichen Punkte seiner Gesprächspartner zu kennen, bleibt die Wirkung eines kommunikativen Ereignisses völlig unkalkulierbar. Eine funktionierende Kommunikation ist also nicht eine Frage der Qualität, sondern eine Frage des Einfühlungsvermögens im Umgang mit anderen und deren individuellen Einstellungen und Bewertungen. Die Montagsdemonstrationen gegen die Arbeitsmarktreform in Deutschland explodierten, als die *Bild*-Zeitung titelte: »Sparbuch-Irrsinn: Macht doch gleich Hartz IV für Kinder« und weiter provozierte: »Hast du ein heimliches Zweitsparschwein? Hast du mehr als hundert Lego-Steine? Wie viele Teddys und Puppen hast du? Wie groß ist deine Sandkiste?« Manchmal erscheinen Ursache und Wirkung bei kommunikativen Ereignissen nicht zueinander zu passen. Als im Oktober 1997 ein schwedischer Journalist mit einem abrupten Lenkmanöver die A-Klasse von Mercedes zum Umkippen brachte, kostete das DaimlerChrysler in zwei Jahren circa 200 Millionen Euro, und mit dem Begriff »Elch-

Test« war ein neues Synonym für eine Marketing-Katastrophe erschaffen. Hilmar Kopper von der Deutschen Bank geschah Ähnliches, als er während der Schneider-Pleite einen Verlust in Millionenhöhe als »Peanuts« bezeichnete. Nicht die Tatsachen an sich führten dabei zu heftigen Reaktionen, sondern das Zusammentreffen mit vorgeprägten Wertmaßstäben, denn es war die SPD, die als sozialdemokratische Partei angeblich die Vermögen der Kinder anging, es war die Marke Mercedes, die als Kultobjekt technischer Qualität ins Wanken gekommen war, und es war der Chef der mächtigsten und größten Privatbank Deutschlands, der anscheinend die Bedeutung eines durchaus beträchtlichen Verlustes nicht angemessen würdigte. Die auf den verinnerlichten Werten basierenden Erwartungshaltungen der Menschen modifizieren entscheidend die Reaktionen, die ein kommunikatives Ereignis hervorbringt. Die Kosten, die in solchen Veränderungsprozessen durch das Missachten kritischer Resonanzpunkte bei den Betroffenen bislang verursacht wurden, dürften immens sein.

Veränderung als Ergebnis intelligenter Organisation

Sind Systeme stabil, dann sind sie handlungsfähig, sind sie instabil, dann sind sie bereit, sich neuen Gegebenheiten anzupassen. Etwas dauerhaft Stabiles führt zu weniger Kreativität und Lernfähigkeit. Etwas dauerhaft Instabiles führt zu bedrohlichen Leistungseinbußen. Die Aussage »das einzig Konstante ist der Wandel« macht für die Gesellschafts- und Wirtschaftssysteme Sinn, aber nicht für die Menschen und Institutionen. *Change Management* benötigt daher eine strategische Balance zwischen beiden Polen. Wenn der Markt die Menschen immer häufiger vor die Notwendigkeit einer grundlegenden Neuorientierung im Sinne eines Prozessmusterwechsels stellt, wird es immer wichtiger, zu bestimmen, mit welcher organisatorischen Intelligenz diese strategische Balance von Stabilität und Instabilität am besten gewährleistet werden kann. Früher war dies die Aufgabe einzelner Personen, zum Beispiel von Führungskräften oder Unternehmern. Da Markt und Gesellschaft immer komplexer und dynamischer werden, reicht diese individuelle Intelligenz allerdings nicht mehr aus. Die Zeit der Vordenker ist vorbei. Der Einzelne ist kaum noch in der Lage, die notwendige Komplexitätsreduktion zu leisten. Eben deshalb haben die Unternehmen in den letzten Jahren die Teambildung insbesondere auch auf der Führungsebene verstärkt.

» Um in Zukunft erfolgreich sein zu können, wird eine nächste Stufe der organisatorischen Intelligenz erforderlich: die Bildung von horizontalen, hierarchie- und institutionsübergreifenden Netzwerken, in denen Einzelne und Teams in freier Dynamik miteinander kooperieren. Dabei wird die Beziehungsorientierung abnehmen. «

Auf der Ebene der Einzelintelligenz bestimmen wenige Menschen die Wirklichkeit in der Gesellschaft und den Institutionen. Die Entscheidungswege sind kurz, und der Gestaltungswille der Macher nimmt direkten Einfluss auf das Geschehen. Zwar zeichnet sich die Ebene der Individualintelligenz vor allem durch Schnelligkeit, Flexibilität und hohe Autonomie aus. Aber die Vielfalt möglicher Lösungen wird letztlich durch die Kompetenz der Personen begrenzt, die das Geschehen bestimmen. Für Lösungen höherer Komplexität wird es wichtig, diese Ebene zu verlassen und die Ebene der Teamintelligenz zu nutzen. Teams sind aber nur dann arbeitsfähig, wenn Strukturen und Abläufe transparent gemacht werden.

Ein wichtiger Zwischenschritt zur Teamintelligenz liegt in der Gestaltung einer transparenten Organisation. Bezogen auf harte Faktoren setzt eine transparente Organisation zum Beispiel ein funktional angemessenes Organigramm, eine klare Regelung der Kompetenzen, eine nachvollziehbare Strategie, ein kennzahlengestütztes Controlling, standardisierte Zielvereinbarungen sowie leistungsgerechte Belohnungssysteme voraus. Bezogen auf weiche Faktoren wird eine transparente Organisation vor allem durch eine kommunizierbare Vision und durch offenes Feedback bestimmt. In jedem Fall bedeutet die Entwicklung zur transparenten Organisation, dass die Autonomie der individuellen Intelligenz durch die Zunahme methodischer Vereinheitlichung und Normierung abnimmt. Der Weg von der Individual- zur Teamintelligenz führt zwangsläufig über den Umweg der Standardisierung von Arbeitsprinzipien und -methoden. Mit dem Übergang von der Individual- zur Teamintelligenz ändert sich die Kultur grundlegend. An die Stelle schneller Einzelentscheidungen treten konsensorientierte Gruppenprozesse. Teamentwicklung und Coaching werden zur zentralen Führungsaufgabe. Die emotionale Kompetenz im Umgang mit Gruppen und das methodische Managementwissen werden wichtiger als inhaltliche Fachkenntnisse. Freilich geht mit dem Übergang zur Teamintelligenz die Schnelligkeit und Flexibilität von Prozessen eher zurück, dafür wächst die Fähigkeit zur Bewältigung von Komplexität gravierend. Doch in einer Welt, die im wachsenden Maße Schnelligkeit und Komplexitätsverarbeitung fordert, ist auch die Teamintelligenz noch keine dauerhaft hinreichende Lösung. Wir brauchen eine weitere Entwicklungsschleife, und zwar eine, die den Übergang von der Team- zur Netzwerkintelligenz einleitet. Die Entwicklung führt konsequent von der Individual- über die Teamintelligenz zur Gestaltung von selbst organisierenden Netzwerken.

Die Entwicklung intelligenter Netzwerke ist, nach Ashby's Law, eine zentrale Voraussetzung für dauerhaften Erfolg in der Komplexität und Dynamik der globalisierten Lebenswelten. Während die Ebene der Teamintelligenz inzwischen in vielen Bereichen realisiert werden konnte, die Standardisierung von Managementmethoden in den letzten Jahren große Fortschritte gemacht hat, transparente Organisationen geschaffen wurden und die verschiedenen systematischen Programme zur Qualitätsentwicklung und -sicherung (von ISO bis EFQM) Wirkung zeigen, ist der Weg zur lernenden Organisation immer noch ein großes Entwicklungsthema. Zwar schreitet die Standardisierung der Informationsflüsse und des Umgangs mit Wis-

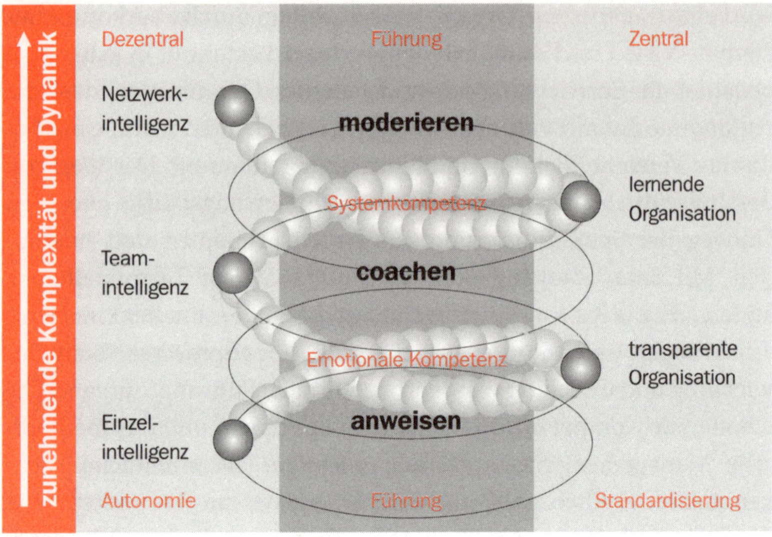

sen in technischer Hinsicht schnell voran, werden zunehmend übergreifende Datenbank- und Intranetlösungen eingeführt und gehören E-Mails inzwischen zur normalen Arbeitsausstattung. Aber der Übergang zur Netzwerkintelligenz ist kein technisches, sondern in erster Linie ein kulturelles Problem. Der Stand der Bemühungen zum Thema Wissensmanagement in Unternehmen belegt dieses Dilemma überdeutlich. Die Menschen haben noch zu viele Firewalls im Kopf. Und gerade die vielerorts bereits verwirklichte Kultur der Teamintelligenz verschärft das Problem, denn im Team kann Wissen gezielt weitergegeben werden, bietet der persönliche Zusammenhalt der Gruppe Stabilität in der Instabilität.

» Netzwerkintelligenz entsteht nicht wie Teamintelligenz über die aufeinander abgestimmt auf Dauer angelegte Zusammenarbeit in einer Gruppe, deren Mitglieder sich auch persönlich gut kennen. Das größte Missverständnis bei der Definition intelligenter Netzwerke ist eine Gleichsetzung mit Beziehungssystemen. «

In Beziehungssystemen geht es um den Erhalt der Macht der am System beteiligten Partner; Netzwerkintelligenz dagegen entsteht als kurzfristiges, aufgabenorientiertes Ineinandergreifen von sich frei anbietenden Kompetenzen. Auf der Ebene der Teamintelligenz ist die Entstehung von Gruppenidentitäten sinnvoll, auch wenn dies letztlich die Gefahr von Egoismen und Synergieverlusten erhöht. Auf der Ebene der Netzwerkintelligenz kann die Herausbildung von Gruppenidentitäten dagegen nur dann toleriert werden, wenn dadurch der Austausch von Wissen und die prinzipiell freie Kooperation aller mit allen nicht behindert wird. Bei der Netzwerkbildung geht es um kompetenzorientierte und explizit nicht um beziehungsorientierte Verbindungen zwischen Menschen. Als Vorbild für Netzwerkintelligenz ist erneut die Organisation im menschlichen Gehirn besonders nahe liegend. Im Gehirn herrscht eine große Flexibilität bei der Interaktion zwischen einzelnen Nervenzellen. Es steht immer die zu erreichende Lösung im Vordergrund. Welche Zellen an einer Ordnungsbildung beteiligt sind, ist letztlich nicht vorhersagbar und weitgehend abhängig von der jeweiligen Systemdynamik. Das Gehirn verbindet auf diese Art Schnelligkeit mit Komplexitätsverarbeitung.

Um diese Ebene der Leistungsfähigkeit zu erreichen, sind jedoch spezielle Voraussetzungen notwendig. In einem Netzwerk muss sichergestellt sein, dass alle beteiligten Interaktionspartner sich in Struktur und Interaktionsverhalten hinreichend ähnlich sind, um überhaupt miteinander in Kontakt treten zu können. Bei der Informationsübermittlung benötigen sie ein gemeinsames formales Alphabet. Wie beim Übergang von der Individual- zur Teamintelligenz lautet auch beim Übergang zur Netzwerkintelligenz der Auftrag: Standardisierung. Ohne Standardisierung ist der Aufwand der Vernetzung immer größer als der Nutzen. Ein unverzichtbarer Zwischenschritt zur Netzwerkintelligenz ist daher die Gestaltung einer lernenden Organisation. Bezogen auf die harten Faktoren geht es in erster Linie um abgestimmte IT-Landschaften, einheitliches Wissensmanagement, frei zugängliche Kommunikationsmedien und um die Gestaltung von Win-Win-Situationen. Bezogen auf die weichen Faktoren kommen vor allem aufeinander abgestimmte Basiswerte, ein minimaler Satz von grundlegenden Verhaltensregeln und eine an das Netzwerkprinzip angepasste Bewertung der Attraktivität der Interaktionspartner zum Tragen. Die Entwicklung zur lernenden Organisation geht erst einmal erneut einher mit einer Abnahme der Autonomie – diesmal allerdings durch die informationelle Vereinheitlichung und Normierung.

» Der Weg von der Teamintelligenz zur Netzwerkintelligenz führt über den Umweg der Standardisierung der Informationsflüsse und des Umgangs mit Wissen. Hierbei unterliegt die Kultur erneut einem tief greifenden Wandel. An die Stelle konsensorientierter Gruppenprozesse tritt der freie Austausch zwischen autonomen Einheiten. «

Unter diesen Bedingungen gewinnen das Management von Schnittstellen und die Gestaltung der Vernetzungsmöglichkeiten zunehmend an Bedeutung. Die Fähigkeit zur Gestaltung selbst organisierender Systeme (Systemkompetenz) gewinnt gegenüber der vor allem im persönlichen Umgang mit Einzelnen und Gruppen notwendigen emotionalen Kompetenz an Gewicht. Gelebte Vernetzung fordert enorm viel von den Interaktionspartnern.

Wie kann man in einem Netzwerk die für eine freie Dynamik im Informationsaustausch notwendige Vertrauensbasis aufbauen, wenn diese Vertrauensbasis nicht mehr wie im Team über intensive persönliche Beziehung entsteht? Im Netzwerk verlagert sich die notwendige Stabilität auf die Ebene der Regeln und Werte. Ohne Wertekonsens und entsprechende, darauf abgestimmte Verhaltensregeln kann eine freie Dynamik nicht funktionieren. Je mehr die fortschreitende Globalisierung die Menschen auf die Ebene der Netzwerkintelligenz zwingt, desto wichtiger wird es, den Diskurs über Werte zu intensivieren. Mehr noch als beim Übergang von der Individual- zur Teamintelligenz verlagert sich die gemeinsame Aufgabe, die auf der Ebene der Netzwerkintelligenz zu bewältigen ist, weg von der Lösungsfindung hin zur Schaffung systemischer Voraussetzungen für Lösungen.

Die Phase der Konsolidierung in der Wirtschaft hat ihren Höhepunkt noch nicht erreicht und die Zeit der Neuorientierung in der Gesellschaft steht noch am Anfang. Nach den »economies of scope and scale« befinden sich die Unternehmen und Institutionen in einer neuen Runde der Erhöhung der Leistungsfähigkeit, in der versucht wird, Mehrwert über interne und externe Vernetzung zu schöpfen. Auf diese »economies of connectivity« konzentrieren sich gegenwärtig viele Aktivitäten in Wirtschaft und Gesellschaft.

Peter Kruses Spezialtipp

Wenn ich Ihnen nur einen einzigen Tipp geben könnte, so wäre es dieser: Nur wenn Sie persönlich in der Lage sind, Ihr Wissen und die Ihnen zur Verfügung stehenden Fähigkeiten und Ressourcen optimal zu nutzen, werden Sie dem enormen Wettbewerbsdruck standhalten können. Die Realisierung neuer Formen der Zusammenarbeit über institutionelle und gruppenbezogene Grenzen hinaus ist wahrscheinlich eine der wichtigsten Gestaltungsaufgaben am Anfang des neuen Jahrtausends. Bilden Sie deshalb intelligente Netzwerke!

Mehr von Peter Kruse:

- Next practice. Erfolgreiches Management von Instabilität. Veränderung durch Vernetzung. Offenbach 2004

Werner Tiki Küstenmacher

Werner Tiki Küstenmacher ist gelernter evangelischer Pfarrer, Karikaturist, Buchautor und Chefredakteur des monatlichen Newsletters *simplify your life*, aber auch Prediger der Evangelischen Morgenfeier im Bayerischen Rundfunk. Seine Vorträge sind eine Mischung ernsthafter Auseinandersetzung mit dem alltäglichen Chaos in Beruf und Familie, kombiniert mit seinem Talent, diese Dinge auch gezeichnet darzustellen. Werner Tiki Küstenmacher ist ein bekannter Fernsehgast beim Sonntag-Morgen-Auftritt im ZDF zum »Tipp der Woche«, der sich mit der Vereinfachung des Lebens befasst.

Weitere Informationen: www.simplify.de

Werner Tiki Küstenmacher

simplify your life

Einfacher und glücklicher leben

Leiden Sie manchmal unter der Kompliziertheit des Lebens? Die simplify-Methode hat bereits Hunderttausenden von Menschen geholfen, ihr Leben zu vereinfachen. Erfahren auch Sie, wie Sie Schritt für Schritt Ballast abwerfen, wie Sie der Beschleunigungsfalle entkommen und mit mehr Gelassenheit wirklich das erreichen, was Sie sich vorgenommen haben. Einfache Grundsätze und Tricks ermöglichen es Ihnen, Ihren Arbeitsplatz so zu organisieren, dass Ihnen mehr Kraft und Motivation zufließen. Der bewusste Umgang mit Ihren Zeitressourcen gibt Ihnen die nötigen Freiräume, sich auf das wirklich Wesentliche im Leben zu konzentrieren.

Der simplify-Weg

Was geht Ihnen als Erstes durch den Kopf, wenn Sie das Wort »Vereinfachung« hören? Für viele Menschen ist es ein durch und durch positiver Begriff. Denn sie leiden unter der Kompliziertheit des Lebens, die sich in der abschreckend dicken Bedienungsanleitung ihres Handys bis zu undurchschaubaren Mechanismen der Weltwirtschaft ausdrückt. Sie leiden unter der stillschweigenden Forderung ihrer Umgebung, immer mehr leisten zu müssen, unter den ständig steigenden Anforderungen in ihrem Beruf, unter der ausgesprochenen oder unausgesprochenen Drohung: Mach mit, oder du bist draußen.

Einige Menschen fragen beim Begriff simplify allerdings auch: »Warum soll ich mein Leben vereinfachen?« Sie empfinden das Angebot »einfacher und glücklicher« als ein weiteres »zusätzliches Muss« – »Jetzt muss ich also auch noch das Vereinfachen lernen.«

Doch simplify ist im Kern ein Nicht-Tun. Simplify ist das Gegenteil einer Forderung. Es ist ein Angebot. Eine Fähigkeit, die Sie längst besitzen.

Einfachheit – ein Grundbedürfnis des Menschen

Kurioserweise entspringen so gut wie alle komplizierten Tätigkeiten, Erfindungen und Ansprüche in unserem Leben dem Urbedürfnis nach Einfachheit. Jeder würde gern ein bisschen mehr Geld verdienen, damit er sich ein Polster schaffen kann, eine Sicherheit für ein späteres bequemes und komfortables Leben mit Urlaub und Entspannung. Man baut sich ein schönes Haus mit Garten, um dort nach den Mühen des Bauens und Einrichtens zufrieden auf dem Sofa zu sitzen und nichts zu tun. Die komplizierte Spülmaschine wurde erfunden, um die Zeit des lästigen Abwaschs mit etwas Netterem zu verbringen. Die Gründung der Baubehörde entspringt dem Wunsch, Streitigkeiten vorab zu klären oder ganz zu vermeiden. Altersvorsorge, Grunderwerb, Haushaltsgeräte, Bürokratie und vieles, vieles aus unserer komplizierten Welt wurde geschaffen, damit wir es einfacher haben und glücklicher sind.

Aber die eigentliche Absicht ist in vielen Fällen aus dem Blickfeld geraten. Aus dem Traum vom finanziellen Ruhekissen im Alter ist ein unerfreulicher Verteilungskampf zwischen den Generationen und den Einkommensschichten geworden. Ein Eigenheim kann zu einer Vollzeitbeschäftigung für die Bewohner werden. Und beim Thema

Verwaltung, die sich stellenweise zu einer Macht gegen die verwalteten Bürger formiert hat, ist wohl jeder mit eigenen Erfahrungen gesegnet. Aus dem Streben nach Einfachheit ist also vielfach eine Geschichte nachwachsender Komplexität geworden.

Die simplify-Methode versucht, diese fatale Dynamik umzukehren und zum eigentlichen Zweck unseres Lebens zurückzukehren. Dieser Zweck ist die Einfachheit, in der sich die Summe eines erfüllten und gereiften Lebens gelassen widerspiegelt. Es geht darum, in jeden Ihrer Lebensbereiche eine Art Schneise zu schlagen und einen Aha-Effekt auszulösen: Es geht auch einfach! Die Umkehrung der Dynamik ist indes kein Weg zurück, keine Nostalgie »Zurück zur guten alten Zeit« und kein Rousseausches »Zurück zur Natur«. Die simplify-Methode sucht die Einfachheit, die vor Ihnen und in Ihnen liegt. Die Einfachheit, die ohne die davor liegende Kompliziertheit nicht vorstellbar ist. Der simplify-Weg nutzt Ihre Lebenserfahrung und die dabei gemachten Fehler. Lebensweisheit kann man nicht fertig kaufen. Sie ist das Ergebnis eines spannenden und unverwechselbaren Weges.

Die Reise verläuft dabei vom Äußeren zum Inneren. Der simplify-Weg beginnt bei Ihrem Schreibtisch, bei Ihrem Zuhause und der Organisation Ihrer Zeit. Er geht weiter bei Ihren sozialen Beziehungen, vom Lebenspartner über die eigenen Eltern und die eigenen Kinder zu Ihren Freunden und Kollegen. Der Weg führt zu Ihrem Körper, zu Ihrer körperlichen und mentalen Fitness. Und er endet bei Ihren geistigen Empfindungen, in der Mitte Ihres Lebens und Ihrer Persönlichkeit.

Der simplify-Weg lässt sich mit einer Pyramide vergleichen: Der Weg zum einfachen, klaren Kern, dem Wesentlichen unseres Lebens, führt über sieben Stufen, die die verschiedenen Lebensbereiche symbolisieren. Der Weg nach oben, zur Spitze Ihrer Lebenspyramide ist dabei zugleich ein Weg nach innen. Er gelingt, wenn Sie auf jeder Stufe mindestens einen Durchbruch erreichen. Dabei kommt es nicht auf die Reihenfolge an. Sie können unten beginnen oder in der Mitte oder irgendwo sonst.

simplify
your life
NEIN
Tiki

Unsere Erfahrungen zeigen allerdings, dass der Wunsch nach Einfachheit meist auf der untersten Ebene beginnt: bei dem Durcheinander auf Ihrem Schreibtisch und in Ihrer Wohnung. Deshalb startet unser Überblick bei einem ausgesprochen materiellen Thema: dem Aufräumen. Danach wird es etwas abstrakter, denn es geht um die Vereinfachung eines schwer fassbaren Gutes: Ihrer Zeit.

Vereinfachen Sie Ihre Sachen

Auf der untersten Stufe der Pyramide geht es um Ihre persönlichen Sachen. Um alles, das Sie umgibt: in Ihrer Wohnung, am Arbeitsplatz, in Ihrem Auto. Papierberge auf dem Schreibtisch, das spüren die meisten Menschen instinktiv, sind ein Symptom für ein tiefer liegendes Durcheinander. Und sie denken: »Wenn ich meinen Beruf etwas besser manage, dann kriege ich auch das Chaos auf meinem Schreibtisch in den Griff.« Der simplify-Weg aber nutzt die erstaunliche Erfahrung, dass es viel besser anders herum geht: Sie räumen Ihren Arbeitsplatz nach ein paar einfachen Regeln auf – und fühlen sich dadurch innerlich besser.

Bei den meisten Menschen mit einem »komplizierten Leben« ist die fehlende Einfachheit vor allem in der Welt der Gegenstände ausgesprochen spürbar. So berichten viele Leser unseres Beratungsdienstes *simplify your life®*, dass die sinnvoll eingerichtete Hängeregistratur neben dem Schreibtisch oder das konsequente Freiräumen aller Fußböden für sie der entscheidende Schritt zu einem einfachen und glücklichen Leben war. Bei Ihnen kann es etwas ganz anderes sein. Wir empfehlen Ihnen, wenigstens eine der hier vorgestellten Methoden praktisch umzusetzen, um den ersten Vorgeschmack der gelassenen Einfachheit genießen zu können.

Die simplify-Methode bedeutet nicht, dass jede Ecke Ihres Büros perfekt durchorganisiert sein soll. Im Gegenteil: Beginnen Sie einfach irgendwo und genießen Sie die Energie, die vom Handeln ausgeht.

Ent-wirren Sie Ihren Arbeitsplatz

Der Mensch kann ungeheure Schwierigkeiten meistern, er kann enorme Kräfte entwickeln und hat Techniken ersonnen, um auch große Feinde zu besiegen. Aber: immer nur einen nach dem anderen. Wer nicht weiß, wo er zuerst ansetzen soll, wird mutlos. Der größte Stressfaktor für unsere Seele ist die Mehrfachbelastung. Das gilt für unser gesamtes Tun. Wenn Sie nicht wissen, wo Sie anfangen wollen, dann kommen Sie nicht voran. Wenn Sie nicht wissen, wo Sie an Ihrem Arbeitsplatz etwas finden, vergeuden Sie Ihre Zeit mit Suchen und schaffen Chaos in Ihrem Gehirn.

Übrigens: Wenn Sie meinen, so viel zu tun zu haben, dass Sie fürs Aufräumen auf dem Schreibtisch *keine* Zeit haben, sollten Sie es gerade tun! Selbst wenn die Aktion zwei bis drei Stunden dauert (mehr sind es selten, das wird meist überschätzt) – die investierte Zeit lohnt sich, denn danach haben Sie den Kopf frei. Sie fühlen sich besser, sind motivierter und arbeiten die durchs Aufräumen »verlorene« Zeit schnell wieder herein.

Die Leertisch-Methode

»Ein bisschen« aufräumen bringt nichts. In einer Ecke des Schreibtischs Ordnung zu schaffen, in einem Regal Sachen von rechts nach links zu sortieren, das wird zwar immer wieder einmal stattfinden – wirkungsvoll aufräumen aber können Sie nur nach dem Prinzip »ganz oder gar nicht«. Räumen Sie Ihren Schreibtisch komplett leer! Putzen Sie den neu entstandenen Leerraum und freuen Sie sich über den freien Platz. Auch wenn dadurch auf dem Fußboden zunächst ein riesiges Durcheinander entsteht: Es lohnt sich. Denn nur so spannen Sie den wichtigsten Helfer mit ein: Ihr Unterbewusstsein. Die meisten Entrümpelungsaktionen beginnen ja mit einem Entschluss in Ihrem Kopf: »Ich müsste mal …« Viele Menschen ahnen dabei schon, dass es mit der Verwirklichung dieses Vorhabens schwierig wird. Unser »Bauch«, unsere Tatkraft, unser Durchhaltevermögen, eben all das, was tiefer in uns drin ist, sperrt sich. Die Erklärung ist einfach: Unser Unterbewusstsein reagiert nicht auf logische Einsichten, sondern auf Bilder. Das kennt jeder aus den Träumen, dieser allnächtlich stattfindenden Kommunikation zwischen Bewusstem und Unbewusstem.

Nutzen Sie das, indem Sie Ihrem Unbewussten beim Aufräumen ein Bild bieten: die leere Schreibtischplatte zum Beispiel. Räumen Sie wirklich alles ab, bringen Sie die Platte mit Möbelpolitur auf Hochglanz und erfreuen Sie sich an diesem Anblick. So schön und klar kann Ihr Arbeitsplatz sein! So einfach kann Ihr Leben werden! Das Ganze ist natürlich noch keine wirkliche Aufräumaktion, denn alles liegt ja noch auf dem Fußboden. Aber es ist ein unentbehrlicher Schritt, denn beim Wiederbeladen werden Sie (unterstützt von Ihrem Unbewussten) sehr sorgfältig auswählen, was wieder auf diese wertvolle Arbeitsfläche hinauf darf.

Achten Sie dabei besonders auf den Bereich direkt vor Ihnen. Im Feng-Shui, der fernöstlichen Lehre vom richtigen Einrichten, ist das die »Zukunftsseite«, die Richtung der Visionen. Dort sollten Sie ein angenehmes, Mut machendes Symbol aufstellen, nicht aber, wie viele Menschen das leider tun, die zu erledigenden Aufgaben stapeln. Denn es demotiviert, wenn einen ständig die unangenehmsten Arbeitsaufträge anstarren – das versteht man eigentlich auch ohne die alten Chinesen. Platzieren Sie solche Aufgaben lieber neben oder hinter sich.

Die Vier-Quadranten-Methode

Diese Technik gilt als Arbeitsgeheimnis vieler US-Präsidenten und wurde auch als »Eisenhower-Regel« populär. Dies ist die simplify-Version für Krisensituationen: Teilen Sie einen leeren Tisch (nicht Ihren Schreibtisch, sondern einen zweiten Tisch daneben) oder notfalls den Fußboden in vier Felder. Dann arbeiten Sie sich konsequent im Uhrzeigersinn durch Ihren Schreibtischdschungel und verteilen jedes Schriftstück nach den hier vorgestellten Regeln auf die vier Felder, bis kein einziges *(!)* Blatt Papier mehr übrig ist. Bleiben Sie unbedingt dran, lassen Sie sich nicht ablenken, und vertrauen Sie darauf, dass Sie diese Arbeit nach einer anfänglichen »Das-schaffe-ich-nie«-Phase mit enormer Energie und Schaffensfreude versorgen wird. Die vier Quadranten stehen für Folgendes:

1. *Wegschmeißen:* Auf das erste Feld kommt alles, was weggeworfen werden kann. Am besten, Sie stellen eine große Kiste auf. Überflüssig sind beispielsweise: alte Reiseprospekte, Zeitungen (älter als eine Woche), Kataloge (älter als ein halbes Jahr), Zeitschriften, die keine Artikel enthalten, die Sie langfristig brauchen, Briefpapier mit nicht mehr aktuellen Daten, Gebrauchsanleitungen von Geräten, die Sie gar nicht mehr besitzen. Sie werden staunen, was alles längst überflüssig geworden ist!
2. *Weiterleiten:* Feld 2 enthält alles, was Sie an andere zur Erledigung weitergeben können. Hier wäre es natürlich von Vorteil, wenn Sie US-Präsident wären und Ihnen der Mitarbeiterstab des Weißen Hauses zur Verfügung stünde. Vielleicht aber haben Sie so viel auf Ihrem Schreibtisch liegen, weil Sie andere Menschen ungern belästigen und »Kleinigkeiten schnell selbst« erledigen. Bei der Aufräumaktion à la Eisenhower müssen Sie über Ihren Schatten springen und rigoros Arbeit verteilen. Beziehen Sie alle ein, die Ihnen einfallen: Kollegen, jemand vom Studentenschnelldienst, oder nehmen Sie die Hilfe eines Büroservice in Anspruch.
3. *Wichtig:* In Feld 3 legen Sie alles, was Sie in der nächsten Zeit selber tun müssen. Halten Sie sich dabei den nächsten Schritt vor Augen, den Sie mit dem entsprechenden Schriftstück tun werden. Seien Sie bei diesem Stapel besonders geizig!
4. *Wunder:* Mit dem Feld 4 hat es eine besondere Bewandtnis. Hier kommen die Papiere hin, die Sie bereits erledigen können, während Sie noch aufräumen.

Hier hilft Ihnen eine der folgenden Sofort-Aktionen:

- *Telefon:* Sie erledigen die Sache telefonisch, auch wenn Sie es ursprünglich schriftlich machen wollten. Ist der entsprechende Partner nicht erreichbar, kommt das Schriftstück in Feld 3.

- *Fax*: Sie faxen das Originalschreiben mit einer handschriftlichen Bemerkung an den Absender zurück (oder schicken es per Post, falls er kein Fax hat).
- *Ablage*: Sie legen es jetzt, hier und sofort in den richtigen Ordner oder das entsprechende Fach Ihrer Hängeregistratur ab (mehr dazu weiter unten).

Die Vier-Quadranten-Methode funktioniert hundertprozentig, wenn Sie sich streng an diese drei einfachen Regeln halten:

- Bilden Sie keine Zwischenhäufchen.
- Fassen Sie jedes Papier *nur einmal* an.
- Bilden Sie keine Felder 5, 6 usw.

Nach einer derartigen Erste-Hilfe-Aktion sind Sie frei für neue Taten. Sie haben eine leere Arbeitsfläche vor sich. Nun haben Sie Kraft für all die anderen Orte, an denen sich die schlimmste Form von zusammengeballter Materie gebildet hat: der Stapel.

Ent-stapeln Sie Ihr Büro

Auch für Ihr Ablagesystem gilt: Ihr Leben wird leichter, sobald Sie das Grundprinzip »Einfach statt mehrfach!« beherzigen. Das bekannteste Symbol für falsche Mehrfachbelastung ist ein Papierstapel der Sorte »to do«: Jedes Schriftstück steht für eine Aufgabe, die noch erledigt werden muss. Doch dieser Haufen von Papieren verursacht Depressionen. Er lastet auf Ihnen, denn er ist undurchsichtig. Sie wissen nicht mehr genau, was er alles enthält. Damit wird der Stapel stärker als Sie. Wortlos sagt er zu Ihnen: »Mich schaffst du nicht!« Doch es ist vielfach erprobt: Die Kombination aus Kalender (mit »To-do-Liste«) und Hängemappen ist die effektivste und sicherste Methode.

Stapel, die Sie niederdrücken, sind nicht nur die »Zu-erledigen-Stapel« auf dem Schreibtisch, sondern alle derartigen Gebilde. Ein Stoß ungelesener Zeitschriften (die Sie später einmal durcharbeiten wollen), ein Haufen mit interessanten Zeitschriftenartikeln (die Sie irgendwann übersichtlich sortieren möchten), ja sogar ein Stapel mit ungebügelter Wäsche (der demnächst gebügelt werden soll). Es gibt eine Menge Möglichkeiten für Stapel in Ihrer Umgebung.

Entstapeln Sie radikal! Werfen Sie alles weg, was älter ist als ein halbes Jahr (ausgenommen steuerlich relevanter Unterlagen und unbezahlter Rechnungen). Ganz besonders gilt das für unbeantwortete Briefe. Machen Sie sich klar: Wenn der Verfasser dringend Ihre Antwort erwartet hätte, hätte er sich längst gemeldet.

Die klassische Methode gegen Stapel ist, es erst gar nicht so weit kommen zu lassen. »Jedes Stück Papier nur einmal in die Hand nehmen und gleich erledigen« ist ein kluges Prinzip, das sich bei einer einmaligen Notaktion wie der Eisenhower-Methode durchziehen lässt. Im wirklichen Leben aber ist es fast nur für Spitzenleute durchführbar, bei denen ein Team motivierter Mitarbeiter darauf wartet, etwas delegiert zu bekommen. In Ihrem Alltag werden Sie eingehende Schriftstücke immer wieder zwischenlagern müssen: Unweigerlich entstehen Stapel.

Die Hängeregistratur – Ihre simplify-Zentrale

Das goldene simplify-Prinzip für jeden Papierstapel lautet: Drehen! Bauen Sie Stapel ab, indem Sie sie um 90 Grad kippen und die einzelnen Arbeitsgebiete in eine Hängeregistratur (mit nach oben offenen Mappen) einsortieren. Aus dem undurchsichtigen Stapel wird so ein transparentes Gebilde. Dadurch wird es im wahrsten Sinne des Wortes »einfach«, denn nun hat jede Aufgabe »ein Fach«. Beim Umräumen eines Stapels in die Hängemappen kommen Sie einen entscheidenden Schritt weiter: Sie ordnen, fassen Gleichartiges zusammen und können sogar eine Hierarchie erstellen. Etwa, indem Sie die Mappen mit den wichtigsten Aufgaben ganz nach vorne stellen.

Was gewinnen Sie damit? Ihre Aufgaben müssen Sie natürlich nach wie vor abarbeiten. Aber neu eintreffende Papiere können an der richtigen Stelle einsortiert werden, Sie gewinnen Übersicht, und nach einiger Zeit werden Sie feststellen, dass das dumpfe Stapelgefühl nicht mehr auf Ihnen lastet.

Damit Sie die in einer Mappe verschwundene Aufgabe nicht vergessen, müssen Sie den entsprechenden Job in eine »To-do-Liste« (am besten die in Ihrem Kalender oder Zeitplanbuch) eintragen.

Ihre Hängeregistratur wird bald zum zentralen Werkzeug an Ihrem Arbeitsplatz, zur Kommandozentrale, in der alle Fäden zusammenlaufen. Das ist sie aber nur, wenn Sie sie als reine Zwischenstation betrachten. Kein Papier sollte dort länger als etwa drei Monate lagern.

Mit Disziplin und etwas Gewöhnung können Sie Ihre Kommandozentrale aber zu einem treuen und motivierenden Mitarbeiter machen.

Zehn bewährte Entstapelungsregeln:

1. *Im Ordner endlagern:* Wenn etwas erledigt ist, fliegt es aus der Registratur raus. Dazu ist der Platz hier zu wertvoll. Schriftstücke, die Sie dauerhaft aufheben müssen, dürfen nicht in den Hängemappen bleiben, sondern gehören in einen Aktenordner. Deshalb sollte es zu jeder Hängemappe mindestens einen thematisch passenden Ordner geben. Was nicht aufgehoben werden muss, fliegt in den *Papierkorb*. Die »runde Ablage« hat immer Vorrang!
2. *Außenstationen bilden:* Dinge, die nicht in eine Hängemappe passen, sollten Sie anderweitig ablegen. Lagern Sie dicke Schriftstücke in einem *Stehsammler*. In die zugehörige Hängemappe stecken Sie als Erinnerung zum Beispiel den Begleitbrief zum Schriftstück oder die Kopie der Titelseite.
3. *Im Kalender verankern:* Das hatten wir schon: Damit Sie sich an die »To-do-Aufgabe« erinnern, wird sie *im Zeitplaner eingetragen*, und zwar an einem realistischen Termin.
4. *Kluge Namen erfinden:* Beschriften Sie die Hängemappen mit aussagekräftigen Namen (»Messestand«, »Forschungsabteilung«,

»Dienstreisen«) Vermeiden Sie Aufschriften wie »dringend!« oder »zu erledigen«. Mappen mit allgemeinen, nicht motivierenden Bezeichnungen werden in der Regel als Erste zu frustrierenden Grabstätten, in denen wichtige Unterlagen verloren gehen.

5. *Ständig verändern:* Sorgen Sie dafür, dass Ihre Hängeregistratur lebt. Scheuen Sie sich nicht, die Namen der Mappen häufig zu wechseln. Ihre Hängeregistratur soll ein lebendiges Wesen bleiben. Halten Sie dazu ausreichend Schildchen für die Beschriftung bereit, am besten in der letzten Mappe Ihrer Hängeregistratur.
6. *Schnell reagieren:* Es hat sich bewährt, wenn Sie in einer der vorderen Mappen vorbereitete Brief- und Faxbogen für Schnellantworten bereithalten. So können Sie in einem Aufwasch Dinge schnell beantworten.
7. *Konsequent nutzen:* Prüfen Sie, welche Art von Schriftstücken chronisch auf Ihrem Schreibtisch liegen bleibt, weil sie in keine Kategorie passt. Eröffnen Sie entsprechende Mappen. Bewährt hat sich zum Beispiel eine Neue-Reisen-Mappe, in die alle Unterlagen für geschäftliche Reisen hineinkommen (Fahrkarten, Reisepläne, Stadtpläne, Hoteladressen, Einladungsschreiben, Reiseprospekte – und zwar nur die herausgerissenen Seiten mit den wichtigen Informationen). Jede einzelne Reise steckt dabei in einer Klarsichthülle. Vor Reiseantritt nehmen Sie die entsprechende Hülle mit und können sicher sein, dass alles Wichtige dabei ist. Während der Reise kommen in die Klarsichthülle alle Unterlagen, die Sie aufheben möchten, vor allem sämtliche für die Reisekostenabrechnung wichtigen Belege. Weil Sie alles Nötige dabei haben, können Sie mit der ungeliebten Abrechnung möglicherweise bereits während der Heimreise beginnen. Sind Abrechnung und Reise erledigt, stecken Sie ein besonders aussagekräftiges Blatt zuoberst in die Klarsichthülle und stellen das Ganze in einen Stehsammler »Alte Reisen«. Eine einfache und sichere Lösung, bei der nichts verloren geht.
8. *Mappenvorderseite mitnutzen:* Schreiben Sie auf die Vorderseite der Hängemappe Telefonnummern, Namen, Adressen, Termine, Mit-

gliedsnummer und andere Fakten, die für das Thema der Mappe wichtig sind. Wenn Sie die Tasche herausnehmen, haben Sie alle wichtigen Daten auf einen Blick vor sich.

9. *Originell bleiben:* Gehen Sie davon aus, dass Ihre Hängeregistratur alles organisieren kann, wenn Sie es nur clever genug anstellen. Bleiben Sie kreativ im Entdecken neuer Anwendungen. Am schönsten ist es, wenn Sie Ihre zentrale Zwischenablage nicht nur nutzen, sondern lieben (und anderen Menschen stolz vorführen).
10. *Regelmäßig abspecken:* Durchforsten Sie Ihre Hängeregistratur, wenn sie zu voll aussieht. In jeder Mappe gibt es Dinge, die sich längst erledigt haben. Das geht schneller, als viele meinen. Nach zehn Minuten Wegschmeißen sind Ihre Mappen in der Regel wieder voll funktionstüchtig.

Gleichgültig, ob Hängeregistratur oder Ordner: Unaufhaltsam schwellen die gesammelten Aufbewahrungsmittel an. Die Suchzeiten werden länger, die enthaltenen Informationen veralten, der Platz wird knapp und Ihre Arbeitsfreude sinkt. Das muss nicht sein. Mit Ihrer persönlichen Auswahl von einer oder mehrerer der folgenden fünf simplify-Methoden bekommen Sie die Papierflut ganz bestimmt in den Griff.

1. *Die Dreierregel:* Jedes Mal, wenn Sie in einem stetig wachsenden Informationsordner etwas suchen, sortieren Sie drei veraltete Informationen aus.
2. *Der Tauschhandel:* Für jede neue Information, die in die Ablage hineinkommt, werfen Sie sofort eine ältere hinaus. Betrachten Sie Ihre Papiere nicht als unvergänglichen Besitz, sondern als Gäste, die nicht ewig bei Ihnen bleiben müssen.
3. *Die Zwischendurchstrategie:* Legen Sie am Vorabend jedes Tages eine oder zwei zu verschlankende Mappen, Ordner oder Ablagekörbe auf Ihren Schreibtisch. Am nächsten Tag schauen Sie diese »nebenbei« durch, zum Beispiel beim Pausenkaffee, bei Wartezeiten, zwischen zwei Terminen oder wenn Sie Ihr persönliches Tagestief spüren.

4. *Das Verfallsdatum:* Kennzeichnen Sie Mappen oder Ordner, die zu einem bestimmten Zeitpunkt ihren Nutzen verlieren, mit einem auffälligen »Verfallsdatum«. Zum Beispiel: »Ins Altpapier am 31.12.05« oder »Ins Archiv am 30.8.05«. Zusätzlich können Sie eine Wegwerf-Erinnerung in Ihre Wiedervorlage legen oder in Ihren Terminkalender schreiben.
5. *Das Projektfest:* Wenn Sie eine Aufgabe abgeschlossen haben, gehen Sie alle betroffenen Ablagen und Ordner durch. Geben Sie alle nicht mehr notwendigen Papiere und Bücher zurück oder werfen Sie sie fort. Für alles, was später noch gebraucht werden könnte, legen Sie einen Archivordner an. Und dann feiern Sie, dass Sie es geschafft haben!

So bleibt Ihr Schreibtisch leer

Mit einem vollen Schreibtisch wird Ihnen das Vereinfachen Ihres Lebens nicht gelingen. Der wichtigste Trick ist folgender: Bauen Sie alles, was Sie bisher auf Ihrer Arbeitsfläche gestapelt haben, hinter sich auf. Installieren Sie dort einen halbhohen Schrank, ein Regal oder einen zweiten Tisch.

Ein sinnvoller Trick für alle, auf deren Schreibtischunterlagen sich gekritzelte Telefonnummern und allerlei Notizzettel ansammeln: Räumen Sie in regelmäßigen Abständen alles zusammen, schneiden Sie notfalls Notizen aus der großen Unterlage aus und kleben Sie alles in ein Heft mit dem Titel »Was bisher auf dem Schreibtisch lag«. Der Vorteil: Ihr Schreibtisch ist leer, aber im Notfall sind alle Informationen verfügbar.

Erkennen Sie Staus frühzeitig: Wenn Sie trotz aller guten Vorsätze mit dem Aufräumen nicht nachkommen, liegt es häufig an einer Kleinigkeit: an einem Stau, den Sie auf den ersten Blick gar nicht bemerken, weil er sich am Ende der Ordnungskette befindet.

Ein Beispiel: Auf Ihrem Schreibtisch sammeln sich die Kontoauszüge. Aber der Ordner mit den Auszügen ist randvoll. Sie müssten einen neuen Ordner anlegen, doch auch das Regal ist bis auf den letzten Zentimeter mit Ordnern gefüllt. Eine komplette Umorganisation des Regals wäre nötig, möglicherweise verbunden mit einer Aufräumaktion des gesamten Büros. Dazu haben Sie im Moment keine Zeit.

Resultat: Auf dem Schreibtisch stapeln sich bald nicht nur die Kontoauszüge, sondern viele andere Schriftstücke. Sie wissen, dass irgendwo die wichtigen Bankbelege liegen, trauen sich aber gar nicht mehr an die Stapel heran. Ein Teufelskreis.

Das Schlüsselwort für eine aufgeräumte Umgebung ist »Fließen«. Das Problem ist nicht, dass zu viel Material zu Ihnen hinfließt, sondern dass es zu stockend abfließt. Der Unterschied zwischen Papier-hin-und-her-Schieben und Papier-Management besteht darin, schnell Entscheidungen zu treffen. Die meisten Dinge, die auf einem »To-do-Stapel« landen, bleiben später doch unerledigt. Wie große Brocken im Ablauf eines Waschbeckens verstopfen sie aber den Fluss, bremsen Ihre Motivation und machen Sie unzufrieden. Dann also lieber sofort weg damit!

Entwickeln Sie ein Gespür für derartige Staus. Prüfen Sie kritisch: Was hindert Sie momentan daran, die herumliegenden Dinge aufzuräumen? Was ist die Ursache für Ihre Unlust: eine überquellende Hängeregistratur, ein schwer erreichbarer Ordner oder eine noch gar nicht existierende Ablage für ein neues Arbeitsgebiet?

Denken Sie an das simplify-Prinzip der kleinen Schritte: Sie können und müssen nicht alle Blockaden auf einmal besiegen. Aber wenn Sie einen einzigen Störenfried gefunden haben, dann beseitigen Sie diese Blockade sofort. Träumen Sie nicht von der großen Gesamtlösung, sondern beseitigen Sie das aktuelle Problem so schnell wie möglich. In unserem Beispiel heißt das: Richten Sie einen neuen Ordner ein, auch wenn er vorübergehend auf dem Boden stehen muss. So zerstören Sie den Teufelskreis und erzeugen einen positiven Schneeballeffekt.

Schaffen Sie langfristig Abhilfe mit der Dreiviertel-Regel: Lassen Sie es nicht bis zum Chaos kommen. Reagieren Sie nicht erst bei 120 Prozent Überfüllung, sondern agieren Sie bereits bei einem Auslastungsgrad Ihrer Aufbewahrungssysteme von 75 Prozent. Das heißt: Betrachten Sie einen Ordner als voll, wenn er etwa zu 75 Prozent gefüllt ist. Ein Regalbrett von einem Meter Breite sollte nur 75 Zentimeter Bücher und Ordner enthalten.

Verschaffen Sie sich Erfolgserlebnisse durch Schritte-Mappen: das Problem: Um den gerade eingegangenen Antrag auszufüllen, müssen Sie mit einem Kollegen Rücksprache halten (der ist gerade nicht da), in den alten Unterlagen nachsehen (die sind im Keller), und Sie benötigen Daten aus der Buchhaltung (es lohnt sich nicht, nur deswegen gleich dort anzufragen). Kurzum: Aus dem einfachen Blatt Papier ist wieder einmal ein komplizierter Vorgang geworden. Wie einzelne Perlen kullern diese Arbeiten vor Ihren Augen herum – was letztlich dazu führt, dass Sie die ganze Angelegenheit erst einmal zur Seite schieben.

Die Lösung: Fädeln Sie die Perlen auf und fangen Sie mit der ersten an. Wählen Sie aus der Vielzahl nötiger Aktionen eine aus und erklären Sie diese zum nächsten Schritt. Damit bringen Sie jedes Papier, das Sie anfassen, um einen Arbeitsschritt weiter. Dazu gibt es eine Technik, die sich bestens bewährt hat: die Schritte-Mappen.

Richten Sie in Ihrer Hängeregistratur Mappen ein, die Sie mit Reitern in auffälligen Farben versehen. Beschriften Sie diese Mappen mit typischen »nächsten Schritten«. Von Arbeitsplatz zu Arbeitsplatz sind diese Schritte recht verschieden – ja, sie kennzeichnen geradezu Ihren individuellen Arbeitsplatz. Einige gibt es allerdings fast überall. Ein paar Beispiele:

- kopieren,
- dem Chef vorlegen,
- anrufen,
- besprechen mit …,

- mit der Buchhaltung klären,
- auf Rückantwort warten.

Der Vorteil: Gleichartige Vorgänge werden zusammengefasst. Wenn Sie die »Anrufen«-Mappe zur Hand nehmen, ergibt sich daraus automatisch ein Telefonier-Block – anerkanntermaßen eine Organisationserleichterung. Ihr Schreibtisch bleibt leer: Nichts fragt Sie lautlos: Womit anfangen? Sobald Sie aber eine Schritte-Mappe herausnehmen, ist klar, was zu tun ist.

Bringen Sie Freude an Ihren Arbeitsplatz: Halten Sie Ihre Ablage auch äußerlich in gutem Zustand. Das Ordnunghalten macht mehr Spaß, wenn Sie sich nicht über klemmende Ordnermechaniken, schlecht lesbare Schilder oder herausfallende Unterlagen ärgern müssen. Haben Sie einen Ordner oder eine Mappe schon einmal in der Hand, führen Sie Reparaturen (Risse, kaputte Reiter, verblasste Beschriftung) gleich mit aus. Halten Sie stets einen ausreichenden Vorrat an Trennblättern, neuen Ordnern, Rückenschildern und Mappen bereit.

Besorgen Sie sich Qualitätsordner mit reibungslos funktionierender Mechanik, ansprechende Schachteln, geschmackvoll gestaltete Schubladenblöcke. Leisten Sie sich noble Gefäße für die chronisch herumliegenden Sachen: einen schicken kleinen Ständer für Disketten, einen edlen Becher für Ihre Stifte. Es soll Ihnen Spaß machen, Ihre Dinge in Ordnung zu halten und das goldene Prinzip des Aufräumens zu verwirklichen: Jedes Ding hat seinen Platz. Jedes Ding hat einen Platz.

Falls in eine prall gefüllte Hängemappe nichts mehr hineinpasst, Sie aber beim besten Willen daraus nichts entsorgen können, steigen Sie um auf einen Hängesammler mit breitem Kunststoff- oder Hartpappeboden, die mit Füllvermögen zwischen zwei und sechs Zentimetern angeboten werden. Oder Sie legen gleich einen Ordner dafür an.

Lernen Sie, Ihre Zeit aktiv zu bestimmen

Gerade beim Thema Zeit ist die Ausgangssituation so klar und gerecht wie bei keiner anderen Ressource: Jedem Menschen stehen pro Tag 24 Stunden zur Verfügung. Warum aber haben die einen »keine Zeit«, und andere langweilen sich? Weil die Sprache dabei in die Irre führt: Wer »keine Zeit« hat, hat nicht Unordnung bei seiner Zeit, sondern bei seinen Aufgaben. Es sind zu viele, zu große und zu unwichtige Dinge, die er in seine 24 Stunden packt. Vereinfachen heißt also nicht »Zeit sparen«, sondern »Aufgaben sparen«. Es geht nicht darum, die Zeit zu managen, sondern sich selbst.

Ent-lasten Sie sich durch konsequente »Neins«

Der Druck im Arbeitsleben steigt, in allen Berufen und allen Branchen. Angestellte fürchten um ihren Arbeitsplatz, Selbstständige sorgen sich, Kunden zu verlieren. Auch im zwischenmenschlichen Bereich steigt die Belastung. Die Folge davon: Angestellte lassen sich zu viele Verpflichtungen aufhalsen, Selbstständige nehmen zu viele Aufträge an. Die Familie ist durch die vielen Überstunden genervt. Um den häuslichen Frieden zu erhalten, lassen sich die Überforderten auch im Privatleben mehr Aufgaben übertragen, als sie eigentlich schaffen. Aus Angst vor den Folgen des »Neins« sagen sie lieber zähneknirschend »Ja«. Die simplify-Kunst besteht also darin, konsequent »Nein« zu sagen.

Das ist besonders wichtig für Menschen, die sich leicht überreden lassen: Machen Sie es sich zur festen Gewohnheit, Anfragen immer mit der Bitte um Bedenkzeit zu beantworten. Führen Sie sich während der Bedenkzeit vor Augen, dass die Entscheidung vollkommen bei Ihnen liegt. Ihre Bittsteller sollten es auch nicht zu bequem haben. Lassen Sie sich, wenn es sich um eine größere Angelegenheit handelt, die Bitte des anderen stets schriftlich bestätigen (Fax, E-Mail, Brief). Das erspart beiden Partnern Missverständnisse – und besonders faule Bittsteller, denen der schriftliche Weg zu viel Arbeit ist, sortieren Sie auf diese Weise bereits im Vorfeld aus.

Die größte Gefahr beim Thema Ja- oder Neinsagen aber besteht darin, dass Sie durch Ihre Reaktion die partnerschaftliche Situation verändern. Wenn Sie auf die einfache Anfrage des anderen mit einer Entschuldigung antworten, machen Sie aus der Frage des anderen einen Befehl oder sogar eine Anklage. Reagieren Sie aggressiv, machen Sie aus der Frage eine Beleidigung. Beides ist unangemessen und kann negative Folgen haben. Stellen Sie sich vor, stets auf Augenhöhe mit dem Fragenden zu bleiben. Gleichgültig, ob der andere Ihr Chef, Ihr Untergebener, Ihr Ehepartner oder Ihr Kind ist: Was die Anfrage betrifft, befinden Sie sich beide auf einer Ebene. Ihr »Nein« muss ebenso erlaubt sein wie Ihr »Ja«. Wenn Sie diese Ausgewogenheit nicht empfinden, hat Ihr »Nein« keine Chance. Stellen Sie sich diese Balance bildlich vor: Sie sind beide auf der gleichen Augenhöhe. Unterstützen Sie das mit Ihrem Körper und begeben Sie sich möglichst in die gleiche Position wie der andere (beide stehend oder beide sitzend). Richten Sie sich dabei innerlich auf und sagen Sie sich: »Ich bin genauso viel wert wie der andere.«

Sieben Wege, das »Nein« beziehungsorientiert zu verkaufen

»Nein« ist das Schlüsselwort zu mehr Souveränität, eigener Zeitgestaltung und mehr Zufriedenheit. Neben der grundsätzlichen Entscheidung für mehr Selbstbewusstsein gibt es auch ein paar bewährte simplify-Tipps, mit denen Sie Ihr »Nein« für den anderen etwas leichter verdaulich gestalten können.

1. *»Geben Sie mir etwas Bedenkzeit.«* Oder, noch präziser: »Lassen Sie mich darüber nachdenken. Ich rufe Sie in einer Stunde zurück.« Rufen Sie nach einer Stunde an, und sagen Sie höflich und klar Nein, ohne weitere Begründung. Die Bedenkzeit und das zuverlässige Zurückrufen machen Ihre Absage weniger schroff.

2. *»Das ist ein reizvolles Angebot!«* Würdigen Sie das Anliegen des anderen zunächst mit einem Satz der Anerkennung. Machen Sie dann aber deutlich, dass Ihre Kräfte derzeit anderweitig so stark gebunden sind, dass Sie zu diesem schönen Projekt leider Nein sagen müssen. Erklären Sie dabei nicht, was »das andere« ist und warum es Ihnen wichtiger ist. Das könnte zu Widerspruch oder sogar Streit führen.
3. *»Ich schätze Sie sehr!«* Wenn Sie eine Bitte oder Anfrage erreicht, loben Sie Ihr Gegenüber und stärken Sie die Beziehung. Leiten Sie danach die Absage ein mit den Worten: »Mit keinem würde ich das lieber machen als mit Ihnen. Aber dieses Mal muss ich Ihnen absagen.«
4. *»So etwas mache ich prinzipiell nicht.«* Menschen verkraften eine Absage leichter, wenn sie wissen, dass sie nicht persönlich gemeint ist, sondern grundsätzlich gilt: »Ich hatte in letzter Zeit kaum Zeit für meine Familie und habe jetzt ganz klar dort die Priorität gesetzt.«
5. *»Das tut mir wirklich leid für Sie!«* Diese Absage hilft besonders bei indirekten Anfragen: »Wir würden ja so gerne mit der ganzen Familie kommen, aber leider sind die Hotels so teuer …« Interpretieren Sie nichts in die Anfrage des anderen hinein (»Er will wohl, dass ich ihn als Übernachtungsgast zu Hause einlade«), sondern bleiben Sie bei dem, was der Bittsteller wörtlich sagt, und zeigen Sie ihm auf der emotionalen Ebene Verständnis.
6. *»Das passt im Augenblick gerade nicht.«* Diese Leerformel, die eigentlich nur verschiebt, stellt so manchen Fragesteller zufrieden. Er lässt seine Bitte fallen. Falls er insistiert, setzen Sie noch eine Leerformel drauf: »Ich fürchte, das kann ich jetzt nicht sagen.« Seien Sie um so vorsichtiger mit dieser Variante, je persönlicher die Beziehung ist. Werden Sie gebeten, etwas an einem bestimmten Tag zu tun, können Sie statt »Nein, keine Lust« zunächst auch »Nein, an diesem Termin geht's nicht« sagen. Das verletzt den Bittsteller weniger.

7. *»Hm ... Nein.«* Letztlich die beste Methode. Wenn Sie Nein meinen, sagen Sie auch Nein – mit einer kleinen Pause davor, die Nachdenken und Verständnis für den anderen signalisiert. Sagen Sie das »Nein« mit fester Stimme, und blicken Sie den anderen dabei an. Sonst wirkt es so, als sei doch noch Verhandlungsspielraum. Fügen Sie keine Begründung an, sonst ermuntern Sie den anderen zu einer Diskussion. Eine klare Antwort erspart Ihnen späteren Ärger. Vorteil: Sie vermeiden Missverständnisse und sind für Ihr Gegenüber klar einschätzbar.

Ent-schleunigen Sie Ihr Leben

Jeder von uns hat, wie erwähnt, 24 Stunden Zeit pro Tag zur Verfügung. Aber unsere persönlichen Uhren ticken verschieden schnell. Den Takt Ihrer eigenen inneren Uhr nennen die Fachleute »Eigenzeit«, den Takt Ihrer Chefs, Ihrer Kunden oder Ihrer Familie »Fremdzeit«. Ein wesentlicher Schritt auf dem simplify-Weg ist es, diese beiden Rhythmen miteinander in Einklang zu bekommen.

Finden Sie Ihre »Eigenzeit«

Stellen Sie auf einer Liste zusammen, welche Arbeiten Sie zu welcher Tageszeit am liebsten und am besten erledigen. Unter welchen Bedingungen arbeiten Sie am effektivsten?

Protokollieren Sie auf einer zweiten Liste mindestens eine Woche lang Ihre Arbeitszeiten und beurteilen Sie Ihre subjektive Arbeitsqualität. Aufgrund dieser beiden Listen finden Sie bald heraus, welches »Zeitmuster« für Sie ideal wäre. Klären Sie dann mit Ihrem Chef, Ihren Mitarbeitern und Ihrer Familie, wie sich Ihre Arbeitszeiten daraufhin optimieren lassen.

Verlegen Sie zum Beispiel Meetings vom Vormittag (Ihrem persönlichen Leistungshoch) auf den frühen Nachmittag (Ihrem Leistungstief für Alleinarbeit). Oder Sie vereinbaren mit Ihrem Arbeitgeber und Ihrer Familie, dass Sie drei Abende pro Woche zu Hause arbeiten (Ihre kreativste Zeit) und dafür zwei Nachmittage komplett Ihrer Familie zur Verfügung stehen.

Finden Sie Ihre inneren »Zeitdiebe«

Es sind nicht nur die Menschen in Ihrer Umgebung, die Ihnen die Zeit stehlen. Weit mehr, als viele denken, ist das bedingt durch die eigene Persönlichkeitsstruktur. Hier die wichtigsten Arten dieser zeitraubenden Konstruktionen:

Zeitdieb 1: Die 1000 Mini-Aufgaben: Sie wollen heute endlich Ihren Bericht schreiben. Eine wichtige, aber unangenehme Aufgabe. Vorher schauen Sie »noch eben« die Post durch, vereinbaren »noch eben« einen Arzttermin, besprechen »noch eben« den Konzertbesuch, auf den Sie sich so freuen – und schon ist der halbe Tag dahin.

Die simplify-Lösung: Vereinbaren Sie mit sich, dass Sie erst nach einer Stunde Arbeit an dem Bericht an irgendetwas anderes überhaupt nur denken. Eine Stunde ist ein überschaubarer, menschenfreundlicher Zeitraum. Meistens sind Sie nach einer Stunde dann so in die wichtige Arbeit vertieft, dass die 1000 Mini-Jobs ihre Faszination für Sie verloren haben.

Zeitdieb 2: Die falsche Arbeitsform: Sie haben eine fundierte fachliche Ausbildung. Aber niemand hat Sie jemals vorbereitet auf die Form, in der Sie Ihren Beruf ausüben. Wer als Einzelkämpfertyp in einem Team arbeiten muss, empfindet Meetings und Rücksichtnahme auf andere als Zeitverschwendung. Wer als Gruppenmensch allein zu Hause arbeiten muss, wartet oft Stunden vergeblich auf den zündenden Einfall und verbraucht viel Zeit durch unkreativen Frust.

Die simplify-Lösung: Prüfen Sie, ob Sie Ihre bisherige Tätigkeit unter stark veränderten Bedingungen besser ausüben können. Vereinbaren Sie mit Ihrem Chef eine Testphase, während der Sie wechseln: vom

Innen- in den Außendienst, vom Büro zum Von-zu-Hause-aus-Arbeiten, vom festen zum freien Vertrag (oder jeweils umgekehrt).

Zeitdieb 3: Der falsche Beruf: Wenn Sie nur aus Angst vor Arbeitslosigkeit in einem Beruf verharren, der Ihnen nicht liegt, werden Sie eines Tages seelisch oder körperlich krank. Eine der Hauptursachen für Zeitprobleme und Überforderung ist, dass Menschen beruflich falsch eingesetzt sind und ihre Fähigkeiten nicht zur Geltung bringen können.

Die simplify-Lösung: Überlegen Sie knallhart, welches Risiko letztlich das größere ist: den Arbeitsplatz zu verlieren oder psychosomatisch zu erkranken, womöglich für den Rest Ihres Lebens. Haben Sie Mut zur Veränderung, auch in höherem Alter. Der Arbeitsmarkt wird immer dynamischer. Es wächst die Zahl der »Seniorenfirmen«, gegründet von ausgestiegenen 50- und 60-Jährigen, die bevorzugt ihre eigene Altersschicht einstellen.

Aufschieberitis ist eine Frage der Perspektive

Die ungute Angewohnheit, Arbeiten erst auf den letzten Drücker zu erledigen, ist so schwer zu bekämpfen, weil ihr Wesen so schwer zu verstehen ist. Von Neil Flore, einem der Altmeister auf dem Gebiet der Arbeitsorganisation, stammt eine höchst anschauliche Metapher, die den Mechanismus der Aufschieberitis deutlich macht: Das Bild vom Balken – es ist eine Frage der Perspektive, aus der Sie den Balken sehen.

Stellen Sie sich vor, Sie haben die Aufgabe, über einen 30 Zentimeter breiten und zehn Meter langen Balken zu gehen, der auf dem Boden liegt. Keine schwere Aufgabe, oder? Sie haben alle Fähigkeiten, um das zu schaffen. Sie würden die Aufgabe ohne Zögern beginnen.

Variante 1: Vom Job zur Katastrophe: Stellen Sie sich vor, der Balken liegt zwischen zwei Häusern in 30 Meter Höhe über einer Straßenschlucht, und Sie werden aufgefordert, hinüberzugehen. Schon bei der Vorstellung wird Ihr Adrenalinspiegel steigen. Ein kleiner Fehler (auch wenn er sehr unwahrscheinlich wäre), und die Sache hätte verheerende Konsequenzen. Wie gelähmt stehen Sie vor Ihrer Aufgabe. In der Realität waren Sie es selbst, der den Balken auf 30 Meter Höhe angehoben hat. Sie haben die Bedeutung einer normalen Aufgabe dermaßen gesteigert, dass sie zu einer außergewöhnlichen Belastung geworden ist, bei der Sie einen Fehler als Katastrophe empfinden.

Variante 2: Vom Irrsinn zum Heldentum: Neue Vorstellung: Der Balken liegt immer noch in schwindelerregender Höhe, aber diesmal brennt das Haus auf Ihrer Seite lichterloh. Ihr Leben können Sie nur retten, indem Sie so schnell wie möglich über den Balken kommen. Sie spüren die Veränderung: Sofort entwickeln Sie kreative Lösungen; Sie würden auf dem Hintern vorsichtig über den Balken rutschen oder mutig mit Anlauf und ohne Hinuntersehen auf die andere Seite rennen. Wieder waren Sie es selbst, der das Haus angezündet hat. Durch Aufschieben haben Sie sich selbst unter Druck gesetzt und werden in der Regel die Aufgabe meistern – gestresst, mit Furcht und Zittern. Aber mit großer Genugtuung, denn Sie haben (wie Sie finden) eine grandiose Aufgabe meisterhaft bewältigt. Hätten Sie bloß den auf dem Boden liegenden Balken überquert, wäre dieses Heldengefühl niemals in Ihnen aufgekommen. Deswegen werden Sie es – selbst wenn Sie das bewusst gar nicht wollen – beim nächsten Mal wieder so machen. Sie bleiben im Teufelskreis der Aufschieberitis gefangen. Sie werden die Aufgabe wieder künstlich in ihrer Bedeutung steigern und sich bewusst unter Druck setzen.

Variante 3: Der Ausweg aus dem Teufelskreis: Wieder überspannt der Balken die lebensgefährliche Straßenschlucht, aber das Haus brennt nicht, und unter dem Balken ist ein stabiles Netz angebracht, in das Sie bei einem Fehler sicher fallen würden. Jetzt können Sie Ihre Aufgabe angehen, und sie würde Ihnen vermutlich sogar Spaß machen.

Dieses Sicherheitsnetz ist Ihr Selbstwertgefühl. Es ist der beste Schutz gegen Ihre Verzögerungstaktik, das Haus anzuzünden.

So befreien Sie sich von der »Aufschieberitis«:

- *Vermeiden Sie Sätze mit »Ich muss«:* Sagen Sie solche Sätze weder laut noch still zu sich selbst. Denn bei »Ich muss« hat Ihr Gehirn zwei widersprüchliche Aufgaben zu erfüllen: Es soll die Energie für die zu erledigende Arbeit bereitstellen, und es soll Sie vor der Bedrohung durch das mögliche Scheitern schützen. Ihr Körper rüstet sich gleichzeitig für Kampf und Flucht, zwei Energien, die sich gegenseitig aufheben und Sie am Ende kraftlos zurücklassen. Die bessere Lösung: Sagen Sie »Ich will« oder »Ich kann«. Und meinen Sie es. Sagen Sie es laut zu sich selbst und zu anderen. Stellen Sie sich vor Ihrem geistigen Auge vor, wie Sie die Aufgabe erfolgreich gemeistert haben.
- *Konzentrieren Sie sich auf den Anfang:* Wenn Ihre Seele weiß, dass Sie schaffen, was Sie sich vorgenommen haben, können Sie während der Ausführung das Ziel loslassen. Konzentrieren Sie sich lieber auf den Anfang, auf den ersten Schritt. Verlieben Sie sich nicht in das Endergebnis, sondern in das Tun. Lernen Sie, den Weg liebevoll anzusehen – und nicht nur das Ziel.
- *Erledigen Sie Ihre Arbeit nicht perfekt:* Der Wunsch nach Vollkommenheit ist der am häufigsten vorgebrachte Grund, es erst gar nicht zu versuchen. Viele Menschen schreiben kein Buch, weil sie wissen, dass es nie perfekt sein wird. Sie bleiben an ihrem angestammten, ungesunden und schlecht bezahlten Arbeitsplatz, weil sie sagen: »Den perfekten Arbeitsplatz gibt es nicht.« Orientieren Sie sich stattdessen an den Menschen, die (unperfekte) Bücher schreiben und es wagen, zu einem anderen (unperfekten) Arbeitsplatz zu wechseln.
- *Spielen Sie mehr:* Manche Menschen bestrafen sich, wenn sie unter Termindruck geraten. Sie löschen alle Spiele auf ihrem PC, verzichten auf den Spaziergang und spielen abends nicht mit den Kindern. Nun haben sie weniger Lebensfreude und Ausgleich – und ihre Arbeitsleistung sinkt, anstatt zu steigen. Durchbrechen Sie diesen Kreis, indem Sie unter Druck mehr als gewöhnlich auf

Entspannung achten und aktiver am Leben teilnehmen als sonst. Setzen Sie dafür klare Zeiträume: eine halbe Stunde spazieren gehen, zehn Minuten Patience spielen am PC. Ihr Geist arbeitet während der spielerischen Pause kreativ weiter und macht Sie mental fit. Freizeit ohne Schuldgefühle gibt Ihnen die Kraft, in der restlichen Zeit hochwertige Arbeit zu leisten. Außerdem bewahrt Sie eine gewisse Dosis Spiel vor stressbedingten Erkrankungen.

- *Deuten Sie Ihre Angst richtig:* Beim Beginn eines großen Projekts empfinden Sie in der Regel Angst und Unruhe, weil Sie die enorme Höhe dieses Ziels sehen. Gesteuert von dieser Angst geben viele auf. Lernen Sie, dass solche Angst ganz natürlich ist und Sie nicht zum Aufgeben bringen soll, sondern zur Einteilung des langen Weges in sinnvolle Einzeletappen.
- *Arbeiten Sie mit dem umgekehrten Kalender:* Notieren Sie auf einem Blatt Papier in der ersten Zeile den Endtermin Ihres Projekts. Bewegen Sie sich dann in jeder Zeile einen Schritt aus der Zukunft zurück in die Gegenwart. Auf diese Weise schafft sich das Projekt von oben nach unten, mit der Schwerkraft sozusagen, seine ihm gemäße Struktur. Wenden Sie den umgekehrten Kalender *sofort* an, wenn Sie sich überfordert fühlen.
- *Sorgenarbeit:* Sorgen bremsen und demotivieren. Normalerweise denken Sie beim Sich-Sorgen-Machen aber die möglichen Probleme nur an (»Das wäre furchtbar, wenn ich wieder zu spät abliefere …«) und hören an diesem Punkt auf. Es genügt meist, dass Sie sich den drängenden Gefahren durch Flucht entziehen. Sorgenarbeit jedoch bedeutet: weiterzudenken! Entwickeln Sie ein Szenario, was schlimmstenfalls geschehen würde, wenn Sie zu spät liefern (»Ich würde meinen Job verlieren«). Aber bleiben Sie auch dabei nicht stehen, sondern denken Sie noch weiter: Was würde ich tun, wenn das einträfe (»Ich würde aufatmen« oder »Ich würde die Fortbildung zum Systemtrainer machen«)?

Wenn Sie das alles nun konsequent durchspielen, haben Sie einen großen Vorteil gegenüber Menschen, die Angst vor dem Scheitern haben: Sie wissen, dass Sie auch Kraft für diesen Fall haben. Das gibt Ihnen das Selbstvertrauen, nicht mit Angst, sondern mit Spaß auf dem Balken über den Abgrund zu gehen.

Delegieren Sie konsequent

Auf der Liste der Zeit sparenden Tätigkeiten steht das Thema »Arbeit an andere abgeben« ganz oben. »Delegieren, das ist doch nur etwas für Chefs!«, so lautet ein häufiges Vorurteil. Dabei können auch die vom Nutzen des Delegierens profitieren, die sich als Einzelkämpfer fühlen: freiberufliche Ein-Personen-Unternehmen, Hausfrauen oder Angestellte im unteren Bereich einer Firmenhierarchie. Damit Delegieren gelingt, sollten Sie die Grundregeln dafür kennen und beachten:

- *Übertragen Sie Kompetenz:* Mitarbeiter im Berufsleben und Kinder in der Familie reagieren meist positiv, wenn sie Kompetenz und Verantwortung übertragen bekommen. Deshalb: Schreiben Sie nicht alle Schritte haarklein vor.
- *Delegieren Sie Herausforderungen:* Delegieren Sie nicht mit der Einstellung: »Diese anspruchslose Aufgabe muss ich loswerden.« Sondern stellen Sie den Reiz der Arbeit heraus.
- *Delegieren Sie größere Aufgaben mit Zwischenzielen:* Es ist besonders lohnend, auch mittel- und langfristige Aufgaben zu delegieren. Geben Sie dem anderen dabei aber genügend Zeit, und prüfen Sie in regelmäßigen Abständen nach, ob der andere nicht überfordert ist.
- *Delegieren Sie täglich so oft und so viel wie möglich.* Delegieren Sie nicht nur an Mitarbeiter oder Familienmitglieder, sondern auch an andere Abteilungen und externe Dienstleister (Schreibbüro, Fensterputzer, Gärtner).

Ent-fliehen Sie ab und zu

Wenn es sich um eine Aufgabe handelt, die Sie nur alleine bewältigen können, und nicht gestört werden wollen, hilft nur eins: die Flucht! Erfolgreiche kreative Menschen haben alle ihre Fluchtburgen, in die sie sich für ihre Arbeit zurückziehen. Es muss ja nicht gleich Ernest Hemingways Bungalow mit Meerblick sein. Hier ein paar Anregungen für den simplify-Trick Zweitbüro:

- *Im Auto, auf dem Rücksitz:* Wenn es die Witterung erlaubt, schlagen Sie Ihr Zweitbüro im Auto auf. Fahren Sie an einen abgelegenen Ort, an dem Sie nicht gestört werden und setzen Sie sich (das ist der Kniff) auf den Rücksitz. Hier sind Sie nicht mehr der Chauffeur, sondern der Chef!
- *Unter freiem Himmel:* Vom Wetter abhängig ist das Zweitbüro im Park, an einem See oder sonst einem inspirierenden Platz in der freien Natur. Manche Menschen haben dagegen eine innere Abneigung: »An so einem schönen Platz arbeiten? Hier will ich mich doch entspannen!« Keine Sorge, Sie machen den schönen Platz mit Ihrer Arbeit nicht kaputt. Es funktioniert anders herum: Durch die Anmut der Umgebung wird auch Ihre Arbeit angenehmer und reizvoller werden.
- *Verwaiste Räume:* In fast jeder Firma gibt es ungenutzte Räume: große Sitzungszimmer, eine Kantine außerhalb der Essenszeiten, leer stehende Büros oder wenigstens ein zeitweise leer stehender Schreibtisch eines Außendienstmitarbeiters (mit dem Sie sich vorher abstimmen, wann Sie seinen Platz nutzen dürfen). Wichtig ist, dass der entsprechende Raum möglichst weit von Ihrem Büro entfernt ist. Dann melden Sie sich ab, als ob Sie außer Haus gehen, stellen das Telefon auf Anrufbeantworter oder wie immer Sie Ihre Abwesenheit organisieren. Vor Ihnen liegen zwei, drei Stunden ohne Störung, in denen Sie Wunder vollbringen können.
- *Kraftorte:* Suchen Sie kraftvolle Plätze auf, die positiv auf Ihre Konzentration und Inspiration wirken. Wenn Sie mit einem Buch

und einem Notizblock als Arbeitsmittel auskommen, werden Sie niemanden stören. Inspirierende Orte sind beispielsweise Kirchen, eine öffentliche Bibliothek, ein altmodisches Café (in dem Sie in Ruhe gelassen werden), ein Selbstbedienungsrestaurant (ganz ohne störende Ober), ein Museum oder das Foyer eines Hotels.

- *Die Bahn:* Finden Sie heraus, welche Orte für Ihre Kreativität positiv sind. Bei mir ist es die Eisenbahn. Wenn ich weiß, vor mir liegen vier Stunden Fahrt, ohne Telefon und Leute, die zur Tür hereingucken – dann ist mein Geist frei, um komplizierte Artikel zu lesen oder zu verfassen. Notfalls tut es sogar die Flughafenlinie der S-Bahn, die ich mit der Monatskarte kostenlos mitnutzen kann.

Entpuppen Sie sich: Die Schmetterlingsphasen Ihres Lebens

Es ist nützlich, sich die Phasen des simplify-Weges als Schmetterlingszyklen vorzustellen: Nach einem anstrengenden Raupendasein, in dem Sie vor allem Dinge aufnehmen (zum Beispiel in einer Ausbildung), folgt zunächst eine schmerzhafte Verpuppung (zum Beispiel eine Krise) und dann das gelassene neue Leben mit neuen Schmetterlingsflügeln (zum Beispiel beruflich in einer höheren Position). Solche Schmetterlingszyklen werden Sie mehrmals durchmachen – nicht gerade auf jeder Stufe Ihrer Lebenspyramide, aber doch auf den für Sie am kompliziertesten.

Manche Menschen denken, das Leben eines Schmetterlings dauere nur kurz, verglichen mit dem langen Leben als gefräßige Raupe. Doch bei vielen Schmetterlingsarten ist es umgekehrt: Nach einer kurzen, aber intensiven Raupenphase folgt nach der Verpuppung ein ausgiebiges Falterleben. Manche Schmetterlingsarten durchqueren wie Zugvögel ganze Kontinente und legen Tausende von Kilometern zurück.

Längst nicht jede Raupe schafft es bis zur Verpuppung und zur Entfaltung der bunten Flügel. Das Raupenleben ist ja auf seine Weise höchst angenehm und zufrieden stellend. Es hat seine eigene Dynamik. Sie kennen sicher Menschen, die Sie davor warnen, von Höherem zu träumen. Solche Menschen wollen Ihnen weismachen, dass es zwar Schmetterlinge gibt, dieses andere, freie Leben aber nur für einige wenige Auserwählte gedacht ist.

Der simplify-Weg sorgt dafür, dass Sie nicht als Raupe sterben. Deshalb ist es wichtig, dass Sie von Ihrer Möglichkeit erfahren, Schmetterlingsflügel zu bekommen. Wir gehen die Phasen der Reihe nach durch.

1. *Von der kleinen zur dicken Raupe:* »Mehr ist immer besser« könnte das Motto der ersten Phase des simplify-Weges heißen. Es beschreibt das Raupendasein, in dem wir lernen, aufnehmen und wachsen. Aber auch hier gilt: Aller Anfang ist schwer. Denn der simplify-Weg beginnt niemals einfach.
2. *Die fette Raupe:* Die zweite Station des simplify-Weges ist eine Grenzerfahrung. Ein Stolpern über die eigenen Gedanken: Was wird aus meinem Leben, wenn es immer so weiter geht wie jetzt? War das wirklich alles? In dieser Phase erwacht der Hunger nach simplify: Ein bisschen weniger wäre jetzt ganz gut. Aber wo soll man anfangen?
3. *Die Verpuppung:* In der dritten Phase geht es um Ihre Entscheidung. Viele Menschen bleiben Raupe, weil sie Angst vor der Veränderung haben. Sie wollen die Komfortzone nicht verlassen. Eine Raupe hat aber nur eine Chance, zum Schmetterling zu werden: die große Krise, den kleinen Tod. Das Lebensziel erreicht nur, wer den Weg in die Dunkelheit wagt. Wer loslässt und sich verpuppt.
4. *Der sich entfaltende Schmetterling:* »simplify« ist die Überschrift über dem leichten Leben des Schmetterlings. Weniger ist mehr. Er fliegt mit leichtem Gepäck und genießt die Freiheit. Diese Grundeinstellung ließe sich als gesunder Egoismus beschreiben. Ein

Film würde hier enden: Der Schmetterling fliegt dem Sonnenuntergang entgegen, Abblende. Der simplify-Weg aber ist damit noch nicht zu Ende. simplify ist mehr.

5. *Der Schmetterling und seine Eier:* Schmetterlinge kommen auf die Welt, um Eier zu legen. Nicht die Raupen legen die Eier, sondern die erwachsenen, entwickelten, durch die große Krise gegangenen Tiere, die die Kunst des Fliegens beherrschen. Das ist das große Geheimnis unseres Lebens, das es so spannend und unvorhersehbar macht.

Nutzen Sie die Schmetterlingsregeln

Wenn Sie ein neues Projekt beginnen, wenn Sie sich einen Traum verwirklichen wollen, wenn Sie in irgendeiner Weise eine neue Phase in Ihrem Leben starten, dann bereiten Sie sich mental darauf nach folgenden Regeln vor:

- *Aktiv statt passiv:* Reagieren Sie nicht, sondern agieren Sie. Formulieren Sie Ihre Ziele in der Aktivform. Also *nicht:* »Ich möchte zum Abteilungsleiter befördert werden«, *sondern:* »Ich möchte die Abteilung leiten und nach meinen Vorstellungen umgestalten.«
- *Führen Sie Regie:* Werden Sie der Drehbuchautor und Regisseur Ihres Lebens, nicht nur ein Schauspieler oder Kleindarsteller. Formulieren Sie Ihre Ziele in gestaltender Form. Also *nicht:* »Ich will bei einer Nilreise mitmachen«, *sondern:* »Ich will vom Schiff aus Ägypten und den Nil entdecken.«
- *Spüren Sie Ihre Flügel:* Glauben Sie daran, dass noch unentdeckte Fähigkeiten in Ihnen schlummern (Ihre Schmetterlingsflügel), die Sie ausbilden und einsetzen können. Das Wesentliche kommt nicht von außen auf Sie zu, sondern es steckt in Ihnen und muss

nur geweckt werden. Formulieren Sie Ihre Ziele als Entwicklung vorhandener Gaben. Also *nicht:* »Ich möchte, dass mir jemand Spanisch beibringt«, *sondern:* »Ich will meine Sprachkenntnisse so weit steigern, dass ich weitgehend fließend Spanisch sprechen kann.«

- *Beziehen Sie Ihren Partner mit ein:* Eines der größten Probleme bei Veränderungen im Leben: Der Partner zieht nicht mit. Eine Frau, die nach der Kindererziehung ins Berufsleben zurück will, stößt bei ihrem Mann auf Unverständnis. Ein Angestellter, der sich selbstständig machen möchte, findet keine Unterstützung von seiner Frau. Hier kann die Schmetterlingstechnik ausgesprochen hilfreich sein. Machen Sie Ihrem Partner klar, dass nach einer anstrengenden Raupenzeit die Schmetterlingsphase kommt: mehr Zufriedenheit, mehr Lebenssinn, wahrscheinlich auch ein verbessertes Einkommen. Legen Sie einen Zeitpunkt fest, zu dem spätestens die Raupenphase endet und Ihr Partner aufatmen kann. Wenn die Durststrecke länger dauert als vereinbart, darf Ihr Partner von Ihnen verlangen, dass Sie Ihren Plan ändern!
- *Zahlen Sie den Preis:* Es gibt viele unproduktive Träume vom Glück: Lottogewinn, Erbschaft, »entdeckt werden« – innerer oder äußerer Reichtum ohne Anstrengung. Die Schmetterlingstechnik lehrt Sie, dass es keinen Lohn ohne vorherige Mühe gibt. Sie lehrt aber auch, dass jede Anstrengung lohnt. Wenn Sie Ihr ganzes Leben als beschwerliches Raupendasein empfinden, dann machen Sie etwas falsch. Am Ende jeder Strapaze muss eine positive Gegenleistung stehen.

Werner Tiki Küstenmachers Spezialtipp

Wenn ich Ihnen nur einen einzigen Tipp mit auf den Weg geben könnte, so wäre es dieser: Weniger ist mehr. Weniger erreichen Sie, wenn Sie die Spirale zum Komplizierten einfach umdrehen. Strapazieren Sie dafür ein Wortspiel, das im Deutschen in fast allen Sachgebieten funktioniert: statt verdoppeln – entdoppeln, statt Gerümpel – entrümpeln, statt Verspannung – Entspannung, statt Beschleunigung – Entschleunigung – alle meine »ENT-lein« sozusagen. Integrieren Sie diese »ENTs« bewusst in Ihren Alltag. Sie werden merken, dass Sie sich damit schon mitten auf Ihrem simplify-Weg befinden.

Mehr von Werner Tiki Küstenmacher:

- simplify your life. Einfacher und glücklicher leben (mit Lothar J. Seiwert). 13. Auflage. Frankfurt/New York 2004
- simplify your life. Den Arbeitsalltag gelassen meistern. Frankfurt/New York 2004
- simplify your life. Endlich mehr Zeit haben. Frankfurt/New York 2004
- simplify your life: monatlicher Newsletter (weitere Informationen unter www.simplify.de)

Samy Molcho

Professor Samy Molcho, Pantomime, Schauspieler, Regisseur und Bestsellerautor, ist einer der bedeutendsten Pantomimen des 20. Jahrhunderts. Er gilt als *die* internationale Kapazität auf dem Gebiet der Körpersprache. Neben seinen weltweiten Gastspielverpflichtungen ist Samy Molcho Professor an der Universität für Musik und darstellende Kunst am Max-Reinhardt-Seminar in Wien. Seit 1980 hält er Vorträge und Seminare in aller Welt und begeistert Persönlichkeiten aus den Vorstandsetagen internationaler Unternehmen ebenso wie Topmanager im privatwirtschaftlichen und öffentlichen Bereich.

Weitere Informationen:
www.samy-molcho.de

Samy Molcho

Körpersprache

Unser Körper – der Handschuh der Seele

In unserer heutigen Konsumgesellschaft beherrschen nicht mehr nur Produkte den Markt. Gute Produkte liefert beinah jedes Unternehmen. Es ist die Kommunikation, die uns einen Vorteil verschafft. Wer versteht, welche Bedürfnisse seine Kunden haben, der wird sie erreichen und langfristig halten.

Das Gleiche gilt für unsere Mitarbeiter: Wenn wir wissen, wie sie »ticken«, wie sie schwingen, wenn wir auf ihren Rhythmus eingehen, dann können wir sie motivieren. Kommunikation ist in allen Ebenen eines Unternehmens wichtig. Nur dort, wo ein offener, gefahrloser Austausch möglich ist, kann ein Vertrauensklima entstehen.

Dies ermöglicht Mitarbeitern ihr persönliches Potenzial zu entfalten. Das spüren auch die Kunden. Damit eine Kommunikation gelingt, ist mehr als nur unsere verbale Kommunikation notwendig. Unsere Körpersprache macht rund achtzig Prozent eines Gesprächs aus. Darum ist es so wichtig zu erkennen, welche Signale wir selbst senden – und wahrzunehmen, was andere uns nonverbal mitteilen möchten.

Die Interdependenz von verbaler und nonverbaler Kommunikation

Die menschliche Sprache, unsere verbale Ausdrucksfähigkeit ist sehr reichhaltig und vielfältig. Unsere Entwicklung als Menschen ist gebunden an unsere Fähigkeit zur verbalen Kommunikation. Welche Rolle kann da noch die Körpersprache spielen? Ihre Ausdrucksmöglichkeiten sind begrenzter, ihr Repertoire ist kleiner. Doch stellen Sie sich vor, jemand sagt Ihnen mit hängenden Mundwinkeln und starrer Mimik: »Ich bin so glücklich, hier zu sein.« Glauben Sie ihm? Sehr wahrscheinlich nicht. Wie anders ist dagegen die Wirkung, wenn Ihr Gegenüber diesen Satz mit einem Lächeln, strahlenden Augen und weit ausgebreiteten Armen sagt. Hier ist der zentrale Unterschied zwischen verbaler Kommunikation und Körpersprache spürbar: Mündlich können wir Absichtserklärungen machen, die mit der Realität nichts zu tun haben. Glaubwürdig werden unsere Sätze erst durch die Körpersprache. Sie zielt auf Handlung, auf Aktivität, auf das Geschehen im Hier und Jetzt. Menschen wirken durch ihre Haltung, ihre Mimik, ihre Gestik auf uns – und wir wiederum auf sie. Wer uns mit schlaff hängenden Armen und runden Schultern seiner Leidenschaftlichkeit versichert, dem werden wir zumindest skeptisch begegnen. Leidenschaft bedeutet Energie – und dies strahlt ein schlaffer Körper nicht aus.

» Körpersprache ist der Ausdruck unserer Wünsche, unserer Gefühle, unseres Wollens, unseres Handelns. Sie verkörpert unser Ich. «

Wir können uns der Wirkung von Körpersprache nicht entziehen, weder als Empfänger noch als Sender. Jeder Körper sendet Signale, bewusst oder unbewusst. Auf der verbalen Ebene können wir uns entscheiden, keine Informationen preiszugeben – unser Körper kommuniziert ständig weiter. Wir können unsere »Körperinformation« verändern, uns wegdrehen, den Mund fest verschließen, unser

Gegenüber wird diese Signale empfangen, auf sich beziehen und interpretieren: »Er will nicht mehr mit mir sprechen«, wird er sich denken. Unser Körper kann nicht *nicht* kommunizieren. Mit anderen Worten: Er ist der größte Schwätzer aller Zeiten.

Zugleich können wir uns auch vor dem Empfangen von Körperbotschaften nicht verschließen. Von dem Augenblick an, in dem wir jemanden wahrnehmen, beginnen wir, jede seiner Handlungen auf uns zu beziehen, wir interpretieren sie als Interaktion mit uns. Stellen Sie sich zum Beispiel vor, Sie befinden sich in einem Vorstellungsgespräch. Ihre potenzielle neue Chefin schaut Ihre Unterlagen durch. Plötzlich verzieht sie das Gesicht, blickt Sie an und sagt: »Das sieht alles sehr gut aus, eine interessante Bewerbung.« Würden Sie ihr glauben? Wohl kaum. Das kurze Verziehen des Gesichts beziehen Sie auf sich und Ihre Bewerbung – auch wenn Ihre Gesprächspartnerin nur entdeckt hat, dass ihre Sekretärin auf einem beigelegten Zettel einen ihrer üblichen Kaffeeflecken hinterlassen hat. Die kleine Bewegung galt nicht Ihnen – und doch werden Sie sie so interpretieren und Ihre Chancen auf die neue Stelle schwinden sehen. Schnell verstehen Sie nun Verständnisfragen als Suche nach Schwachstellen, vielleicht sogar als Angriffe.

Was ich damit sagen möchte, ist Folgendes: Unser Körper sendet fortwährend Signale – ob wir uns dessen bewusst sind oder nicht. Und unsere Gesprächspartner interpretieren diese Signale – auch dies zu einem großen Anteil unbewusst. Dabei können schnell Missverständnisse entstehen. Dies wird immer wieder passieren. Doch wenn wir uns der Tatsache bewusst sind, dass wir ununterbrochen »auf Sendung sind«, können wir die Reaktionen unseres Gegenübers besser verstehen.

Wenn wir nicht wahrnehmen, welche Signale wir senden, kann es passieren, dass wir die Reaktionen unseres Gegenübers falsch interpretieren. Wir werten sie nicht als Antworten auf unsere Signale, sondern als eigenständige Aktionen. Daraus kann sich ein Kreislauf der Missverständnisse entwickeln.

- Wer zum Beispiel einen verkürzten Nacken hat und den Kopf weit nach hinten zieht, wirkt auf andere im wahrsten Sinne des Wortes hochnäsig. Seine Gesprächspartner werden entsprechend in verschiedenen Variationen von Abweisung bis Trotz reagieren. Ist ihm seine Körperhaltung nicht bewusst, wird dieser Mensch lediglich das brüske Verhalten seiner Mitmenschen sehen, auf das er wiederum mit Abweisung reagiert. Eine Spirale ist in Gang gebracht.
- Oder stellen Sie sich einen kurzsichtigen Menschen vor, der keine Brille trägt. Er muss sein Gegenüber sehr konzentriert anblicken, den Blick fokussieren, um ein klareres Bild zu erhalten. Sein Gesprächspartner wird sich unter diesem Blick unwohl fühlen, aufgespießt wie eine Beute – und entsprechend reagieren: mit Flucht oder Angriff.
- Wer stets mit gesenktem Kopf über den Rand einer halben Lesebrille blickt, wirkt sehr streng. Sein Gesprächspartner fühlt sich in einer permanenten Prüfungssituation. Wird der Kopf dabei zudem gerade nach vorn gehalten, entsteht ein Gefühl der Konfrontation. Wer so angeguckt wird, der entwickelt den Wunsch, sich zu verteidigen und zu schützen. Eine entspannte Gesprächsatmosphäre kann so nicht aufkommen. Auch wenn die Kopfhaltung lediglich durch die Brille bedingt ist: Sie bestimmt die Stimmung, in der das Gespräch geführt wird.

Sie sehen: Nur wenn wir die Signale kennen, die wir aussenden, können wir die Antworten verstehen. Wir sollten uns darüber im Klaren sein, dass wir stets Signale aussenden – unser Körper kann nicht *nicht* kommunizieren, er schwatzt die ganze Zeit munter weiter.

Andererseits können wir aber auch nicht *nicht* reagieren. Wir stehen fortwährend in einer Interaktion mit unserem Gegenüber. Dies hat evolutionäre Gründe. Aus früher Vorzeit ist in uns noch unser »Alarmsystem« aktiv: Die stete Aufmerksamkeit, das fortwährende Wahrnehmen von Signalen war und ist lebenserhaltend. Stets prüfen wir, wo Gefahren und wo Vorteile sind.

Aus unserer Umwelt stürzen unzählige Informationen auf uns ein. Bewusst verarbeiten wir davon gerade mal 1 Prozent. Die restlichen 99 Prozent nehmen wir unbewusst auf und reagieren darauf ohne vorsätzliche Entscheidung. So geht es uns auch im Umgang mit anderen Menschen: Bewusst nehmen wir nur einen Bruchteil der Signale auf, die unser Gegenüber sendet. Unbewusst empfangen wir deutlich mehr Informationen – und wir reagieren auch gleichzeitig darauf, ohne dass wir dessen sofort gewahr werden. Unser erster Impuls ist immer ein Gefühl. Selbst wenn wir wissen, dass unser Gesprächspartner nur deshalb so streng blickt, weil er uns über seinen Brillenrand hinweg anschaut, so fühlen wir uns doch unbehaglich.

Unser Körper hat ein eigenes Konzept im Umgang mit Informationen, das nicht in allen Punkten mit unseren rationalen Überzeugungen übereinstimmt. Wir reagieren auf einen Menschen stets spontan mit Empfindungen – sie sind da, im Hier und Jetzt zwischen mir und meinem Gegenüber. Und sie antworten auf zahlreiche Signale, derer wir uns gar nicht bewusst sind. Noch einmal zurück zu unserem Beispiel mit der halben Lesebrille: Wer uns im Gespräch über seine Brille hinweg ansieht, sagt uns dadurch implizit: »Das Gespräch mit dir ist mir nicht so wichtig, dass ich dafür die Brille abnehme.« Denn das könnte er ja schließlich auch tun: Wer sich mit einem anderen unterhält, braucht keine *Lese*brille. Wer sie trotzdem aufbehält, signalisiert, dass dieses Gespräch nur eine vorübergehende Störung ist – viel wichtiger sind die Papiere, die vor ihm liegen. Auch der Gesprächspartner spürt dies instinktiv – und reagiert entsprechend distanziert. Wer dagegen die Brille abnimmt, zeigt: »Das Gespräch ist mir sehr wichtig, ich konzentriere mich auf dich und auf das, was du mir zu sagen hast.« Angenommen, Sie führen ein Gespräch mit einem Kunden – welches Gefühl möchten Sie ihm vermitteln: dass er unwillkommen ist oder dass Sie in ihm einen wichtigen und ernst zu nehmenden Gesprächspartner sehen?

Stellen Sie sich vor, Sie sagen mit ausgestrecktem Zeigefinger, den Handrücken nach oben gekehrt, zu Ihrem Mitarbeiter: »Ich brauche diese Briefe bis vier Uhr.« Wie wird er reagieren? Wahrscheinlich aufmüpfig oder trotzig – zumindest innerlich. Ihr Handrücken signalisiert: Dies ist ein Befehl, es gibt nur eine richtige Antwort, und die lautet »Ja«. Eine Diskussion ist nicht möglich. Einen Befehl kann Ihr Gegenüber nur befolgen oder dagegen rebellieren – angenehm ist es für ihn in keinem Fall. Spielen Sie diese Situation einmal durch: Wie fühlt es sich an? Versuchen Sie in dieser Haltung mit freundlichem Tonfall zu sagen: »Ich brauche diese Briefe bis vier Uhr«. Hat es funktioniert? Klangen Sie wirklich freundlich?

Sagen Sie nun diesen Satz einmal, nachdem Sie Ihre Hand herumgedreht und geöffnet haben: »Ich brauche diese Briefe bis vier Uhr.« Haben Sie einen Unterschied wahrgenommen? Konnten Sie den Satz nun in einem freundlichen Tonfall sagen?

Der offene, nach unten gerichtete Handrücken drückt eine Bitte aus – darauf reagieren die Angesprochenen zumeist mit Entgegenkommen. Außerdem lässt die offene Hand einen Dialog zu; diese Haltung signalisiert, dass Sie Ihr Gegenüber als gleichberechtigtes Individuum, als selbstständigen Menschen sehen.

Spießen Sie ihn aber mit dem ausgestreckten Zeigefinger regelrecht auf, wird er sich zum Gegenstand, zu einer Funktion degradiert fühlen. Dadurch sinkt seine Motivation, er wird seine Aufgabe zwar erfüllen, aber ohne Verantwortung dafür zu übernehmen. Vielleicht schleichen sich ein oder zwei Fehler ein, Briefe wandern in falsche Umschläge, oder sie werden vielleicht nicht abgeschickt. Als Befehlshaber provozieren Sie Renitenz bei Ihren Mitarbeitern. Anders ist es, wenn Sie mit einer offenen Geste bitten – in dieser Situation fällt es Ihren Mitarbeitern leicht, Verantwortung für die Aufgabe zu übernehmen, dafür zu sorgen, dass Ihrer Bitte gewissenhaft nachgekommen wird.

Sagen Sie den Satz »Ich brauche diese Briefe bis vier Uhr« noch einmal mit ausgestrecktem Zeigefinger, den Handrücken nach oben gekehrt – und wiederholen Sie ihn mit ausgestreckter, offener Hand. Merken Sie, wie Ihre Stimme sich verändert? Wie Ihr Tonfall wechselt?

Unser Körper – ein komplexes System

Jede Firma ist ein System, ein komplexes Netz. Unterschiedliche Abteilungen übernehmen verschiedene Aufgaben und arbeiten einander zu. Je nachdem, welche Vorgaben eine Abteilung von ihrer vorgesetzten Ebene erhält und welche Informationen ihr von einer anderen Abteilung zukommen, kann die betreffende Abteilung ihre Aufgaben ausführen. Erhält das Marketing unvollständige Produktangaben, kann es kein maßgeschneidertes Konzept für eine neue Ware entwerfen. Werden ihm von der Konzernführung sehr enge Vorgaben gesetzt, kann es kein innovatives Konzept entwerfen. Jede Abteilung reagiert auf die andere.

Ähnlich verhält es sich mit unserem Körper. Auch er ist ein komplexes System. Sie haben gemerkt, wie sich Ihre Stimme verändert, wenn Sie mit offener Hand bitten – im Gegensatz dazu, wenn Sie mit einer Konfrontationsgeste (dem ausgestreckten Zeigefinger, den Handrücken nach oben gekehrt) befehlen. Vielleicht haben Sie auch gespürt, dass Ihr Nacken bei der offenen Geste entspannter ist, dass Sie freier atmen. Ihr Körper drückt aus, mit welcher Einstellung Sie Ihrem Gesprächspartner gegenübertreten. Und gleichzeitig können Sie spüren, wie sich Ihr Standpunkt zu Ihrem Gegenüber verändert, wenn Sie Ihren körpersprachlichen Ausdruck variieren. Wie das Ziehen eines Fadens an einem Netz, hat auch dieses eine Wirkung auf das gesamte Netz.

Wenn Sie jemanden oder etwas mit Ihrem Blick fokussieren, spüren Sie, wie in Ihrem Körper Spannung aufgebaut wird: Der Nacken ist fest, Ihr ganzer Körper ist angespannt, Ihre Atmung wird flacher, dadurch verändert sich Ihre Stimme, Ihre Tonlage.

Spielen Sie dies einmal mit jemandem durch: Fokussieren Sie Ihr Gegenüber, spüren Sie bewusst, wie sich Ihr Körper anspannt. Beobachten Sie, wie auch Ihr Gesprächspartner in seinem Körper Spannung aufbaut. Und nun verändern Sie Ihre Haltung: Lockern Sie Ihren Nacken, legen Sie Ihren Kopf leicht schräg, entspannen Sie Ihren Blick. Merken Sie, wie sich auch in Ihnen etwas verändert? Spüren Sie, dass die Anspannung nachlässt? Dass Sie anders atmen? Spüren Sie auch, dass Sie Ihr Gegenüber anders wahrnehmen? Dass das Gefühl, ein Angriff steht bevor, nachlässt? Dass Sie offener werden?

In dem Moment, in dem wir unsere Körperhaltung verändern, verändert sich auch etwas in uns selbst: unsere Einstellung zu unserem Gegenüber. Oft werde ich gefragt, ob man mit Körpersprache manipulieren kann. Diese Frage lässt sich mit einem eindeutigen *Ja* beantworten: uns selbst. In erster Linie haben wir durch unsere Körpersprache Einfluss auf uns selbst und auf unsere Gefühle. Unser Körper ist so organisiert, dass jede Veränderung unserer Position eine nach innen gerichtete Aussage ergibt. Ein Dialog mit uns selbst wird eingeleitet.

» Jede Bewegung eines Körperteils wirkt auf unsere übrigen Körperteile. Wir verfügen über ein inneres Kommunikationsnetz, das ganzheitlich funktioniert und das aus Wechselwirkungen besteht. Unsere Körpersprache wirkt auf unser Denken und auf unser Fühlen zurück. «

Wenn in uns etwas in Bewegung gerät, wirkt dies auch nach außen: auf das System der Kommunikation. Und nur so verändert sich auch etwas bei unserem Gesprächspartner. Kommunikation ist keine Einbahnstraße. Wir agieren und reagieren: Kommunikation ist ein Prozess.

Zweifler werfen an dieser Stelle oft ein, dass man mit Körpersprache etwas vorspielt und Gesprächspartner so im eigenen Sinne beeinflusst. Doch dem ist nicht so. Wir manipulieren in erster Linie uns selbst. Wenn wir aus unserem Kommunikationsverhalten Spannung herausnehmen, verändern wir vor allem uns selbst: Wir werden offener.

»Unser Körper kann nicht lügen.«

Unsere Körpersprache entspricht stets dem Geschehen in unserem Inneren. Empfindungen und Wünsche äußern sich unmittelbar als Impulse. Sie sind immer hundertprozentig und wahr. In dem Augenblick, in dem wir etwas mit unserem Körper ausdrücken, verändern wir unsere Empfindungen und damit unser Auftreten – wir fühlen das, was wir ausdrücken. Sobald wir eine bestimmte Haltung einnehmen, reagiert unser ganzes Körpersystem darauf: unsere Stimme, unsere Körperhaltung, unser Gesichtsausdruck.

»Unser Körper bringt unsere Wünsche und Empfindungen zum Ausdruck. Er ist der Handschuh unserer Seele.«

Nehmen wir unser letztes Beispiel: Wenn Sie jemanden mit geradem, leicht gesenktem Kopf fokussieren, bauen Sie Spannung auf. Der gerade Kopf mit seinem angespanntem Nacken signalisiert Konfrontation. Neigen Sie nun den Kopf leicht zur Seite, dann werden Sie spüren, dass Sie sich weicher und vertrauensvoller fühlen. Bei gerader Kopfhaltung fällt die Brustatmung leicht – die Brustatmung brauchen wir, um kampfbereit zu sein. Neigen wir den Kopf zur Seite, fällt die Brustatmung schwerer: Wir beginnen, mehr in den Bauch hineinzuatmen. Dadurch entspannen wir uns, wir werden aufnahmebereiter – und unsere Stimme verändert sich. Gleichzeitig legen wir durch die Neigung des Kopfes unsere Halsschlagader frei: Wir machen uns angreifbar und signalisieren so unserem Gegenüber, dass wir darauf vertrauen, dass er diese Situation nicht ausnutzen wird. Wir zeigen ihm also unser Vertrauen. Auch dies entspannt die Situation.

Besonders Männer neigen dazu, den Kopf gerade zu halten. Dies hat seine Gründe zumeist in der Erziehung. Männer werden darauf getrimmt, Stärke zu zeigen. Allerdings wird Stärke oft mit Härte verwechselt. Wer den Kopf zur Seite neigt, fühlt sich weicher. Weichheit wird in der westlichen Denkungsart meist mit Schwäche gleichgesetzt. Doch das ist ein Trugschluss. Im westlichen Denken sagt man: Alles, was solide ist, ist stark. Das östliche Denken dagegen ist überzeugt: Alles was solide ist, bricht. Wasser ist beispielsweise nicht hart, es passt sich seiner Umgebung an; und doch ist Wasser alles andere als schwach. Weichheit und Offenheit haben in keiner Weise etwas mit Schwäche zu tun.

Gefühle, und wie sie uns lenken

Viele Menschen versuchen, vor allem im Berufsleben, Gefühle auszuklammern. Emotionen sollen in der Welt der Erträge, in der Welt der Zahlen und Bilanzen keinen Einfluss haben. Doch diese Menschen unterschätzen die Bedeutung von Gefühlen. Unsere Berufswelt ist eine Abfolge von Entscheidungen – und die Grundlage von Entschlüssen sind Gefühle. Egal, ob es sich um ein Produkt, ein Konzept, eine neue Arbeitsstelle oder um die Einstellung eines Bewerbers handelt: Den letzten Ausschlag gibt unser Gefühl. Passt der Bewerber – abgesehen von all seinen Qualifikationen – zu uns, zu unserem Unternehmen? Verspricht ein Produkt die Erfüllung unserer Wünsche? Stimmt ein Konzept mit unseren Visionen überein? Wir entscheiden uns letztendlich für das, was uns gut tut – und dazu müssen wir uns selbst wahrnehmen.

Wir müssen verstehen, wie wir empfinden und was uns angenehm ist.

Gefühle sind keine Schwäche. Sie sind schwer zu berechnen – darum erscheint uns der Umgang mit ihnen so kompliziert und gefährlich. Empfindungen lassen sich nicht in ein System drängen. Sie sind stets eine Ganzheit und ein ganzheitlicher Ausdruck. Es gibt kein halbes Gefühl, sondern nur Empfindungen von unterschiedlicher Intensität. Sie sind stets unmittelbar, und sie sind immer subjektiv. Wir können Emotionen nicht von anderen erwerben. Jemand anders kann sie reizen, sie auslösen, aber nicht konstruieren. Gefühle gehören ausschließlich dem Einzelnen.

Wir können also sagen: Der Mensch ist sein Gefühl – unser Gefühl ist zu hundert Prozent unser Ich. Wer seine Empfindungen unterdrücken möchte, wer sie nicht wahrnehmen will, der will sich selbst nicht spüren. Das ist gefährlich. Wer keinen Kontakt zu seinen Gefühlen hat, verliert den Bezug zur Realität. Wer nicht wahrnimmt, was er sich wünscht, was ihm gut tut, kann keine angemessenen Entscheidungen treffen.

Im Austausch mit anderen Menschen erfahren wir immer wieder, dass all unsere rationalen Argumente unwirksam sind, wenn wir den Menschen, den wir überzeugen wollen, nicht in seinen Bedürfnissen wahrnehmen. Wir treffen mit jedem Menschen, dem wir begegnen, auf eine komplexe Wirklichkeit aus Gefühlen: Zufriedenheit oder Enttäuschung, Zuversicht oder Angst, Verärgerung oder gute Laune. Will ich ihn von meinem Standpunkt oder meinem Produkt überzeugen, ihn mit meinen Argumenten berühren, muss ich auf diese Wirklichkeit eingehen.

Dies gilt natürlich auch für uns selbst: Wir wollen, dass unsere Gefühle wahrgenommen werden – denn wer unsere Gefühle erkennt und darauf eingeht, der sieht uns als Individuum, als Persönlichkeit und geht auf unsere Bedürfnisse ein.

» Der produktive Dialog beginnt mit der Wahrnehmung der Gefühle des anderen. «

Wie erziele ich Wirkung?

Es gehört zu den wesentlichen Grundlagen unseres Daseins, dass wir darauf angewiesen sind, von anderen wahrgenommen zu werden. Wie können wir feststellen, dass andere uns als Individuen erkennen? Der einzige Beweis, dass etwas existiert, ist, dass es Wirkung ausübt. Wirkung heißt, Veränderungen hervorrufen, und Veränderungen sind Bewegungen. Wenn ich auf jemanden wirke, muss sich bei ihm etwas verändern, etwas in Bewegung setzen: der Gesichtsausdruck, die Gestik, die Körperhaltung, die Position im Raum, vielleicht auch nur die Gesichtsfarbe; auf jeden Fall muss eine Veränderung auftreten, auch wenn sie nur minimal erscheint. Wenn der andere nicht auf meine Signale reagiert, zwingt er mich, meinen Ausdruck zu intensivieren – verbal oder nonverbal –, weil ich glaube, ihn nicht erreicht zu haben. Sie kennen das vielleicht von Kindern, die immer vehementer agieren, um die Aufmerksamkeit eines Elternteils zu gewinnen.

» Existenz ist Wirkung. «

Wenn etwas nicht wirkt, dann existiert es nicht. Im Deutschen gibt es das schöne Wort »Wirklichkeit«. Als ich es zum ersten Mal bewusst hörte, veränderte sich etwas in mir, so sehr hat es mich beeindruckt. »Wirklichkeit« ist etwas anderes als »Realität«. Wirklichkeit ist alles, was auf mich wirkt – es ist Teil *meiner Wirklichkeit*, weil es für mich existiert. Kinder sind in dieser Hinsicht beeindruckend: Ihre Welt ist zeitweise bevölkert von Monstern und Geistern – für uns unsichtbar und nur Hirngespinste, für unsere Kinder so wirklich, dass sie nicht schlafen können. Mit rationalen Argumenten kommen wir als Eltern in dieser Situation nicht weiter. Wir müssen auf die Wirklichkeit unserer Kinder eingehen, um diese unliebsamen Besucher zu verscheuchen.

Existenz ist Wirkung – was existiert wirkt. Doch Ereignisse wirken nicht nur von außen nach innen – auf uns –, sondern auch von innen nach außen. Ich habe es weiter oben bereits angesprochen: Mit Körpersprache können wir uns selbst manipulieren. Das bedeutet, wir können unser Denken und Fühlen über unsere Körperbewegungen beeinflussen.

Probieren Sie es selbst aus: Beißen Sie kräftig Ihre Zähne zusammen, setzen Sie Ihren ganzen Kiefer unter Spannung – und in dieser Situation sagen Sie sich: »Das Leben ist schön.« Glauben Sie sich? Wahrscheinlich nicht. Mit verkrampftem Kiefer kann man das Leben nicht genießen. Für verbissene Menschen ist das Leben eine Abfolge unerfreulicher Ereignisse.

Nun machen Sie das Gegenteil: Lockern Sie Ihren Unterkiefer, lassen Sie ihn hängen. In dieser Position rechnen Sie nun: 17 × 7. Na, hat es funktioniert? Sehr wahrscheinlich werden Sie deutlich länger gebraucht haben als gewöhnlich. Sie sehen: Mit hängendem Unterkiefer kann man nicht schnell denken – dies funktioniert besser, wenn der Mund locker geschlossen ist.

Hier ein weiterer Selbstversuch: Legen Sie die Hände fest auf die Wangen und sagen Sie: »Heute ist ein herrlicher Tag.« Wie fühlt sich das für Sie an? Sind Sie froh? Wahrscheinlich nicht, denn Wangen und Wangenmuskulatur dienen als Übertragungsfeld zwischen Augen und Mund. Unser Gesichtsausdruck stimuliert unsere Empfindungen. Blockieren wir dieses Feld, sind auch unsere Gefühle eingefroren.

Legen Sie nun die Fingerspitzen unter die Augen und streichen Sie langsam nach unten über Ihr Gesicht und lassen Sie Ihre Hände fallen. Dabei sagen Sie wieder: »Heute ist ein herrlicher Tag.« Wie fühlt es sich diesmal an? Glauben Sie sich?

Probieren Sie nun Folgendes. Legen Sie die Handrücken so auf Ihre Wangen, dass die Ellenbogen nach oben außen zeigen.

Streichen Sie nach oben über Ihr Gesicht, recken Sie die Arme in den Himmel und sagen Sie sich: »Heute ist ein herrlicher Tag.« Spüren Sie den Unterschied? Spüren Sie, wie für einen winzigen Moment das Leben unbeschreiblich leicht und schön ist? Wenn wir die Arme mit offenen Händen heben, sagt unser gesamtes System: Es gibt keine Gefahr, das Leben ist Entspannung und Freude.

Spüren Sie weiteren Zusammenhängen in Ihrem Körper nach: Wenn Sie zum Beispiel die Zähne fest zusammenbeißen, dann wird Ihr Becken steif. Lecken Sie sich dagegen lustvoll die Lippen, öffnet sich Ihr Becken – Sie werden insgesamt lockerer.

Sie sehen: Bestimmte Körperhaltungen haben einen Einfluss auf unser Fühlen und Denken. Verschiedene Bewegungen aktivieren oder blockieren bestimmte Aktionen in unserem Gehirn. Wie ich Ihnen oben schon sagte: Unser Körper ist ein System, ein Netz, in dem sich die einzelnen Glieder gegenseitig beeinflussen.

Dies passiert unbewusst und prompt. Unser Unterbewusstsein ist deutlich schneller als unser Bewusstsein. Dies ist ein altes Erbe aus unserer dunklen Vorzeit, als unsere Intuition, unser instinktives Reagieren auf Umwelteindrücke lebensrettend war. Wenn Sie beispielsweise eine Ihnen unbekannte Treppe hinaufsteigen, hat Ihr Unterbewusstsein in Windeseile die notwendige Neigung Ihres Körpers, den benötigten Kraftaufwand, die Höhe der Stufen und Ähnliches berechnet. Sie können die Treppe einfach erklimmen. Müssten Sie dies bewusst machen – ausrechnen, wie hoch Sie Ihren Fuß ziehen müssen, wie viel Kraft dazu notwendig ist, wie weit Sie sich nach vorn beugen müssen und weiteres –, Sie wären Stunden damit beschäftigt.

Unser Bewusstsein ist langsam – aber natürlich wichtig. Unser Bewusstsein ermöglicht es uns, Ziele zu setzen und Visionen zu entwerfen. Unser Bewusstsein ist auch der Sitz unserer verbalen Kommunikation. Sie erweitert unsere Realität, indem sie abstrakte Dinge benennt und dadurch begreifbar macht.

Übersetzen wir dieses Denken in Körpersprache, so wird die Vielfalt der Ausdrücke weniger. Tausend Worte ergeben eine Bewegung. Denn unser Körper kennt nur Materielles. Er hat keinen Zugang zu Abstraktionen.

Wir alle haben das schon einmal erlebt: Wir wollen einen Gedanken wegschieben – und bewegen unsere Hand, als ob wir eine Fliege verscheuchen wollten. Unser Körper übersetzt unser abstraktes Vorhaben, das Verdrängen, in eine Aktion. Für ihn ist unser unangenehmer Gedanke ein Gegenstand, den er beiseite schiebt.

Die deutsche Sprache verwendet viele körpersprachliche Bilder: Wir vertreten zum Beispiel Standpunkte – und dies geistig wie physisch: Wer die Knie durchdrückt, in den Knien also blockiert, kann sich nicht von der Stelle bewegen, er beharrt auf seinem Standpunkt. Man kann auch sagen: Er hat Prinzipien, von denen er nicht abweichen wird. Wollen wir ihn überzeugen, so brauchen wir Beweg-Gründe, damit er seinen Standpunkt verlässt.

Vielleicht haben Sie das selbst schon einmal erlebt: Sie sitzen in einer Diskussion, aber Ihnen fehlen die richtigen Worte. Kaum stehen Sie auf und gehen drei Schritte, fällt Ihnen ein, wie Sie hätten argumentieren können. Nun ist es nicht so, dass Sie während dieser drei Schritte deutlich intelligenter geworden wären. Aber durch die Bewegung haben Sie neue Informationen aus Ihrer Umwelt aufgenommen, Sie haben neue Stimuli erfahren, und Sie haben Ihren Standpunkt verändert. Dadurch hat sich eine neue Sichtweise ergeben – und prompt verfügen Sie über die Worte, die Ihnen vorher fehlten.

Ein Wort hat einen Inhalt, aber es bildet keinen ganzen Satz. In der Körpersprache ist es nicht anders: Wir bauen »Sätze« aus den Bewegungen verschiedener Körperteile. Jeder Körperteil hat verschiedene Ausdrucksmöglichkeiten – genauso wie Worte sie haben –, aber den

Satz bildet stets der Körper. Körpersprachliche Signale müssen – wie jede Art von Information – interpretiert werden. Eine Aussage kann für den Empfänger mehrere Bedeutungen haben. Zudem sind Bewegungen stets eingebettet in Situationen. In diesem Zusammenhang müssen sie auch gedeutet werden.

Keine Körperhaltung ist grundsätzlich positiv oder negativ – die Interpretation hängt immer von der Situation ab. Oft heißt es, wer mit gekreuzten Armen dasitzt, blockt ab – doch so einfach ist es nicht. Wer die Arme kreuzt und sich zurücklehnt, zeigt in erster Linie nur, dass er im Augenblick nicht handeln möchte. Das kann sehr positiv sein, nämlich wenn er einer Präsentation aufmerksam lauscht. Auch das Überschlagen der Beine wird häufig als negatives Zeichen gewertet, weil wir uns damit angeblich verschließen. Ich sehe das nicht so negativ. Das Übereinanderschlagen der Beine stärkt zum Beispiel die Rückenmuskulatur. Auftretende Müdigkeit wird dadurch überwunden. Außerdem kann das Gespräch in dieser Haltung erleichtert werden: Ein Fuß verlässt den Boden, der Körper ist also nicht in einer Flucht- oder Angriffsposition, auch die volle Konzentration wird auf diese Weise aufgehoben. Das Gespräch kann entspannter geführt werden.

Bewegungen und Körperhaltungen haben also keinen fest bestimmten Wert. Sie verfügen über bestimmte Eigenschaften, und wie diese zu bewerten sind, hängt von der jeweiligen Situation und den beteiligten Personen ab.

Mein Ziel ist es nicht, Ihnen zu sagen, wie Sie sich am besten verhalten sollten. Ich möchte Sie nicht verändern. Ich möchte Ihnen lediglich bewusst machen, welche Signale Sie mittels Ihrer Körpersprache senden. Mein Anliegen ist eine verbesserte Kommunikation. Indem Sie erkennen, was Sie senden und wie es von anderen verstanden werden kann, eröffnen sich Ihnen neue Möglichkeiten, auf andere zuzugehen und zu wirken. Außerdem werden Sie offener für die Signale anderer. Denn das, was für Sie stimmt, trifft ja auch auf andere zu.

Die Körpersprache anderer deuten

Wir stellten bereits fest, dass es für uns Menschen existenziell ist, als Individuum wahrgenommen zu werden. Dies gilt natürlich auch für Ihre Mitarbeiter oder Kunden. Wenn Sie innerhalb der Kommunikation auf deren Bedürfnisse eingehen können, werden sie sich bei Ihnen gut aufgehoben und verstanden fühlen. Die Konsequenz: Ihre Kunden bleiben Ihnen treu, Ihre Mitarbeiter sind motiviert. Um dies zu erreichen, sollten Sie erkennen, wie Ihre Mitarbeiter oder Kunden »ticken«, denn jeder Mensch hat seinen speziellen Rhythmus und ein individuelles »Raster«, wie er die Dinge wahrnimmt. In welchem Raster Ihre Kunden oder Ihre Mitarbeiter denken beziehungsweise reagieren, das erfahren Sie, indem Sie in einen Dialog mit ihnen treten und Informationen austauschen.

Dies geschieht nicht allein auf der verbalen Ebene. Wir wissen ja nun: Unsere Gedanken- und Gefühlswelt wird in Körperhaltungen übersetzt. Wenn wir andere aufmerksam betrachten, können wir bereits an kleinen Gesten und Bewegungen erkennen, über welche Eigenheiten sie verfügen. Jeder Mensch entscheidet sich für die Art, wie er sich bewegt – wie er geht oder steht, wie er sitzt, das hängt davon ab, in welcher Position und mit welcher Bewegung er sich wohl fühlt. Wir wählen unsere Haltungen, darum sagen sie etwas über uns aus.

Jeder Mensch hat einen bestimmten Rhythmus, in dem er Informationen aufnimmt. Man erkennt ihn zum Beispiel an seinem Nicken. Wer schnell nickt, bevorzugt ein rasches Sprechtempo, er möchte Informationen in einem kurzen Takt erhalten. Wer langsam nickt, wünscht sich weniger Hektik. Je besser man sich auf den Rhythmus des Gesprächspartners einlässt und sich an seinen Takt anpasst, um so einfacher funktioniert die Verständigung, denn man funkt nun auf der gleichen »Wellenlänge«.

»Kommunikation glückt, wenn man die Wellenlänge seines Gegenübers wählt. Wer auf der falsche Welle sendet, kann noch so Gutes sagen – er wird von seinem Gesprächspartner nicht gehört.«

Einen weiteren Anhaltspunkt bietet beispielsweise der Gang eines Menschen. Ein ruhiger, in sich ruhender Schritt kommt aus dem Stand. Das Schwungbein schwingt so weit vor, wie es, ohne die Balance zu gefährden, gehen kann. Dann wird das Schwungbein zum Standbein, und dieses übernimmt dessen Rolle.

Wird der Schritt kleiner, wird die ruhige Selbstsicherheit gegen eine vergewissernde Gangart gewechselt. Schritt für Schritt wird nun quasi der Boden der Realität abgetestet. Der Fuß kann jederzeit zurückgezogen werden, denn nie ist der Schwerpunkt des Körpers in der Luft. Menschen, die ihre Entscheidungen und Taten von der Kenntnis von Details abhängig machen, gehen mit kleinen Schritten. Vielleicht brauchen sie insgesamt mehr Zeit, um ihr Ziel zu erreichen, dafür machen sie weniger Fehler.

Der große Schritt überspannt die Balance. Durch das Schwungbein, das in der Bewegung zu weit ausgreift, wird das Standbein aus seiner Position regelrecht herausgerissen, bevor das Schwungbein selbst wieder Stand gewonnen hat. Das bedeutet: Der Weg muss fortgesetzt werden, der Schwung treibt den Gehenden nach vorn, es gibt kein Halten. Dies ist die Gangart risikofreudiger Menschen. Details erscheinen ihnen als Hindernis auf dem Weg, von dessen Richtigkeit sie fest überzeugt sind.

Und wer mit den Füßen kickt, als stoße er einen Ball von sich weg, delegiert gern oder schiebt Probleme von sich weg.

Zeigt eine Fußspitze beim Gehen stark nach außen, ist der Mensch stets an Nebeninformationen interessiert. Er kennt sein Ziel, das gerade vor ihm liegt, doch er macht einen kleinen Umweg, um besser informiert zu sein. Auf dem Weg zur Chefin macht er bei der Sekretärin Halt, um von dieser zu hören, wie die Chefin heute gelaunt ist. Seine Energie scheint zwar nicht optimal zielgerichtet zu sein, doch gewinnt er durch seine Informiertheit Bonuspunkte.

Zeigt die Fußspitze beim Gehen aber nach innen, so übernimmt sie die Funktion einer Bremse. Wer auf diese Weise einwärts geht, kann im Oberkörper ganz und gar aufgeschlossen wirken. Kommt es jedoch zum ersten Schritt, blockiert er sich selbst. Wir haben es mit einem Zauderer zu tun, der im Konflikt zwischen Wollen und Fortschritt steht.

Wer mit geradem Nacken geht, steuert geradewegs ein Ziel an. Alles, was links und rechts vom Wege liegt, sind für ihn Ablenkungen. Wie mit Scheuklappen geht er geradeaus. Diese Menschen kommen am besten mit klaren Anweisungen oder eindeutigen Lösungen zurecht. Leute mit beweglichem Nacken hingegen wollen immer gern mehr Information erhalten. Sie gucken sich nach weiteren Lösungen oder Auskünften um. Was links und rechts des Weges liegt, sind für sie Angebote.

Aufschlussreich ist auch der Stand eines Menschen. Niemand von uns steht in der Idealform (ganz gerade) – und jede Abweichung von ihr sagt etwas über uns aus. Wer zum Beispiel seinen Schwerpunkt mehr auf die Fersen legt, ist reserviert. Der Körper ist in dieser Haltung etwas zurückgelehnt. Auch wenn dieser Mensch den Impuls zu gehen empfängt, kann er erst mit Verzögerung starten. Er muss seine Balance erst zur Mitte bringen, bevor er den ersten Schritt machen kann. Wer auf den Fersen steht, der braucht eine Pufferzone, er geht nur ungern ein Risiko ein – weder hinsichtlich seines Kapitals noch seines Wissens noch seiner Position, kurz: all dessen, was er erworben hat.

Wer dagegen stärker auf den Ballen steht, neigt zu schnellen Reaktionen. Mit jedem Impuls bewegt sich der Körper nach vorn. Er reagiert schnell, aber häufig unüberlegt.

Manche Menschen kommen bei der Begrüßung nicht frontal auf uns zu, sondern etwas seitlich. So können sie anderen Menschen näher kommen, weil keine Konfrontation stattfindet. Kommt es nicht zum Händedruck, kann jeder seines Weges gehen. Wer dieses Konzept wählt, wird auf seinem Weg ungern blockiert. Er akzeptiert Vorschläge, reagiert auf Reize, aber wie er geht, bestimmt er selbst. Andere Menschen kommen mit ausgestreckter Hand auf uns zu. Das heißt, sie lassen niemanden nah an sich heran. Manche bleiben mitten im Zimmer stehen und reichen uns die Hand: Sie nehmen ihren Platz wahr.

Wer jemandem die Hand reicht und die andere noch obendrauf legt oder auf den Unterarm seines Gegenübers, will Herzlichkeit demonstrieren, verrät aber Dominanz, indem er die Bewegungsfreiheit des anderen einschränkt. Auch wenn diese Berührung nur mit den Fingerspitzen geschieht, hebt das die Wirkung von Dominanz nicht auf.

Wie Arme, Beine und Füße jeweils im körpersprachlichen Ausdruck eine eigene Bedeutung haben, so spricht auch jeder unserer Finger seine spezielle Sprache.

- Der *Daumen* unterstützt stark dominante Bewegungen. Er ist der motorisch stärkste Finger. Für jede Greifbewegung ist er von einzigartiger Bedeutung.
- Der *Zeigefinger* weiß alles besser. Seine Sensibilität ist stark ausgeprägt. Wenn wir etwas betasten wollen, benutzen wir immer den Zeigefinger. Zwischen Daumen und Zeigefinger prüfen wir die Struktur von Materialien. Der sensorische Zeigefinger liefert uns Feininformationen. Wer den Zeigefinger im Gespräch häufig benutzt, wirkt in jedem Fall belehrend. Solange die Handfläche jedoch bei gehobenem Zeigefinger dem Gesprächspartner zugewandt bleibt, blockiert sie zwar: »Moment mal, da weiß ich was!«, wirkt aber nicht aggressiv.
- Dreht sich die Hand zur Kante, wird die Geste zum Drohsignal, denn aus dieser Stellung kann man mit dem Finger schlagen, stechen, bohren. Das Maximum an Dominanz ist erreicht, wenn der Zeigefinger, von oben nach unten geführt, auf einen Punkt einsticht. Um die Wirkung abzuschwächen, werden oft »Ersatzteile«

eingesetzt. Man klopft nicht mit dem Zeigefinger, sondern mit dem Bleistift als Verlängerung auf den wunden Punkt.

- Der *Mittelfinger* spricht von Selbstgestaltung. Wer glaubt nicht, dass er das Zentrum der Welt sei? Niemand wird es zu sagen wagen, aber insgeheim weiß es jeder von sich. Nicht umsonst gilt der Mittelfinger in vielen Kulturen als Penissignal, und zwar in provozierender Weise: »Ich bin potenter als du!« Das heißt zugleich, dass der Potentere auch der Stärkere ist.
- Wir geben alle mehr Signale mit dem Mittelfinger, als den meisten von uns bewusst ist. Ich habe es bereits an meinem vierjährigen Sohn beobachten können, wie er den Mittelfinger benutzte, wenn er sich bei seinen älteren Brüdern Geltung verschaffen wollte. Menschen, die im Gespräch ihren Mittelfinger berühren, ihn streicheln oder reiben, haben das Bedürfnis nach Selbstgestaltung. Man darf das nicht mit Dominanzverhalten gleichsetzen. Dominanz will gewinnen, Selbstgestaltung strebt nach Anerkennung.
- Der *Ringfinger* spricht von Gefühl. In der Bewegung ist er mit dem Selbstgestaltungsfinger verbunden. Menschen, die im Gespräch ihren Ringfinger berühren, brauchen eine Streicheleinheit. Sie erwarten eine Gefühlszuwendung und keine rationale Erklärung.
- Der *kleine Finger* ist der Gesellschaftsfinger. Er kann nicht viel, aber er ist immer dabei. Wer mit dem kleinen Finger spielt, will auf sich aufmerksam machen.

Wir nutzen unsere Finger nicht nur im Gespräch oder bei Handlungen, wir schmücken sie auch mit Ringen. Dabei ziehen wir stets den Finger vor, der auf eines unserer Bedürfnisse verweist. Ringe am kleinen Finger sind zum Beispiel Statussymbole. Vielfach werden Siegelringe am Gesellschaftsfinger getragen. Der Hinweis auf das Bedürfnis nach gesellschaftlichem Status ist damit eindeutig.

Haben wir zwischen zwei grundsätzlich gleich geeigneten Bewerbern zu entscheiden, die sich für einen PR-Job interessieren, tun wir gut daran, uns für den mit dem Ring am kleinen Finger zu entscheiden, denn er wird auf jeden Fall den gesellschaftlichen Kontakt suchen.

Wer Mitarbeiter zu führen hat, sollte wissen, dass diejenigen, die einen Ring am Mittelfinger tragen, nie damit zufrieden sein werden, ausschließlich im Team zu arbeiten. Kann ihnen eine Arbeit zugewiesen werden, in der sie sich persönlich profilieren können, sind sie ausgesprochen motivierte Mitarbeiter.

Der Ringfinger als Gefühlsfinger ist traditionsbedingt der Finger für den Ehering. Wird ein Siegelring am Ringfinger getragen, weist dies auf eine enge Gefühlsverbindung zur Tradition der Familie.

Natürlich wird niemand allein durch die Position seines Ringes oder durch seinen Gang charakterisiert. Wie ich oben schon sagte: Erst der ganze Körper bildet den Satz. Nur wenn wir viele Informationen über einen Menschen sammeln, können wir ihn in seinen Eigenheiten verstehen.

Die Fallstricke der körpersprachlichen Interpretation liegen in der Gefahr der Idealisierung beziehungsweise »Rasterisierung«. Der Mensch strebt nach Vollkommenheit, die es in der realen Welt nicht gibt. Und gerade im Menschen sind Widersprüche angelegt. Niemand passt nur in ein Raster, niemand lässt sich in eine einzige Schublade pressen. Deshalb dürfen Widersprüche in der Interpretation von Körpersprache nicht wegharmonisiert werden. Also: Keine Angst vor Widersprüchen! Denn aus den Widersprüchen, die sich körpersprachlich offenbaren, erkennen wir am meisten. Sie zeigen, was uns bewegt. Ein Bedürfnis, das gestillt wird, lässt uns ausruhen, bis ein neues uns wieder in Bewegung setzt. Wer Widersprüche lösen will, muss an das Naturgesetz der Bewegung denken: Nur wer sich bewegt, verändert.

Samy Molchos Spezialtipp

Wenn ich Ihnen nur einen einzigen Tipp geben könnte, so wäre es dieser:

Unser Gefühl ist zu hundert Prozent unser Ich. Gedanken können wir uns leihen. Alles, was wir erfahren und empfinden, berührt zuerst unser Gefühl. Die ursprünglichen Instinkte, die ursprünglichen Bedürfnisse melden sich zuerst durch unsere Emotionen, weil sie unmittelbar durch den Körper sichtbar werden. Die eigenen Empfindungen nicht wahrzunehmen heißt, sich selbst nicht wahrnehmen zu wollen. Erziehung und soziale Zwänge lehren uns, unsere Gefühle zu verstecken oder zu unterdrücken. Der Körper lässt dies jedoch nicht ungestraft mit sich machen. Wenn mein Gefühl etwas verlangt, das ich gleichzeitig unterdrücken möchte, gibt es starke Differenzen im Körper und in der Körpersprache. Muskel- und Gelenksperren sind das Resultat.

Wir sollten wieder lernen, stärker auf unsere Gefühle zu hören. Ich halte es für sehr wichtig, über Gefühle zu sprechen, weil damit ein Anfang gemacht wird, Gefühle zu legitimieren. Dies ist die Grundlage einer gelungenen Kommunikation.

Mehr von Samy Molcho:

- Alles über Körpersprache. Sich selbst und andere besser verstehen. München 2001.
- Körpersprache der Promis. München 2003.
- Körpersprache der Kinder (mit Nomi Baumgartl). München 2005.

Jens Weidner

Prof. Dr. Jens Weidner ist Professor für Erziehungswissenschaften und Kriminologie in Hamburg und Mit-Erfinder des Anti-Aggressivitäts-Trainings (AAT®), mit dem in über 100 Projekten Gewalttäter behandelt werden. Seit 1994 bietet er dieses Training auch in umgekehrter Sichtweise an: für Führungskräfte, die ihre Durchsetzungsfähigkeit und ihren Biss stärken wollen.

Weitere Informationen:
www.prof-jens-weidner.de

Jens Weidner

Die Peperoni-Strategie

Sich mit Power durchsetzen, um Gutes zu tun

Wenn Sie Ihre Sinne dafür schärfen wollen, ob Sie lieber als Opfer durch Ihr berufliches Leben gehen oder stattdessen Ihre guten Ideen und Projekte erfolgreich umsetzen wollen, dann wird Ihnen die Peperoni-Strategie helfen. Mit ihrer Hilfe werden Sie Ihre natürlichen Aggressionen konstruktiv aktivieren und für sich nutzbar machen.

Die Peperoni habe ich als Symbol für unsere positiven Aggressionen gewählt, weil sie feurig, sinnlich und zugleich gefährlich ist. Sie müssen sie im Gebrauch richtig dosieren können, weil sie sonst eine geradezu höllische Schärfe entwickelt, und Sie sich selbst den Mund verbrennen.

Sie können die ersten Schritte der Peperoni-Strategie nach der Lektüre des Beitrages sofort umsetzen, indem Sie Ihr Durchsetzungsprofil mithilfe der genannten Peperoni-Analyse überprüfen! Danach werden Sie wissen, ob Sie die persönliche Basis mitbringen, um Biss zu entwickeln und Ihre Durchsetzungsstärke ausbauen zu können.

Wie Sie Ihre positive Aggression konstruktiv einsetzen

Ich möchte Ihnen in diesem Beitrag zeigen, wie Sie lernen,

- sich besser durchzusetzen,
- sich nicht übervorteilen zu lassen,
- sich gegen persönliche Übergriffe zur Wehr zu setzen,
- Ihren Standpunkt – auch ungefragt – besser einzubringen, kurz:

sich mit Power durchzusetzen, um Gutes zu tun!

Als Minimalziel sollten Sie nach der Lektüre das »Schleifgeräusch« hören, das entsteht, wenn jemand versucht, Sie über den Tisch zu ziehen. Dann können Sie immer noch entscheiden, ob Sie dagegen ankämpfen oder es mit sich machen lassen wollen, weil Sie Macht- und Ränkespiele per se ablehnen. Aber diese Entscheidungsfreiheit haben Sie nur dann, wenn Sie die Machtspiele erst einmal durchschaut haben!

Daher gibt die Peperoni-Strategie Ihrem Erfolg erst die rechte Würze, die zwischen Mittelmaß und ambitioniertem Handeln entscheidet. Sie ist die Zutat, die den Mistreitern Feuer macht. Folgendes Grundrepertoire gehört unabdinglich dazu: strategisches Geschick, das seismografische Gespür für drohenden Ärger, engagierte Netzwerkpflege und eine solide Gegenspieler-Analyse. Die Grundhaltung ist lebensfroh, analytisch und folgt dem historischen Leitsatz: Vertrauen ist gut, Kontrolle ist besser. Peperoni-Strategen sind positiv aggressiv und überprüfen ihr professionelles Standing durch folgende Fragen:

- Von wo droht potenzieller Ärger?
- Wer weiß Dinge über mich, die mir möglicherweise schaden könnten?
- Welche neuen Entwicklungen beinhalten Gefahren für mein Unternehmen und für mich selbst?

Positiv Aggressive sind auf der Hut und folgen einem vordergründig pessimistischen Menschenbild. Sie lassen sich aber auch gerne vom

Gegenteil überzeugen, nämlich davon, dass sich Vertrauen lohnt und die Mitstreiter seriös und loyal agieren. Ziel der positiv Aggressiven ist der wirtschaftliche, wissenschaftliche, kulturelle oder soziale Erfolg.

» Positive Aggression kämpft immer für etwas, aber selten gegen etwas. Sie behält das Gemeinwohl im Auge! «

Woran aber erkennt man einen Peperoni-Strategen? Typische Merkmale sind ihr überdurchschnittliches Engagement und ihre Identifikationsbereitschaft mit dem Unternehmen. Sie sind loyal und bewerten Hierarchien positiv als strukturbildend. Sie zeigen Ehrgeiz und verzichten auf extreme Positionen, die sie aus dem *Mainstream* der Firmenphilosophie katapultieren könnten.

Sie ziehen große innere Befriedigung aus ihrem beruflichen Engagement und lieben es, auf Partys von ihren neuesten Projekten und Aufträgen zu erzählen. Sie sind dabei utilitaristisch ausgerichtet, das heißt, sie klopfen Menschen auf ihren Nutzen für die avisierten Projekte ab und vernetzen sich schnell und geschickt mit den Nützlichen. Umgekehrt kappen sie überflüssig gewordene Kontakte entschlossen: nicht aus Boshaftigkeit, sondern weil ihnen schlicht die Zeit und das Interesse zur weiteren, jobunabhängigen Pflege fehlen. Gleiches gilt für Projekte, die vom Misserfolg bedroht sind: Aus ihnen ziehen sich Peperoni-Strategen frühzeitig zurück.

Sie neigen zur Ungeduld, betonen Selbstdisziplin und Berechenbarkeit, werben gerne in eigener Sache und haben oft eine Schwäche für Statussymbole. Sie schmücken sich zwar nicht mit fremden Lorbeeren, heben aber ihren Beitrag zum gemeinsamen Erfolg hervor. Sie behalten ihre Konkurrenten im Auge und lassen sich durch deren Leistung motivieren, weil sie eine Schwäche für den Wettbewerb haben. Sie lieben den kurzen Dienstweg, zeigen sich flexibel und unbürokratisch. Besonders sympathisch macht sie, dass sie genauso höflich und zuvorkommend zu ihrem kollegialen Umfeld sind wie zu Hausmeistern, Putzkolonnen und Servicekräften – sie danken auf diese Weise all jenen, die nicht ihre Kreise stören!

Fakt ist: Wer die positive Aggression nicht für sich annehmen mag, wird größte Schwierigkeiten haben, sich in der Wettbewerbsgesellschaft zu positionieren. Wer hier den Kopf aus dem Fenster hält, muss den Gegenwind ertragen können, und positive Aggression hilft dabei, diesen Gegenwind auszuhalten. Die eigene Power zu aktivieren und auszuleben, um Gutes zu tun: Gibt es etwas Schöneres und Konstruktiveres?

Daher möchte ich Sie sehr vor dem Gegenteil positiver, gesunder und gekonnter Aggression warnen: vor der unklugen Neigung, die eigene Aggression und Power zu unterdrücken, sich ihrer als zu dominant zu schämen und daher in aller Bescheidenheit selbst zu beschneiden. Vertreter einer solchen Haltung und Widersacher der Peperoni-Strategie erkennen Sie leicht. Es sind die Überbesorgten, die ständig von Bescheidenheit, Friedfertigkeit und Demut sprechen und sie auch anderen abverlangen, die gerne lamentieren und jammern, die sich für ihre Duldsamkeit selbst loben und voller Schicksalsglauben sind und zu Selbstvorwürfen neigen und die Schuld schnell bei sich suchen.

Für durchsetzungsstarke Menschen sind diese Attribute ein Albtraum; sie stehen gerade auf dem entgegengesetzten Standpunkt:

- Statt Überbesorgtheit glauben sie an die Selbstverantwortung des Einzelnen.
- Statt Bescheidenheit fordern sie, die eigenen Potenzen und Ressourcen nutzbar zu machen.
- Statt zu lamentieren, packen sie an und definieren Erfolg auf die schlichte Art: »Wenn ich zehn Mal gescheitert, aber elf Mal wieder aufgestanden bin, dann bin ich ein erfolgreicher Mann«.
- Statt Duldsamkeit favorisieren sie »Tempo, Tempo, Tempo«.
- Statt sich in ihr Schicksal zu ergeben, wissen sie, dass man beruflichen Erfolg mit Fleiß und Ausdauer beschleunigen, zumindest aber wahrscheinlicher machen kann.

- Statt Selbstvorwürfen und Schuldfragen fragen sie sich: »Was ist gut gelaufen und was können wir für die Zukunft daraus lernen?«
- Für übertriebene Selbstkritik und Nabelschau haben sie keine Zeit.

Peperoni-Strategen sind meist die zufriedeneren Menschen, denn sie sind bereit, ihre Träume und Ideen umzusetzen. Nicht, dass ihnen das immer gelänge, aber sie versuchen es immerhin: »Scheitern ist erlaubt, nicht versuchen ist verboten«, ist ihr Leitsatz. Positiv aggressive Menschen sagen daher über sich, dass sie

- standfest, mutig und tatkräftig sind,
- sich auch ungefragt Gehör verschaffen,
- sich durch Niederlagen nicht entmutigen lassen,
- auch unbequeme Entscheidungen durchzusetzen imstande sind,
- sich gegen Unverschämtheiten und Erniedrigungen zur Wehr setzen,
- Zivilcourage zeigen, wenn es dem Unternehmen und den Mitarbeitern dient und
- moralischen Prinzipien folgen.

Gerade die moralischen Prinzipien, so die Management-Autorin Hedwig Kellner, machen den zentralen Unterschied zwischen der Peperoni-Strategie und bösartiger Niedertracht aus: Positiv aggressive Menschen kämpfen hart für ihre Interessen, aber sie streben keine Vernichtung Dritter an. Sie demütigen unterlegene Gegner nicht, sondern zollen ihnen Respekt. Sie wissen: Man trifft sich immer zweimal im Leben. Sie vergessen nicht, wer ihnen in schweren Zeiten geholfen hat, und achten Fairness, Mitgefühl, Ehrlichkeit, Zuverlässigkeit und Seriosität.

Vor allem aber zeichnet sie eine eindeutige Grundhaltung aus. Schwammige »Ja, aber …«-Formulierungen wie die Folgenden sind ihnen fremd:

1. »Ich will mich durchsetzen und mein Ziel erreichen, *aber niemanden überrollen und verletzen!*« – Dies ist ein rhetorisch an-

genehmer Selbstbetrug. Wenn Sie sich durchsetzen, bleiben zwangsläufig andere Zeitgenossen auf der Strecke – auch solche, die gute Ideen haben, und eine Niederlage in der Regel nicht verdient haben. Natürlich werden andere verletzt sein, wenn Sie den Zuschlag erhalten. Sie sind dafür aber nicht verantwortlich, denn Ihr Streben hat ja nicht auf diese Verletzung abgezielt, sondern ist nur das unschöne und ungewollte Nebenprodukt Ihres Erfolges!

2. »Ich will selbstsicher sein, *aber niemanden ängstigen!*« – Auch diese Aussage macht mich misstrauisch. Geschäftsleute kleiden sich in teure Anzüge, mit maßgeschneiderten Hemden und rahmengenähten, britischen Schuhen, um mit ihrer Erscheinung Akzente zu setzen. Positiv aggressive Erfolgsfrauen tragen edle Kostüme, teure Hosenanzüge und Piaget-Ringe, die ein monatliches Netto-Professorengehalt kosten. Sie wollen ihr Gegenüber mit Seriosität und dem Duft des Erfolges einschüchtern – und es gelingt! Die edle Erscheinung schützt vor Distanz- und Respektlosigkeit und Kumpelhaftigkeit: Kleider machen eben doch Leute.
3. »Ich will kritisch sein, *aber niemanden zu nahe treten!*« – Das ist fast unmöglich. Wer kritisch ist, verletzt, denn kaum ein Mensch hört gerne Kritik, schon gar nicht gut gemeinte Kritik. Die ist besonders schlimm. Wenn die Kritik auch noch den Kern trifft, ist sie unerträglich. Ergo: Wenn Sie andere kritisieren, sind die Menschen in der Regel gekränkt – auch wenn sie freundlich lächeln oder vordergründig aufmerksam zuhören, damit Sie ihren Groll nicht gleich bemerken. Deswegen dürfen Sie natürlich auf berechtigte Kritik nicht verzichten. Nur sollten Sie sich auf das negative Echo, beziehungsweise die unangenehmen Nachwehen, einstellen.
4. »Ich will meine Meinung sagen und überzeugen, *aber nicht manipulieren!*« – Das ist kaum voneinander zu trennen. Wie gehen Sie mit Gegenspielern um, die sich nicht überzeugen lassen? Hier ist strategisches Geschick gefragt: Wenn Sie zum Beispiel am Vor-

abend eines Meetings in Telefonaten vier Mitstreiter gewinnen, die Ihre Ideen im direktem Anschluss an Ihren Beitrag hoch loben, spüren Ihre vermeintlichen Kritiker sofort, dass ihre Gegenargumente auf vierfachen Widerstand stoßen werden – eine schöne Botschaft, die die meisten vermeintlichen Kritiker zur Zurückhaltung motiviert. Ist das manipulativ? Nein, in erster Linie ist es erstklassig vorbereitet und inszeniert.

» Nie über das Ziel hinauszuschießen ist ein feiner Charakterzug, aber auch das Armutszeugnis der Harmlosigkeit! «

Die Peperoni-Analyse: Ihre Analyse für mehr Biss!

Die Peperoni-Analyse hilft Ihnen, das richtige Maß zu finden, das Sie davor schützt, als Opfer unterzugehen oder als Täter Schuld auf sich zu laden. Ich nenne meine Methode in Anlehnung an Goethes *Faust* auch »mephistophelisch«. Sein genialer Mephisto nimmt teuflisch-geistreich die Begrenztheit menschlichen Handelns ins Visier. Die Peperoni-Analyse ist ebenso »ein Teil von jener Kraft, die stets das Böse will und stets das Gute schafft!« Sie attackiert jene Besitzstandwahrer und Innovationsbremser, die einen immer wieder mit ihren Standardsprüchen, nach dem Motto »Das war hier immer schon so und das bleibt auch so«, quälen.

Vorgesetzte, Mitarbeiter und Kollegen, die einen solchen Standpunkt vertreten, werden neue Initiativen nicht fördern, sondern sie werden eher blockieren. Neue Initiativen machen nämlich Arbeit. Der Erfolg ist nicht garantiert, und außerdem ärgert es ihre Kollegen, dass sie nicht selbst auf diese neue Idee gekommen sind. Die Peperoni-Analyse zwingt Sie nun, sich zu fragen, ob Sie psychisch überhaupt in der Lage sind, den kognitiven Anforderungen in beruflichen Kampfsituationen gerecht zu werden. Um sich hierüber Klarheit zu verschaffen, sollten Sie die vier folgenden Fragen beantworten:

1. Welche Persönlichkeitsstärken haben Sie zu bieten? Diese Stärken gilt es zu betonen, damit Sie nicht Gefahr laufen, von anderen übersehen zu werden!
2. Kennen Sie Ihre Schwächen? Sie müssen wissen, wo man Sie treffen kann, damit Sie Angriffen auf diese Schwächen von vornherein den Wind aus den Segeln nehmen können!
3. Welche bissigen Taten haben Sie bereits in der Vergangenheit begangen? Erinnern Sie sich daran und merken Sie sich das Gefühl: Sie können auch anders!
4. Welche eingebaute Biss-Bremse zwingt Sie zur Höflichkeit, obwohl Klartext zu reden wäre? Diese Bremse müssen Sie lösen, damit Sie in zukünftigen Konflikten Fahrt aufnehmen können!

Die erste Analyse: Persönlichkeitsstärken und ihre notwendigen Schattenseiten

Die Analyse der Persönlichkeitsstärken gehört zum Einmaleins der Erfolgreichen. Sie sollten wissen, woran Sie mit sich selbst sind. Erst dann können Sie den Mitarbeitern und Kollegen fundierte Kenntnisse darüber geben, was diese realistisch von Ihnen zu erwarten haben. Über die eigenen Stärken zu sprechen, ist keine Angeberei, denn das Wissen um die eigenen Stärken schafft für alle professionelle Klarheit. Das Nicht-Wissen gilt dagegen als Beweis für die eigene Denkfaulheit und diskreditiert! Durchsetzungsstarke Menschen kennen natürlich ihre Stärken und gehen durchaus auch mit ihnen hausieren, wenn es darauf ankommt. Sie platzieren sie wie eine Leuchtreklame, für jeden sichtbar. Beruflich erfolgreiche, durchsetzungsstarke Menschen geben unter anderem häufig folgende Stärken an:

- Sie kennen die Schwächen von Kollegen, Vorgesetzten oder Kunden, müssen diese aber nicht ausnutzen.
- Sie können andere gezielt provozieren und danach ins Leere laufen lassen. Eigene Interessen formulieren sie so, dass die Gegner nicht widersprechen mögen. Angriffe kontern sie gekonnt.

- Sie handeln zielorientiert, qualitätsbewusst und leistungsbereit.
- Sie halten eine gesunde Distanz zu ihrem Gegenüber, gepaart mit einem Hauch Arroganz.
- Sie können Situationen schnell erfassen und analysieren.
- Sie haben Durchhaltevermögen und einen langen Atem.
- Sie haben keine Hemmungen, die Gutmütigkeit anderer oder den eigenen Wissensvorsprung für ihre Zwecke in Anspruch zu nehmen.
- Sie können begeistern und mitreißend und humorvoll agieren.
- Sie denken analytisch und strategisch.
- Sie können motivieren, aber auch Druck ausüben.
- Sie können höflich, zuvorkommend und sympathisch wirken.

Manche Eigenschaften, wie etwa die Fähigkeit, Druck ausüben zu können, wirken auf den ersten Blick unangenehm, sind aber zwingend notwendig, um in schwierigen Situationen oder unter Zeitdruck Projekte zu Ende bringen zu können. Durchsetzungsstarke setzen ihre Mitarbeiter auch nicht ständig unter Druck, sondern nur, wenn Not am Mann ist: »Druck übe ich nur in homöopathischen Dosen aus. Dennoch ist es gut, dass alle wissen, dass ich es kann«, so der Eigentümer einer Lebensmittelkette.

Diese Stärken spiegeln einen kleinen, aber wichtigen Teil der durchsetzungsstarken Persönlichkeit wider. Ethisches Handeln wird davon nicht verdrängt. »Sowohl als auch« ist das Motto des Peperoni-Strategen, nicht »entweder – oder«! Warum wollen Sie warten, bis andere Ihre Qualitäten erkennen? – Das kann ewig dauern! Vielleicht sind die anderen begriffsstutzig oder schlicht desinteressiert; darauf dürfen Sie nicht setzen. Stattdessen sollten Sie ungefragt, regelmäßig und dezent von Ihren Fähigkeiten berichten. Sie können sie in das Flurgespräch einstreuen, beim Mittagessen oder in der Meeting-Pause. Die Theorie des Interaktionismus nennt das *Positiv-Labeling*.

Faszinierend ist bei dieser Strategie der Echo-Effekt: Im Halbjahres-Feedbackgespräch wird Ihr Vorgesetzter in der Regel nämlich genau die Eigenschaften loben, die Sie selbst gestreut und durch gelegentliche Leistung unterfüttert haben. Denn auch Ihre Kollegen werden diese Positiv-Eigenschaften (»motiviert, zeigt Leistung, ist analytisch«) weitergetragen haben, auch nach oben. Erfolg hängt also faktisch nicht nur von der korrekten Leistung ab, sondern auch davon, dass diese bemerkt und gestreut wird. Gutes Selbstmarketing sichert diesen Prozess ab. Ohne Selbstmarketing laufen Sie Gefahr, dass Dritte Gerüchte über Sie weitertragen, die weniger schmeichelhaft sind, als das, was Sie selbst in Umlauf setzen! Fakt bleibt: Geredet wird über Sie so oder so – es ist aber klüger, die Themen selbst vorzugeben.

Das Bewusstmachen der eigenen Stärken hat einen weiteren wunderbaren Effekt, dem sich gerade die Deutschen mit ihrer Sucht zur Selbstkritik mehr öffnen sollten: Es macht schlicht gute Laune, selbst an trüben Tagen.

Stellen wir uns an dieser Stelle den gewöhnlichen Montagmorgen eines Managers vor: Unser Protagonist sitzt im Büro. Er hat schwierige Gespräche vor sich und sollte vor Kraft strotzen, um darin zu bestehen. Er sollte dem Gesprächspartner seinen unbedingten Willen vermitteln – aber er fühlt sich klein wie eine Kirchenmaus: Der pubertierende Sohn hat ihm am Wochenende Vorwürfe gemacht, die Ehefrau dem auch noch zugestimmt und ein großer Auftraggeber hat noch am Freitag mitgeteilt, dass er mehr erwartet habe. Kurz und gut: Er fühlt sich miserabel, zweifelt an sich selbst und fühlt sich den bevorstehenden schwierigen Gesprächen nicht gewachsen.

Kritiker, Nörgler, Wadenbeißer und andere pessimistische Zeitgenossen fördern gerne diese Selbstzweifel, um einen weiter zu schwächen und auf ihr negatives Lebensgefühl herunterzuziehen. Aber gerade dies sind die Momente, in denen es gilt, sich auf die eigenen Stärken, auf sein Positiv-Labeling, zu besinnen. In unserem Beispiel klappt das: Statt seinen Selbstzweifeln zu folgen, zückt unser Manager ein eingeschweißtes DIN-A4-Blatt. Auf diesem Blatt stehen nicht nur seine Stärken, sondern alle seine guten Seiten, auch Lobeshymnen von Geschäftspartnern und Freunden; die Liste umfasst über 30 Stärken und Wertschätzungen. Begriffe wie »feinsinnig«, »strukturiert«, »analytisch«, »gut aussehend« stärken sein Selbstbewusstsein. Die Komplimente und Stärken, die er bis zu Nummer 20 liest, fangen an, ihn zu überzeugen: »Ich will ja nicht angeben. Aber ehrlich gesagt, bin ich schon ein ziemlich toller Typ!« Die ihm zugeschriebenen positiven Attribute lassen ihn schmunzeln und sich gut fühlen. Jetzt hat er es eilig, sein Telefon lacht ihn an. Er will die schwierigen Gespräche angehen, denn er spürt, dass er gut drauf ist! Das wird sein Tag. Und die Geschichte mit seinem Sohn und seiner Frau vom Wochenende, die bespricht er mit den beiden heute Abend – vielleicht bei einem Glas Wein.

Kritische Zeitgenossen meinen, dass dieses Positiv-Labeling nach Eigenlob stinkt. Das stimmt – und trotzdem ist es schön!

» Wer fest an seine Stärken und tollen Seiten glaubt, der wird zum Macher, nicht zum Bedenkenträger. Der wird Projekte durchsetzen, vielleicht sogar Berge versetzen können! «

Selbstanalyse

- Kennen Sie Ihre Persönlichkeitsstärken?
- Sind Sie in der Lage, sie auch zu kommunizieren?
- Können Sie Druck ausüben?
- Sind Sie in der Lage, Positiv-Labeling zu betreiben?
- Können Sie an Ihre Stärken glauben, sind Sie von ihnen überzeugt?

Die zweite Analyse: Persönlichkeitsschwächen

Wer redet schon gerne über seine schwachen Seiten? Auch wenn es unangenehm ist: Zurückhaltung ist hier keineswegs angezeigt. Schwächen sind das Salz in der Suppe einer reifen Persönlichkeit.

Schwächen können einen liebenswert und sympathisch machen. Dies gilt gerade für durchsetzungsstarke und erfolgreiche Menschen, die ansonsten als zu aalglatt empfunden werden. Mit den eigenen Schwächen gilt es konstruktiv umzugehen. Sie müssen sich nicht über sie ärgern: *Nobody is perfect*. Sie müssen sie auch nicht großartig verstecken, denn sie werden im Laufe des Arbeitslebens sowieso bemerkt. Sie dürfen sogar offensiv darauf hinweisen, was Ihnen nicht so liegt – vorausgesetzt, Sie haben auf der Haben-Seite Ihres Kontos ein ausreichendes Stärken-Plus! Haben Sie Ihre Schwächen kundgetan, gilt es allerdings die Reaktionen des beruflichen Umfeldes genau zu beachten, die dreigeteilt sein wird:

- Zum einen gibt es die Kollegen, die die Schwächen ausnutzen wollen. Das erkennen Sie schnell und merken sich diese Damen und Herren für die Zukunft. Hier sollten Sie nachtragend sein und nicht zu schnell verzeihen, wenn man Sie in puncto Schwächen übervorteilen will.
- Dann gibt es die, die Ihnen ausgerechnet Aufgaben geben, die Salz in die Wunde der Schwäche streuen. Auch diese gehören auf Ihre persönliche *watch list*, vor allem, wenn sie erklären, dass sie Ihnen das zumuten, »damit Sie dazulernen und in Zukunft besser werden«. Sie sollten dieser fürsorglichen Begründung nicht trauen, denn am Ende werden Sie doch für Ihre Schwäche kritisiert.
- Die letzte Gruppe umfasst die positiven Professionellen: gute Vorgesetzte führen Schwächeanalysen bei ihren Mitarbeitern durch, um sie nicht versehentlich dort einzusetzen, wo sie fehl am Platze sind. Sie wissen, dass selbst die Bemühten, die ihre Schwächen auszugleichen versuchen, am Ende doch nur mittelmäßige Ergebnisse erzielen werden. Das ist dann zwar eine lobenswerte Leistungssteigerung des Einzelnen, für die Firma kann dieses Mittelmaß aber Rückschritt bedeuten!

Die eigenen Schwächen selbst zu thematisieren, kann umsichtig sein. Anders sieht es aus, wenn Dritte diese Schwächen ansprechen. Unter vier Augen kritisch angesprochen zu werden, ist in Ordnung und sollte zur Selbstreflexion anregen, zum Beispiel im privaten Bereich am Abend im Bett vor dem Einschlafen. Das Vier-Augen-Feedback-Gespräch im Job verhindert Gesichts- und Statusverlust und gibt die faire Chance zur Veränderung.

Sollten Sie allerdings von Dritten oder über Umwege erfahren, was Ihr Chef von Ihren Schwächen hält, sollte das Alarmbereitschaft bei Ihnen auslösen:

Der Geschäftsführer eines Innungsverbandes folgte dieser Marschroute im Feedback-Gespräch und ruinierte dann alles mit seinem Schlusssatz doch noch. Nach der Erläuterung der Kritik, dezent unter vier Augen, sagte er: »Das habe ich übrigens letzte Woche den anderen schon während der Sitzung erläutert, als Sie unterwegs waren.« Eine Bloßstellung dieser Art produziert einen innerbetrieblichen Gegenspieler mehr. Das ist machtstrategisch unklug!

Werden die Schwächen im Meeting oder anderswo öffentlich breitgetreten, darf davon ausgegangen werden, dass eine Statusreduzierung inszeniert wird. Hier wird an Ihnen gesägt: Sie werden der öffentlichen Demontage preisgegeben, der sich der ein oder andere – durch diese Maßregelung ermutigt – noch anschließen wird. Die Menschen sind leider so. Wichtig ist es jetzt, sich unbedingt die öffentlichen Kritiker zu merken und sie zukünftig eher als Gegenspieler zu betrachten (»im Zweifel gegen den Angeklagten!«) sowie die eigenen Fürsprecher zu aktivieren und zur Gegenrede zu treiben!

» Wer es gut mit Ihnen meint, wird Sie immer diskret auf Fehler hinweisen. Wer es nicht gut mit Ihnen meint, sucht für seine Kritik an Ihnen den öffentlichen Raum! «

Wem dies alles nicht zusagt und wer seine Schwäche beharrlich ignoriert, lebt leider besonders gefährlich: Die eigenen Schwächen nicht zu kennen hat schon etwas Peinliches. Sie gelten dann als unreflektiert und werden in jedem Assessment-Center auseinander genommen. Und wer die Schwächen der Kollegen nicht kennt, läuft Gefahr, von einem Fettnäpfchen ins nächste zu treten. Das Ergebnis: Sie gelten als unsensibel und werden unbeliebt! Es gilt der alte Leitsatz: Wissen ist Macht und Nicht-Wissen wird selten als Entschuldigung akzeptiert.

Das muss auch der aufstrebende 32-jährige Macher aus der Textilbranche erleben, der zu seiner Überraschung seinen Platz im Leitungsstab verliert. Der Mann ist verheiratet und hat zwei Kinder, denen er sich vorbildlich am Wochenende widmet. Montags erzählt er gerne und ausgiebig von diesem privaten Glück – auch im Beisein seiner Chefin. Die hat nicht nur eine furchtbare Scheidung hinter sich, sondern auch eines ihrer Kinder an ihren Mann »verloren«. Dieser Verlust quält sie, und das Familienglück-Gerede des Aufsteigers ist ihr unerträglich und reißt Montag für Montag ihre Wunden auf. Irgendwann reicht es ihr, und sie sorgt dafür, dass der Mann freigestellt wird. Sie ist über ihre Entscheidung nicht besonders glücklich, findet sie aber besser als den bisherigen Zustand. Schade, dass unser Aufsteiger von dieser Schwäche seiner Chefin nichts wusste. Er hätte sich im Kollegenkreis schlau machen können – da war ihr Trennungsdrama informelles Thema gewesen!

Schwächen in ihrer Persönlichkeit sehen Durchsetzungsstarke unter anderem in folgenden Charakterzügen:

- zu schnell beleidigt sein,
- übertriebene Dominanz zeigen, die dem Team keine Luft lässt,
- zu große Offenheit entgegenbringen,
- Vertrauen vorschießen,
- nur an das Gute im Kollegen glauben,
- geltungssüchtig auftreten,
- zu rücksichtsvoll und zaudernd agieren,
- zum faulen Kompromiss neigen, um Konflikten auszuweichen,
- zu undiplomatisch und zu impulsiv vorgehen,
- beruflich nicht nachtragend sein,
- zu detailversessen/perfektionistisch arbeiten und den Blick für das Wesentliche verlieren,

- zu nett daher kommen,
- zu leicht auszurechnen sein,
- zu wenig positioniert auftreten,
- allen gefallen und es allen recht machen wollen,
- zu langsam denken und arbeiten,
- cholerisch und selbstgefällig auftreten,
- panisch und unentschlossen unter Stress reagieren,
- zu schnell begeisterungsfähig sein,
- ein »Nein« nur mit schlechtem Gewissen über die Lippen bekommen,
- offensichtlich manipulativ vorgehen,
- zu empathisch sein,
- zu viel Verständnis für Ausreden aufbringen,
- nicht delegieren können und mögen,
- Angst haben, nicht gemocht oder geliebt zu werden.

Wer all diese Persönlichkeitsschwächen in sich vereint, ist sicher ein sehr liebenswerter Mensch. Machtstrategisch und unter dem Aspekt von Wettbewerbssituationen ist hier aber Hopfen und Malz verloren: »Ich habe erkannt, dass ich doch kein Mann für die erste Reihe bin«, sagte mir ein Seminarteilnehmer nach einem Management-Workshop. Konsequent trat er in der Firma zurück ins dritte Glied, arbeitete fortan engagiert und seriös im Hintergrund – und fühlte sich wesentlich berufszufriedener als in der Zeit, in der er sich in eine Führungsrolle zwang, die nicht zu ihm passte.

Wichtig: Persönlicher Erfolg und Berufszufriedenheit sind nicht immer »oben« zu finden! Das sollten sich vor allem diejenigen bewusst machen, die im Beruf und Kollegenkreis nicht nur Anerkennung suchen, sondern gemocht bis geliebt werden wollen. »Liebe« aber gehört nicht in den Job – sie macht emotional abhängig und trübt den Sinn für klare, auch unangenehme Entscheidungen. Geliebt werden wollen disqualifiziert professionelles Handeln! Geliebt werden gehört in das Private: Partner, Kinder, Verwandte und der Freundeskreis dürfen sich darüber freuen. Wer hier nicht willig oder in der Lage ist zu trennen, wird niemals den Biss erwerben, schmerzfrei Entscheidungen durchsetzen zu können!

Selbstanalyse

- Können Sie zu Ihren Schwächen stehen?
- Können Sie die Konsequenzen aus Ihren Schwächen ziehen?
- Kennen Sie auch die Schwächen Ihrer Kollegen?
- Sprechen Sie über Schwächen anderer nur in einem Vier-Augen-Gespräch?
- Wollen Sie privat und beruflich »geliebt« werden?

Die dritte Analyse: Ihr bissiges Potenzial

Eher introvertierte Menschen, die in der Vergangenheit übervorteilt wurden, trauen sich die Peperoni-Strategie kaum zu: »Ich kann das nicht«, sind häufig ihre Worte. Ihnen sitzt die Angst vor Zurückweisung in den Knochen. Sie befürchten Ablehnung (zu Recht) und sie fürchten, dass sie unter dieser Ablehnung leiden werden (zu Unrecht). Im vorauseilenden Gehorsam passen sie sich deswegen brav an – ein gefundenes Fressen für alle Durchsetzungsstarken, die diese nicht-bissigen Zeitgenossen deshalb so einfach ausnutzen können. Das ist aber nur die eine Seite der Medaille. Gleichzeitig ist es nämlich verblüffend zu erfahren, zu welch bissigen Taten die »Ich-kann-das-nicht«-Fraktion in der Vergangenheit fähig war: Wenn man ihnen ein wenig Zeit zur entsprechenden Reflexion gibt, sprudelt die eine oder andere Missetat zurück an die Oberfläche des Bewusstseins. Für Gutmenschen ein ambivalentes Erlebnis: Zum einen schämen sie sich der Missetat, zum anderen keimt Hoffnung auf, doch zur Gegenwehr fähig zu sein. Das macht Sinn, denn wer zukünftig bissig handeln will, findet häufig Ermutigung in seiner Vergangenheit, denn da gab es bereits Situationen, die mit Durchsetzungskraft zu bewältigen waren. Dieses »böse« Denken dürfen sich auch Gutmenschen erlauben, denn es ist nicht das Ziel der Peperoni-Strategie, »bad guys« zu kreieren, sondern die Power zum Widerstand zu wecken, die in die Zivilcourage zu münden vermag.

» Durchsetzungsstarke Taten der Vergangenheit können als Mutmacher für die Zukunft genutzt werden. «

Durchsetzungsstarke Zeitgenossen erinnern sich etwa an folgende bissig böse Taten:

- Da gibt es den 52-jährigen Chemiemanager, der aus politischer Unzufriedenheit noch mit Anfang dreißig Wahlplakate in seinem Stadtteil zerstörte – Plakate der Partei, die er jetzt wählt.
- Da ist das Mitglied der Geschäftsleitung, das als Student seiner keifenden und besonders vornehm daherkommenden Nachbarin nicht nur die geliebte Tanne im Garten abholzte, während diese auf Reisen war, sondern sie auch noch kamingerecht zerstückelte und der Dame ordentlich auf die Terrasse stapelte.
- Beeindruckend ist auch die Medizinerin der Pharmabranche, der beim besten Willen keine bissig böse Tat aus der Vergangenheit einfällt. Sie stellt sich dar, wie eine Mischung aus Mutter Teresa und Mahatma Ghandi. Dennoch tauchen Zweifel auf, denn beim Dessert berichtet sie, dass sie derzeit täglich trächtige Kleintiere seziere, um einen neuen chemischen Stoff zu erproben. Da fragt man sich doch: Wozu braucht diese Dame noch bissige Taten aus der Vergangenheit. Sie braucht sich doch nur jeden Gegenspieler als trächtiges Kleintier vorzustellen …

Bissige Taten haben auch immer einen erzieherischen Effekt, denn sie signalisieren potenziellen Gegenspielern »Mit mir kann man es nicht machen, und wenn doch, hat man einen hohen Preis zu zahlen.« Eine Dame wählte dafür die Metapher: »Bei mir gibt es keine Auseinandersetzung zu Discount-Preisen, eher in Prada-Währung!« Die Erziehung kann aber auch ganz direkt stattfinden und Karrieristen verdeutlichen, wo sie im Machtgefüge stehen.

Peperoni-Strategen haben Humor. Die feine Provokation und das Schwenken mit dem symbolischen Zaunpfahl beleben nicht nur den beruflichen Alltag, sondern präsentieren sie auch als komplexe Persönlichkeit, die nicht so einfach auszurechnen ist. Das hat einen weiteren Vorteil: Sie sind nicht mehr auf die Opferrolle abboniert. Die erwartete Gegenwehr schreckt potenzielle Angreifer ab, denn die suchen sich lieber kalkulierbare Opfer: Menschen, die vor lauter Selbstreflexion die Fehler gleich bei sich suchen – Schäfchen-Typen eben!

Selbstanalyse

- Sind Sie eher introvertiert?
- Finden Sie »bissige« Taten in Ihrer Vergangenheit?
- Entdecken Sie bei sich »bissige« Taten, gepaart mit Humor?
- Sind Sie in der Lage zu provozieren?
- Suchen Sie die Fehler bei sich selbst zuerst?

Die vierte Analyse: die Biss-Bremse: warum Sie manchmal zu höflich sind

Warum sind Sie manchmal zu höflich? Warum lassen Sie sich abspeisen und bloßstellen? Warum gehen Sie nicht selbstbewusst dagegen an, sondern fressen den Ärger in sich hinein oder quälen am Abend Partner, Kinder, Haustiere? Warum wehren Sie sich nicht gegen unberechtigte Kritik?

Hinter dieser Kritikangst steckt häufig die Biss-Bremse. Diese Bremse antizipiert das verheerende Echo, das Sie befürchten, wenn Sie selber einmal den Mund aufmachen würden. Die Biss-Bremse impliziert, dass Kritik und Gegenwehr, die Sie äußern, die Flugeigenschaft eines Bumerangs innehat, der weit hinausfliegt, nur um am Ende wieder am eigenen Kopf einzuschlagen! In der Fantasie malen sich diese Zeitgenossen dann Erwiderungen aus, die richtig verletzend sein könnten. Das heißt, die Biss-Bremse thematisiert etwas, vor dem Sie am liebsten die Augen verschließen würden und das Sie höchstens in Stunden größten Zweifels an die Oberfläche kitzeln. Die Biss-Bremse fragt

- nach der Schuld, die Sie im Leben auf sich geladen haben,
- nach den Fehlern, die Sie im Leben begangen haben und die Sie bereuen,
- nach den Fehlentscheidungen, die Sie getroffen haben und mit deren bösen Folgen Sie nun zu leben haben,
- nach den Verletzungen, die Sie erlitten oder anderen zugefügt haben und unter denen Sie bis heute leiden.

Der berühmte Psychodramatiker Jakob L. Moreno spricht hier von so genannten »unerledigten Geschäften«, die unsere Psyche in Unruhe halten und erst dann Ruhe geben, wenn Sie diese »Geschäfte« erledigt haben. Vielleicht durch eine Entschuldigung, vielleicht durch eine Wiedergutmachung, vielleicht durch ein persönliches Gespräch oder einen Brief, mit dem Sie versuchen, wieder ins Reine zu kommen. »Unerledigte Geschäfte« sind etwas sehr Persönliches und ihr Rumoren in der Psyche schüchtert ein und bremst aus. Aus Angst davor, auf diese wunden Punkte in einer beruflichen Auseinandersetzung angesprochen zu werden, lassen viele Menschen ihre notwendige Kritik lieber unter den Tisch fallen. Das ist menschlich verständlich, aber ärgerlich, denn diese Passivität und Zurückhaltung wird schnell als Durchsetzungsschwäche ausgelegt. Leider zu Recht! Auf diesem Hintergrund ist es gut zu wissen, dass es ein probates Mittel gegen die Biss-Bremse gibt, das einem hilft, angstfrei in Auseinandersetzungen zu gehen, bei denen Sie wissen, dass es kracht. Dieses Gegenmittel entfaltet seinen Charme allerdings erst auf den zweiten Blick. Es verlangt die schonungslose Beantwortung folgender Frage: »Welches Feedback würde Sie aus tiefster Seele verletzen?!

Die Antworten auf diese Frage sind sehr persönlich und vielfältig. Konkret verletzend kann es sein, wenn jemand

- die Schuld anspricht, die Sie sich gegenüber den eigenen Kindern aufgeladen haben (Rabenmutter-Syndrom),
- die Konflikte anspricht, die Sie mit den eigenen Eltern nie ausgetragen haben – und die Sie nach wie vor belasten,
- äußere Merkmale und Makel verhöhnt, die Sie schmerzen, weil Sie zu dick oder zu dünn sind, eine Missbildung haben oder unter dem Älterwerden leiden,
- Sie auf persönliche Defizite hinweist, die sich zum Komplex *ausgewachsen haben*.

Ein fast harmlos klingendes, aber in seiner Wirkung beeindruckendes Beispiel bietet uns ein renommierter Politikwissenschaftler aus seinem persönlichen Erfahrungsbereich:

Der war mit 17 unsterblich in ein Mädchen verliebt. Zu seiner Freude erwiderte das Mädchen die Liebe, machte aber nach drei Monaten mit ihm Schluss. Beim Billardspielen sagte sie – und diese Worte sollten unserem Mann lange zu schaffen machen: »Ich mache Schluss mit dir – wegen deiner Wurstfinger!« Sein Entsetzen über ihren abrupten Schlussstrich war groß und die Langzeitwirkung des Wurstfinger-Kommentars erstaunlich: bei der mündlichen Abiturprüfung, bei Referaten im Studium und später bei Kongressvorträgen verschränkte er seine Finger, legte sie auf den Rücken oder unter die Tischplatte, sodass kaum ein Blick sie erhaschen konnte. Er berichtete sogar von der Präsentation seines ersten Buches, bei der er sich nicht vor Verrissen fürchtete. Angst hatte er nur vor folgender Rückmeldung eines imaginären Kritikers gehabt: »Sie haben ein ausgezeichnetes Fachbuch geschrieben. Große Klasse. Aber dass das mit dem Schreiben so geklappt hat – bei Ihren Wurstfingern!« Erst die Biss-Analyse befreite ihn mit Mitte dreißig von diesem Komplex! Spät, aber nicht zu spät!

Die ehrliche Biss-Analyse – und das sollte nicht zu Irritationen führen – schwächt im ersten Moment. Sie sehen – wie in einem Spiegel – die eigene Verletzlichkeit. Sie sagen sich: »Ja, das trifft mich wirklich. Ja, das würde mich sehr verletzen!« Aber dann gilt es, den

Spieß kognitiv umzudrehen. Dann gilt es, sein Denken auf den Kopf zu stellen und aus der großen Verletzlichkeit Stärke zu ziehen: Wer sich nämlich vor Augen hält, dass diese analysierten Verletzlichkeiten das Schlimmste sind, was einem verbal angetan werden könnte, kann diese Erkenntnis als ungemein befreiend empfinden. Schlimmer kann es nicht mehr kommen. Die Höchststrafe, das Gemeinste, das einem zugemutet werden kann, ist damit bekannt – und verliert ihren Schrecken! Sie haben im Auge des Kritik-Hurrikans die furchtbarsten Rückmeldungen gesehen. Das war es. Mehr gibt es nicht. Das Faszinierende daran ist: Haben Sie die Erkenntnis der verbalen Höchststrafe gewonnen, geht die Angst vor kritischen Feedbacks oder Zurechtweisungen verloren! Das hat wohltuende Konsequenzen für konfliktbeladene Situationen im Beruf: Sie stellen sich ihnen entspannter. Daher die Empfehlung:

» Wer am Morgen aufsteht und bereits weiß, dass der Tag viel Ärger bereithält, sollte sich vor seinen Badezimmerspiegel stellen und sich laut und deutlich sagen: »Komm Tag, gib es mir! Mach mich fertig! Hau in meine Wunden, die so richtig schmerzen!«

Nach dieser – zugegebenermaßen – etwas masochistischen Prozedur gehen Sie ins Büro, geraten in Konflikte und werden kräftig kritisiert. Die Gegenspieler geben sich richtig Mühe zu konfrontieren – nur die entscheidenden Schwachpunkte treffen sie nicht, sodass die geäußerte Kritik an Ihrer gelassenen Nachsichtigkeit abprallt. So richtig nehmen Sie die Kritik auch gar nicht wahr, weil Sie auf die Höchststrafe warten – die aber nicht erfolgt. Darüber macht sich fast Enttäuschung breit: Von Ihrem Kontrahenten hätten Sie mehr erwartet! Die Gegenspieler irritiert solch stoische Gelassenheit. Sie verstehen Ihr Spiel nicht, und warum ihre Kritik kaum Wirkungen zeigt. »Der hat Einsteckerqualitäten«, wird gemunkelt und das stimmt. Sie folgen nämlich der alten niedersächsischen Haudegen-

Weisheit und die lautet: »Was kratzt es die Eiche, wenn sich das Wildschwein daran reibt? Und das Wildschwein sind immer die anderen!«

» Wem seine Feedback-Höchststrafe bewusst ist, der hat gute Chancen kritikimmun zu werden! «

Sollte zufälligerweise aber doch jemand die wunden Stellen treffen, stehen zwei Reaktionsmuster zur Auswahl: Erstens sollten Sie diesem Menschen zukünftig aus dem Weg gehen, da dieser ein seismografisches Gespür für Sie hat – und Ihnen damit zu nahe kommen könnte. Auf diese Nähe sollten Sie im Job verzichten. Die gehört eindeutig in die Privatsphäre. Zweitens könnten Sie diese Person heiraten, denn es wird kaum jemanden geben, der mehr Fingerspitzengefühl für Sie entwickeln dürfte!

Das Ergebnis Ihrer Biss-Analyse sollten Sie wirklich weder Kollegen noch besten Freundinnen noch Ihrem (Ehe-)Partner verraten. In Zeiten schwerer Beziehungskrisen – und die durchläuft fast jede langjährige Partnerschaft – wird dieses Wissen gerne gegen einen verwendet. Die Freunde und Partner entschuldigen sich zwar meist am nächsten Tag, verzeihen können Sie es ihnen aber nur sehr schlecht. Hier lehrt die Realität: Was Sie an verbalen Waffen im Streit nutzen können, wird leider auch genutzt! Entsprechend gilt für die Biss-Bremse: brutal ehrlich die eigenen Verletzlichkeiten und Angriffspunkte analysieren und über das Ergebnis schweigen wie ein Grab. Kein großer Preis für mehr Kritikimmunität! Fakt bleibt: Wer seine Biss-Bremse löst, fährt zügiger und angstfreier. Er stärkt seine Nehmerqualitäten und lässt sich nicht so schnell von harten Angriffen ins Bockshorn jagen. Insofern fördert diese Qualität nicht nur die Durchsetzungsstärke, sondern auch die Gelassenheit. Entspannt sein, trotz verbalen Bombardements: Das hat Größe!

Selbstanalyse

- Sind Sie ein zu höflicher Mensch?
- Lassen Sie sich manchmal abspeisen?
- Gibt es Dinge in Ihrem Leben, die Sie tief verletzen?
- Haben Sie diese Verletzlichkeiten anderen Menschen kommuniziert? (Das wäre ein Fehler!)
- Können Sie Ihre Biss-Bremse lösen?

Jens Weidners Spezialtipp

Wenn ich Ihnen nur einen Tipp geben dürfte, dann wäre es folgender: Nutzen Sie die Peperoni-Analyse, um sich selbst zu verdeutlichen, wie Sie Ihr Durchsetzungspotenzial kraftvoll vorantreiben können. Sie werden Ihre Stärken betonen lernen, gelassener mit Schwächen umgehen, sich an ehemals bissigen Taten mit schwarzem Humor erfreuen und Ihre Biss-Bremse lockern. Die Schlüssel dazu haben Sie selbst in der Hand! Und vergessen Sie nicht: »One evil action every day keeps the psychiatrist away!«

Mehr von Jens Weidner:

- Die Peperoni-Strategie. So setzen sie Ihre natürliche Aggression konstruktiv ein. Frankfurt/New York 2005
- Mit Biss zum Erfolg! Durchsetzungsstärke und positive Aggression im Management (mit Yolanda M. Koller-Tejero (Hg.)). Mönchengladbach, 3. Auflage 2004

Register